Religion und Aufklärung

Band 26

herausgegeben von der

Forschungsstätte
der Evangelischen Studiengemeinschaft
Heidelberg

Das Recht im Blick der Anderen

Zu Ehren von
Prof. Dr. Dres. h.c. Eberhard Schmidt-Aßmann

Herausgegeben von
Thorsten Moos, Magnus Schlette
und Hans Diefenbacher

Mohr Siebeck

Thorsten Moos, geboren 1969; 2006 Promotion; 2005–10 Studienleiter und stellvertretender Direktor der Evangelischen Akademie Sachsen-Anhalt; seit Oktober 2010 Leiter des Arbeitsbereichs „Religion, Recht, Kultur" an der FEST Heidelberg.

Magnus Schlette, geboren 1965; Studium der Philosophie und Soziologie; 2003 Promotion; 2010 Habilitation; 2005–11 Kollegiat und wissenschaftlicher Mitarbeiter am Max-Weber-Kolleg der Universität Erfurt; seit 2011 Leiter des Arbeitsbereichs „Theologie und Naturwissenschaft" an der FEST in Heidelberg.

Hans Diefenbacher, geboren 1954; 1973–77 Studium der Volkswirtschaftslehre; 1983 Promotion; 2001 Habilitation; seit 2008 stellv. Leiter der FEST Heidelberg; seit 2009 apl. Prof. für Volkswirtschaftslehre am Alfred-Weber-Institut der Universität Heidelberg.

ISBN 978-3-16-154117-6
ISSN 1436-2600 (Religion und Aufklärung)

Die Deutsche Nationalbibliothek verzeichnet diese Publikation in der Deutschen Nationalbibliographie; detaillierte bibliographische Daten sind im Internet über *http://dnb.dnb.de* abrufbar.

© 2016 Mohr Siebeck Tübingen. www.mohr.de

Das Werk einschließlich aller seiner Teile ist urheberrechtlich geschützt. Jede Verwertung außerhalb der engen Grenzen des Urheberrechtsgesetzes ist ohne Zustimmung des Verlags unzulässig und strafbar. Das gilt insbesondere für Vervielfältigungen, Übersetzungen, Mikroverfilmungen und die Einspeicherung und Verarbeitung in elektronischen Systemen.

Das Buch wurde von Gulde Druck in Tübingen auf alterungsbeständiges Werkdruckpapier gedruckt und gebunden.

Inhaltsverzeichnis

Thorsten Moos, Magnus Schlette und Hans Diefenbacher
Das Recht im Blick der Anderen 1

Hans-Joachim Gehrke
Die Funktion des Rechts in den antiken Stadtstaaten 11

Karl-Siegbert Rehberg
Recht als dynamische Institution: Soziologische und
gesellschaftstheoretische Motive 27

Klaus Günther
Normativer Rechtspluralismus – Eine Kritik 43

Martin Ramstedt
Islamisierung per Gesetz und die Verrechtlichung von Religion im
anomischen Indonesien 63

Michael Moxter
Immanenz und Transzendenz des Rechts.
Theologische Perspektiven 103

Bernhard Nagel
Recht und Ökonomie als Lehr- und Forschungsgegenstand 125

Christoph Möllers
Ausblick aus der Perspektive der Rechtswissenschaft 137

Eberhard Schmidt-Aßmann
Das Recht im Blick der Anderen –
eine Aufforderung zu gemeinsamem Lernen 157

Autorenverzeichnis 173

Personenregister 175

Thorsten Moos/Magnus Schlette/Hans Diefenbacher

Das Recht im Blick der Anderen

An der mittelalterlichen Universität differenzierte sich der Kanon der Disziplinen im Wesentlichen nach den Gegenständen der Fächer. Die Sprache, das Reich der Zahlen, der messbare Raum, die Musik und die Himmelskörper beschäftigten die Artistenfakultät. Auch die drei höheren Fakultäten, Jurisprudenz, Medizin und Theologie, waren durch ihre jeweiligen Gegenstände gekennzeichnet. Der Zugang zu ihnen setzte das erfolgreiche Studium der *artes liberales* voraus. Noch Kant fasste im *Streit der Fakultäten* die Gründe pointiert zusammen, warum *diesen* Disziplinen eine für die Gesellschaft so herausragende Bedeutung zukomme:[1] der Theologe sei zuständig für das ewige Wohl der Menschen, der Jurist für ihre Rechtssicherheit und der Mediziner für ihr leibliches Wohl. Zugleich stünden die oberen Fakultäten in Verantwortung gegenüber der Regierung, der es darum gehe, durch sie – die oberen Fakultäten – das Gemeinwohl des Volkes zu befördern. Denn die Theologie, die Jurisprudenz und die Medizin sind mit Problemsituationen befasst – Sünde, Rechtsbruch und Krankheit –, deren Bewältigung konstitutiv nicht nur für die Befindlichkeit der einzelnen, sondern auch für die Stabilität des ganzen Gemeinwesens ist, die aber ohne Vermittlung eines Experten nicht mehr gelöst werden können. Zum Experten qualifiziert eine Expertise, die auf der Grundlage kodifizierten und methodisierten Wissens geregelt und standardisiert – das heißt unter wechselnden historischen Bedingungen gleich verlässlich – erworben werden kann.

Vor allem tritt aber schon seit dem 17. Jahrhundert ein weiterer großer Bereich professionalisierungsbedürftiger Berufe zu Theologie, Juristerei und Medizin hinzu, nämlich der Bereich der Erfahrungswissenschaften. Mustergültig verdeutlicht sich die Institutionalisierung der erfahrungswissenschaftlichen Profession in der Gründungsakte der „Royal Society of London for improving Natural Knowledge", wie es in der Charter heißt, die Charles II., König von England, am 28. Juni 1660 erließ. Theologie und Medizin geht es um die Herstellung und Aufrechterhaltung körperlicher und

---

[1] *Immanuel Kant*, Streit der Fakultäten, in: *ders.*, Werke in sechs Bänden, hg. v. W. Weischedel, Band 6, Darmstadt 1964, S. 265–393, hier: 283.

seelischer Integrität, der Jurisprudenz um die Herstellung und Aufrechterhaltung von Gerechtigkeit und Recht. Die Erfahrungswissenschaften werden demgegenüber professionalisiert, um die Erzeugung und Aufrechterhaltung gültiger begrifflicher und sinnlicher Erkenntnis sicherzustellen. Die Wissenschaftler streben danach, festgefügte Überzeugungen und unhinterfragte Wissensbestände über die Wirklichkeit zu hinterfragen und gegebenenfalls zu falsifizieren. Im Modus der systematischen Geltungsüberprüfung von Annahmen und der induktiven Exploration von Erfahrungsdaten generieren sie Krisen des Wissens, um sich dann an deren Lösung abzuarbeiten. Dabei hat auch der Wissenschaftler das Gemeinwohl im Blick, denn stellvertretend für die Gemeinschaft erzeugt er zunächst eine individuelle Überzeugungskrise, nur um diese dann unter Einsatz seiner erworbenen Expertise zu lösen: Die Fortschritte der Wissenschaft sollen allen dienen.[2]

Die Professionalisierung der Wissenschaften ist allerdings deshalb von besonderer Bedeutung, weil sie zur Etablierung der Wissenschaften als Grundlage der Professionalisierung auch in den höheren Fakultäten geführt hat.[3] Die Studenten der Theologie, Jurisprudenz und Medizin werden im Rahmen ihres Studiums in den Habitus der erfahrungswissenschaftlichen Profession eingeübt und darauf eingeschworen, fachspezifische Methoden systematischer Geltungsüberprüfung an die Wissensbestände ihrer jeweiligen Disziplin anzulegen. Und die Wissenschaften der ‚unteren' Fakultäten machen nun gleichfalls Recht, Religion und das Medizinwesen zu ihren Gegenständen. In der Neuzeit zeichnen sich die Wissenschaften zunehmend nicht mehr durch den Gegenstand, sondern durch ihre spezifische Methode aus. Rechts-, Religions- und Medizingeschichte entstehen, ebenso -soziologie und -philosophie. Dazu kommen kulturwissenschaftliche und ökonomische Zugriffe auf Recht, Religion und Medizin. Die einstigen Monopolisten, Theologie, Jura und medizinische Wissenschaft, haben sich in ihren Fachkulturen jeweils unterschiedlich zu diesen neuen Zugängen verhalten. Sie haben Strategien der Aneignung wie der Abstoßung solcher außenperspektivischer Erkenntnisse entwickelt.

Insbesondere haben die Disziplinen Auffangbecken errichtet gegen die heranflutenden Erklärungsansprüche anderer Fächer. In der Theologie tritt heute etwa die praktische Theologie an, mit allen religionspsychologischen, -soziologischen und sonstigen Wassern gewaschen den praktizierenden Re-

---

[2] Vgl. *Peter Münte/Ulrich Oevermann*, Die Institutionalisierung der Erfahrungswissenschaften und die Professionalisierung der Forschungspraxis im 17. Jahrhundert. Eine Fallstudie zur Gründung der ‚Royal Society', in: *Claus Zittel* (Hg.), Wissen und soziale Konstruktion. Wissenskultur und gesellschaftlicher Wandel, Band 3, Berlin 2002, S. 165–230.

[3] Vgl. *Ulrich Oevermann*, Theoretische Skizze einer revidierten Theorie professionalisierten Handelns, in: *Arno Combe/Werner Helsper* (Hg.), Pädagogische Professionalität. Untersuchungen zum Typus pädagogischen Handelns, Frankfurt a.M. 1996, S. 70–183.

ligiösen zu verstehen. In der Rechtswissenschaft tritt die Kriminalistik an, den praktizierenden Kriminellen zu verstehen, und ist dabei ebenso interdisziplinär informiert. Bei aller Aufnahme heranflutender Perspektiven und Methoden haben Theologie wie Rechtswissenschaft dennoch immer einen disziplinären Kern behauptet und diesen nicht zufällig in der Nähe dessen verortet, was auf beiderlei Seite Dogmatik heißt. Die dogmatische Arbeit erscheint so als das Fähnlein, das man nicht in jeden interdisziplinären Wind hängen darf. Sie soll das Eigene des Faches verbürgen, dessen Einheit durch die innere Differenzierung und Spezialisierung gefährdet erscheint.

Dem fluiden Zusammenspiel von Binnen- und Außenperspektiven, Eigenem und Anderem in der Wissenschaft ist dieser Band gewidmet. Er versammelt die überarbeiteten Beiträge eines Symposions, das im Frühjahr 2012 an der Forschungsstätte der Evangelischen Studiengemeinschaft in Heidelberg zu Ehren von Prof. Dr. Dres h.c. Eberhard Schmidt-Aßmann veranstaltet worden ist. Die Dokumentation soll über Ort und Zeit des Symposions hinaus das interdisziplinäre Engagement Schmidt-Aßmanns – insbesondere in seinen Jahren als Leiter der Forschungsstätte – würdigen. Eingeladen wurden Wissenschaftlerinnen und Wissenschaftler aus der Geschichtswissenschaft (Prof. Dr. Hans-Joachim Gehrke), der Soziologie (Prof. Dr. Karl-Siegbert Rehberg) und Philosophie (Prof. Dr. Klaus Günther), den Kulturwissenschaften (Dr. Michael Ramstedt), der Theologie (Prof. Dr. Michael Moxter) und der Ökonomie (Prof. Dr. Bernhard Nagel), um *zum einen* und vor allem das Recht mit den Mitteln und Methoden ihrer jeweiligen Disziplin zu thematisieren; und *zum anderen* dort, wo es sich anbietet, auf Verrechtlichungsprozesse am Ort des eigenen Gegenstandes einzugehen (also: auf Phänomene von Verrechtlichung in Politik, Wirtschaft, Kultur, Religion etc.). Nach dem Gang durch die, aus der Sicht der Rechtswissenschaft gesprochen, Außenperspektiven beurteilen Prof. Dr. Christoph Möllers und Prof. Dr. Eberhard Schmidt-Aßmann deren Binnenrelevanz für die juristische Zunft.

Die Geschichtswissenschaft ist im Fächerkanon der ‚unteren' Fakultäten vorzüglich prädestiniert, die beiden thematischen Perspektiven des Bandes auf die Erforschung des Rechts und auf Verrechtlichungsprozesse von zuvor nicht-juridischen Gegenstandsfeldern miteinander zu vermitteln. Die Geschichte des Rechts ist zu weiten Teilen immer auch als Geschichte des Verhältnisses zwischen der Ausbildung und Entwicklung von Rechtsinstitutionen einerseits sowie den gesellschaftlichen Bedingungen und Folgen solcher Institutionalisierungsprozesse andererseits untersucht worden. In diesem Sinne nimmt auch der geschichtswissenschaftliche Beitrag von *Hans-Joachim Gehrke* „Die Funktion des Rechts in den antiken Stadtstaaten" eine doppelte Blickrichtung ein. Gehrke vollzieht nach, wie Verrechtlichung und

Urbanisierung der griechischen Gemeinwesen einander wechselseitig befördert und von kleinen Siedlungsverbänden zur Ausbildung politischer Zentren geführt haben, die für die weitere abendländische Geschichte maßstäblich geblieben sind. Von den miteinander konkurrierenden Modellen einer Monopolisierung von Gewalt und Zwang entweder durch die Tyrannis oder durch die Gemeinschaft setzte sich schließlich das letztere in der Sozialform der griechischen Polis durch. Sie blieb auch in den hellenistischen Großreichen und darüber hinaus ein Erfolgsmodell staatlicher Strukturbildung, da sie als „sich selbst organisierende Bürgergemeinschaft" die Herrscher überhaupt erst in die Lage versetzte, große Territorien zu kontrollieren. Noch das römische Reich orientierte sich an dem Polis-Modell. „Dass und wie wir heute von der Stadt als Bürgergemeinde oder auch von Stadt als Demokratie sprechen können", so erinnert Gehrke unbeschadet der vielfältigen Wandlungen städtischer Organisation seit dem Mittelalter, „liegt an dieser Perseveranz." Sozial- und rechtsgeschichtliche Prozesse, das zeigt Gehrke am Beispiel der antiken Stadtentwicklung, greifen vielfach ineinander; eine Leistung historischer Forschung besteht darin, diese wechselseitige Verschränkung am konkreten Fall zu pointieren.

Während der Historiker Gehrke sich dem Recht im Blick der Anderen aus einer gegenstandstheoretischen Perspektive zuwendet, indem er das in der Polis verkörperte Rechtsverständnis mit den Mitteln geschichtswissenschaftlicher Quellenauslegung untersucht, wechselt der Sozialwissenschaftler *Karl-Siegbert Rehberg* in seinem Beitrag „Recht als dynamische Institution: Soziologische und gesellschaftstheoretische Motive" zur metatheoretischen Ebene und fragt nach der Relevanz des Rechts in der Theoriearchitektur klassischer Autoren seines Fachs von Comte bis Luhmann. So rücken im Werk Émile Durkheims rechtsgeschichtliche Modellbildungen „ins Zentrum der Unterscheidung unterschiedlicher Gesellschaftstypen". Durkheims berühmte Unterscheidung mechanischer von organischen Solidaritätsformen bezieht ihre Prägnanz aus der Differenzierung der wesentlich rechtlichen Verfasstheit menschlicher Gesellschaften. Das gilt in ähnlicher Weise für Tönnies' Begriffspaar von Gemeinschaft und Gesellschaft. Max Webers Einsicht in den „Soziologische[n] Grundbegriffen" von *Wirtschaft und Gesellschaft*, die „normierende Festlegung gegenseitiger Einstellungen und Erwartungen" sei der Kern sozialer Ordnung und das Recht „deren elaborierter Ausdruck", steht schließlich auch hinter den großen sozialtheoretischen Entwürfen von Luhmann und – überraschenderweise – Habermas. Denn hatte dieser als Gegenspieler Luhmanns in der *Theorie des kommunikativen Handelns* noch vor Verrechtlichungsprozessen als Faktoren einer „Kolonialisierung der Lebenswelt" gewarnt, sollen in *Faktizität und Geltung* aus der Evolution des Rechts die Genese der Moderne plausibilisiert und die Institutionalisierung juridischer Verfahren geltungstheoretisch als Fundament von Freiheitsmöglichkeiten und Zivilgesellschaftlichkeit verteidigt werden. Mit Bezug auf die Kontroverse um den Institutionenbegriff zwischen Gehlen und Schelsky erinnert Rehberg an Schelskys für die Soziologie nach wie vor maßstäbliche Einsicht in das Prinzip des Rechts, nämlich „durch situative Anpassungen und Umformulierungen, durch Neuinterpretationen ohne das Aufgeben des Bezugs auf einen angenommenen ursprünglichen Normierungswillen" Kontinuität durch Wandel zu sichern. Die Auseinandersetzung der Soziologie mit Rechtsanwendung und Rechtsschöpfung, so darf man Rehberg wohl verstehen, gehören daher zum Kern der Selbstverständigung des Faches über seinen Gegenstand.

Legt Gehrke in seinem Aufsatz am Beispiel der Geschichte der griechischen Polis den Akzent auf den Beitrag, den die nicht-juristische (hier: historische) Forschung zum Verständnis der Kodifikation gesellschaftlicher Rechtsordnungen leisten kann, so geht Rehberg der Frage nach, welchen Beitrag die juristischen Kodifikationen gesellschaftlicher Rechtsordnungen zur Prägnanzbildung nicht-juristischer Forschungsdisziplinen (hier: der Soziologie) geleistet haben – zwei Beispiele dafür, wie Rechtswissenschaften und nicht-juristische Wissenschaften durch den Blick des jeweils anderen zu einem Erkenntnisfortschritt gelangen. Der Jurist und Rechtsphilosoph *Klaus Günther* zeigt in seinem Beitrag „Normativer Rechtspluralismus – Eine Kritik", wie die beiden Perspektiven in der Rechtstheorie einander ergänzen. Anlässlich der Frage einer Bewertung des Rechtspluralismus, wonach „es in einem sozialen Feld mehr als eine rechtliche Ordnung gibt, die aus jeweils verschiedenen Quellen stammen und nebeneinander koexistieren", führt Günther vor, wie genuin philosophische Gerechtigkeitsfragen, sozialwissenschaftliche Fragen nach Prozessen gesellschaftlicher Differenzierung und juristische Verfahrensfragen wechselseitig aufeinander verweisen, und sich also erfahrungswissenschaftliche, juristische und philosophische Expertise intern verbinden müssen, um auf Gegenwartsprobleme normativer Ordnungen in einer globalisierten Welt empirisch angemessene und zugleich geltungslogisch vertretbare Antworten zu finden.

Sieht Rehberg in den Theorieentwürfen von Luhmann und Habermas die prägnantesten Beispiele dafür, wie sich die Sozialtheorie der Gegenwart in der Auseinandersetzung mit den Rechtsordnungen der Gesellschaft über ihren Gegenstand belehren lassen kann, so demonstriert Günther anhand der Kontroverse zwischen diskurs- und systemtheoretischen Konzeptualisierungen des Rechtspluralismus die rechtstheoretische Einschlägigkeit soziologischer Grundlagenforschung. Günther konstatiert für die Gegenwart eine Vielzahl nicht-staatlicher, autonomer Normsetzungsprozesse, etwa im Internet, im Sport und in der Wissenschaft, in der Geschäftsführung multinationaler Konzerne, aber auch im Miteinander nicht-staatlicher Gemeinschaften beispielsweise religiöser Art. Auf die Frage, welche aus dieser

Vielzahl normativer Ordnungen den Status von Rechtsnormen verdienen und auf der Grundlage welcher Begründungsverfahren billigerweise verliehen bekommen können, sucht Günther in einer Gegenüberstellung diskurs- und systemtheoretischer Deutungsansätze eine Antwort. Einig sind sich beide Positionen – und mit ihnen Günther – darüber, dass der aktuelle Zustand des faktischen Rechtspluralismus nicht zugunsten eines am Nationalstaatsmodell orientierten Rechtsmonismus aufgehoben werden soll. Vielmehr bedarf es eines Managements des Rechtspluralismus. Der systemtheoretische Ansatz, so Günther, baue darauf, dass die eigenlogisch operierenden Funktionssysteme in der Ausbildung normativer Ordnungen die Kompatibilitätsanforderungen ihrer jeweiligen Umwelt verarbeiten und Kollisionsprobleme zwischen den Eigenrationalitäten der Teilsysteme aus ihrer jeweiligen Binnenperspektive gelöst würden. Der diskurstheoretische Ansatz, den Günther selbst vertritt, zweifelt daran, dass diese Lösung ohne Selbsttranszendierung der teilsystemspezifischen Binnenrationalitäten auf einen gemeinsamen Raum der diskursiven Konfliktaustragung hin geleistet werden kann, da erst dieser die gleichwertige Berücksichtigung der normativen Ansprüche aller von der Kollision betroffenen Akteure sicherzustellen vermöge.

Das von Günther anhand eines systematischen Vergleichs einschlägiger gegenwärtiger Rechtstheorien problematisierte Spannungsverhältnis zwischen dem wachsenden Rechtspluralismus einerseits und der Durchsetzung von Rechtsnormen andererseits wird in dem ethnologischen Beitrag von *Martin Ramstedt* an einem konkreten Beispiel verdeutlicht. Ramstedt präsentiert eine Fallstudie, in der die Entwicklung der gesetzlichen Regelungen zur Schaffung der Rahmenbedingungen eines Staates auf der Grundlage des Islam und damit die Verrechtlichung von Religion in Indonesien betrachtet werden. Dabei wird gezeigt, dass die Verrechtlichung islamischer normativer Vorgaben auf der nationalen Ebene der indonesischen Gesetzgebung Fuß gefasst hat und damit über die Regionen hinausgeht, die traditionell islamisch geprägt sind. Politik, so eine zentrale These des Beitrags, wird so zunehmend juridifiziert. Die Verrechtlichung des Islam betrachtet Ramstedt als Bestrebung, die negativen Folgen der nach Suhartos Fall im Mai 1998 verstärkt einsetzenden wirtschaftlichen Deregulierung und Globalisierung für die lokale Bevölkerung abzumildern. Politische Auseinandersetzungen werden hier zunehmend mit juristischen Mitteln geführt. Das Entstehen von Rechtsstaatlichkeit und die Entwicklung allgemein verbindlicher Normen unter sich verändernden Verhältnissen wurden aber zu einem nicht unbeträchtlichen Teil durch die wirtschaftliche Liberalisierung unterminiert, so dass ein Rückgriff auf anti-liberale Modernitätskonzepte erfolgte. Die zunehmende Verrechtlichung des Islam in Indonesien erhöht jedoch den Rechtspluralismus in einer Weise, so Ramstedt, die nicht nur ein höheres

Maß an interlegalen Problemen mit sich bringt, sondern auch eine größere Rechtsunsicherheit ergeben hat. Dies wiederum verstärkt die anomischen Tendenzen in der indonesischen Gesellschaft.

Was geschieht, wenn das Recht dem Blick der Theologie ausgesetzt wird, demonstriert der evangelische Theologe *Michael Moxter* in seinem Beitrag „Immanenz und Transzendenz des Rechts. Theologische Perspektiven". Im Anschluss an die nachkantische evangelische Theologie einerseits sowie die Reine Rechtslehre Hans Kelsens andererseits zeigt Moxter auf, dass das Verhältnis von Rechtslehre und Theologie nicht nach der Unterscheidung von Immanenz und Transzendenz verstanden werden darf, so als verwalte die Theologie rechtstranszendente Normenbestände, die dann möglichst in positives Recht umzusetzen seien. Vielmehr anerkennt mindestens die evangelische Theologie nach Kant die Autonomie des Rechts ebenso, wie sie die Autonomie der Religion in Anspruch nimmt. Umgekehrt weiß ein reflektierter Rechtspositivismus um die „,Transzendenz von innen'" des autonomen Rechts. Die bloße Rechtstatsache weist über sich hinaus, indem sie erst im Kontext eines Deutungsschemas von Recht *als Recht* verstanden werden kann. Dieses Deutungsschema impliziert Wissen um die Veränderbarkeit von Rechtsnormen, mithin um Prozeduren der Rechtssetzung, wie auch Auffassungen der Rechtsunterworfenen vom Sinn des Rechts (nämlich, Bedingung der eigenen Freiheit zu sein). Im Gegebensein des Rechts ist also ein diesem Transzendentes mitgesetzt, das in bestimmten Formen kultureller Einbettung des Rechts symbolisch Ausdruck findet. Darauf im Sinne einer Kulturhermeneutik des Rechts hinzuweisen, ist eine Aufgabe, die die Theologie in Auseinandersetzung mit den Rechtswissenschaften übernehmen kann; die Teilhabe an rechtsethischen Debatten um Chancen und Grenzen der Institution des Rechts ist eine andere. Die Anerkennung der Autonomie von Recht und Religion eröffnet mithin durchaus eine fruchtbare Beziehung der diese reflektierenden Wissenschaften.

Die Fremdperspektiven aufs Recht beschließt der Ökonom *Bernhard Nagel* in seinem Beitrag „Recht und Ökonomie als Lehr- und Forschungsgegenstand". Während die bisherigen Zugänge zum Thema des Bandes entweder die Einschlägigkeit der Reflexion aufs Recht für die ‚fremddisziplinären' Theoriebildungen in den Blick nahmen (Rehberg, Günther, Moxter) oder sich Fragen der Verrechtlichung gesellschaftlicher Teilbereiche widmeten (Gehrke, Ramstedt), erinnert Nagel am Beispiel der Begegnung zwischen Volkswirtschaftslehre und Rechtswissenschaften an die besonderen Herausforderungen interdisziplinärer Arbeit. Nagel betrachtet in seinem Beitrag die Wechselbeziehungen und das gegenseitige Bedingungsverhältnis von Recht und Ökonomie als Gegenstand von Forschung und Lehre und berichtet dabei aus jahrzehntelangen Erfahrungen des Colloquiums „Recht und Ökonomie" an der Universität Kassel sowie aus dem gemeinsam von

Ökonomen und Juristen getragenen Studiengang Wirtschaftsrecht. An drei Themenbeispielen verdeutlicht Nagel die Schwierigkeiten von Juristen und Ökonomen, zu einer gemeinsamen Fachsprache und zu einer Herangehensweise an Probleme zu finden, die in beiden Disziplinen anschlussfähig ist: das Problem der Übernutzung von Gemeinschaftsgütern, Möglichkeiten und Grenzen des „effizienten Vertragsbruchs" und die ökonomischen Auswirkungen von Tarifverträgen und des deutschen Mitbestimmungsrechts. Der Beitrag schließt mit Denkanstößen für Juristen, die aus den vorgestellten Effizienzbetrachtungen der Ökonomen im Rahmen der drei Themenbeispiele abgeleitet werden. Das Fazit ist optimistisch: Interdisziplinäre Forschung und Lehre sind nützlich und beeinflussen in der Praxis das Selbstverständnis der beteiligten Juristen und Ökonomen.

Zwei juristische Beiträge antworten auf die interdisziplinären Fremdwahrnehmungen. *Christoph Möllers* bescheidet die implizite Frage der anderen Disziplinen, was denn das Recht aus rechtswissenschaftlicher Sicht eigentlich sei, mit einer pragmatischen Offenhaltung des Grundbegriffs im Interesse zukünftiger Problemlösungskapazitäten. Gleichwohl stellt er eine Reihe von Warnschildern auf, wo zu leichtfüßig Rechtspluralismus konstatiert, die „Realität" des Rechts angesichts dessen Nichteinhaltung in Frage gestellt oder die Verbindung zwischen dem Recht und anderen normativen Ordnungen einer Gesellschaft über- oder unterschätzt wird. Darüber hinaus sucht er die Stellung der Rechtswissenschaft im Konzert der anderen Disziplinen zu präzisieren. Begriffliche Spezifizierungen wie Normativität, Anwendungsorientierung und Formalisierung erlauben eine erste Annäherung, aber keinen der wandelbaren Praxis des Faches angemessenen Vollbegriff von Rechtswissenschaft. Nach Möllers ist es aussichtsreicher, induktiv vom Selbstverständnis derer auszugehen, die Rechtswissenschaft in verschiedener Art und Weise treiben. Hier lassen sich ein philologisches Paradigma der Textrekonstruktion, ein dogmatisches Paradigma der lehrbegrifflichen Systematisierung, ein soziotechnisches Paradigma der Beratung gesellschaftlicher Institutionen und Akteure sowie ein anthropologisches Paradigma der Untersuchung sozialer Realität mit Hilfe von „Fällen" ausmachen. So entsteht ein komplexes Bild einer zwischen Praxisnähe und theoretischer Distanz operierenden Wissenschaft, das binnen- wie fremdperspektivische Beobachter vor zu einfachen Systematisierungen bewahrt und doch Kritik und fruchtbare Irritation ermöglicht.

Um eine eigene, den Band abschließende wie auch mögliche zukünftige Diskussionsfelder markierende Stellungnahme gebeten, geht auch *Eberhard Schmidt-Aßmann* vom Recht als dem Gegenstand der Rechtswissenschaften aus. Er zeigt auf, dass das, was von den „Anderen" als Recht in den Blick genommen wird, jeweils nur einen Ausschnitt des vielgestaltigen Phänomens darstellt – insbesondere dann, wenn vom Paradigma eines nationalstaatlichen, der imperativen Durchsetzung eines Machtzentrums dienenden Rechts ausgegangen wird. Wird dieses aufgegeben, wird das Recht als Gefüge verschiedenster Regelungsebenen und Verbindlichkeitsstufen erkennbar. Diese Rechtsvielfalt ist – wie auch Christoph Möllers betont hatte – nicht von einem fixierten Begriff des Rechts aus angemessen beschreibbar, sondern muss in ihren theoretischen, dogmatischen und institutionellen Aspekten sorgsam analysiert werden. Das Recht ist dabei ebenso Gegenstand nichtjuristischer Disziplinen, die sich ihm oft im Gespräch mit der Rechtswissenschaft nähern, wie auch die Rechtswissenschaft eigene Subdisziplinen vorhält, die – wie Rechtssoziologie und -geschichte – ihre prinzipielle interdisziplinäre Offenheit zum Ausdruck bringen. Schmidt-Aßmann plädiert hier jedoch für eine konkrete, anlass- und d.h. problembezogene interdisziplinäre Kooperation in wechselnden Formen. Insbesondere Theologie und Rechtswissenschaft können sich hier wechselseitig bereichern, indem sie sich über Dogmatik als beiden je spezifisch eigene Reflexionsform, aber auch – etwa anhand des Begriffs der Menschenwürde – über ihre jeweiligen Autonomieansprüche verständigen. Als eigenen Beitrag kann die Rechtswissenschaft im Gespräch mit anderen Disziplinen unter anderem die im Recht selbst gespeicherten „Erfahrungen im Umgang mit gesellschaftlichem Wandel" aufschlüsseln und zur Verfügung stellen. Diese liegen einerseits in der Routine des Umgangs mit Regelungsfragen im Kontext komplexer und uneinheitlicher institutioneller Arrangements im internationalen Bereich, andererseits in der spezifischen Verbindlichkeitsproduktion durch Generierung und Legitimation von Entscheidungen.

Wir danken insbesondere Franziska Strohmaier und Dr. Ermylia Aichmalotidou-Bauer für den sorgfältigen Satz des Bandes sowie Dr. Henning Ziebritzki und Bettina Gade vom Verlag Mohr Siebeck für die wie gewohnt konstruktive und erfreuliche Zusammenarbeit. Gewidmet ist dieser Band Eberhard Schmidt-Aßmann in herzlicher Verbundenheit.

Heidelberg, im Oktober 2015 Die Herausgeber

Hans-Joachim Gehrke

Die Funktion des Rechts in den antiken Stadtstaaten

„*Hâde éwade póli*" – „So beschloss die Gemeinde".[1] Mit solchen und ähnlichen Formulierungen tritt uns die griechische Polis schon in ihren ältesten Dokumenten, kretischen Inschriften des 6. Jahrhunderts v. Chr., vor Augen. Damit greifen wir bereits wesentliche Charakteristika, denn die Worte demonstrieren, dass die Polis eine Bürgergemeinschaft war, die als souveränes Beschlussorgan auftreten konnte – wenigstens dem Anspruch nach. Damit bin ich mitten im Thema, denn ich zitiere eine Rechtsurkunde (mit Gesetzescharakter) und beziehe mich auf den antiken Stadtstaat, sofern er auch eine Rechtsordnung darstellte. Auf diese Weise, so glaube ich, kann ich Eberhard Schmidt-Aßmann am ehesten meinen Respekt ausdrücken und meinen Dank abstatten für Jahre einer zutiefst gedeihlichen Zusammenarbeit.

Aus Zeitgründen konzentriere ich mich auf die griechische Variante dieser stadtstaatlichen Ordnung, die Polis. Ich kann aber auch die römische Stadt miteinbeziehen, denn diese ähnelte strukturell sehr der griechischen. In ihrer Gestalt übrigens ist die antike Stadt für die spätere Entwicklung maßgeblich gewesen, wie schon die Sprache zeigt: Aus dem lateinischen *civitas* („Bürgerschaft", „Bürgergemeinde") wird città – ciudad – cité – city.

Die Stadt als wesentlicher sozialer und politischer Lebensbereich – das ist, wie vieles, nicht von den Griechen erfunden, sondern übernommen und dann in ganz spezifischem Sinne und auf eigene Weise weiterentwickelt und umgestaltet worden. Auch hier stand der Nahe Osten Pate. Die Form einer städtischen Organisation war dort eine höchst bedeutsame und folgenreiche Innovation. Die Stadt wurde bereits seit dem ausgehenden 4. Jahrtausend im Orient das Zentrum einer ganz neuartigen politischen, zugleich religiösen, sozialen und wirtschaftlichen Ordnung. Sie bildete den eigentlichen Raum von religiös fundierter Herrschaft. Die jeweilige Gottheit der Stadt regierte gleichsam durch den König, ihren ‚Statthalter' auf Erden. Als Zentralräume dieser Ordnung bildeten Palast und Tempel den Hort von

---

[1] *R. Meiggs/D. M. Lewis*, A Selection of Greek Historical Inscriptions to the End of the Fifth Century B. C., 2. Aufl., Oxford 1988, Nr. 2.

Ordnung und Sicherheit, und das städtische Zentrum war funktional für das Umland, das sie organisatorisch durchdrang und im Sinne der Herrschaft wirtschaftlich (aus)nutzte. Hier jedoch beginnen bereits die Unterschiede zu Griechenland.

Dort ging die Entwicklung von der Siedlungskammer bzw. vom lokalregionalen Siedlungsverband aus, und es gab keine Herrschaft, wie sie Max Weber verstanden hatte, also als Chance des Herrschers, auf gegebene Befehle Gehorsam bei einem bestimmten Personenkreis erwarten zu können,[2] wie das im Nahen Orient und in Ägypten prinzipiell der Fall war. In der Mykenischen Zeit hatte es in Griechenland erfolgreiche Versuche gegeben, dieses System gleichsam zu kopieren, in den so genannten Palastkulturen. Diese waren aber um 1200 unter katastrophalen Begleitumständen untergegangen. Der in der anschließenden Eisenzeit einsetzende ‚Neuanfang' der griechischen Geschichte ging von relativ kleinen Gemeinschaften von Bauern und Siedlern aus, in denen die sozialen Unterschiede gering waren und eher flache Hierarchien herrschten.[3] Einzelne Familien und Häuser, die sich vor allem durch höheren Reichtum auszeichneten, ragten zwar hervor, bildeten aber keine klar definierte Elite oder gar eine Herrenschicht.

Wohl seit dem 8. Jahrhundert versuchten sie sich jedoch stärker von den anderen Gliedern der Gemeinschaft abzugrenzen und sich zunehmend als eine Aristokratie zu formieren. Sie nahmen den Lebensstil einer *leisure class* an und akkumulierten mehr und mehr Besitz zur Sicherstellung dieses Stils und damit zur Gewinnung einer dauerhaften Führungsposition. Zunächst spielten dabei Raub- und Beutezüge eine wichtige, freilich riskante Rolle, so dass diese Reichen und Mächtigen immer mehr dazu übergingen, aus ihrem agrarischen Eigentum (dieses war die ganz wesentliche ökonomische Grundlage) immer mehr Ertrag zu ziehen. Zu diesem Zweck übten sie Druck auf die anderen Angehörigen der Gemeinschaft aus, durch den vor allem die kleineren Bauern in den Zustand höriger Arbeitskräfte zu geraten drohten. Zugleich wuchsen innerhalb dieser sich formierenden Eliten erhebliche soziale Positions- und politische Konkurrenzkämpfe.

Innerhalb dieser Gemeinden war andererseits das Bewusstsein der Zusammengehörigkeit durchaus lebendig. Die Mitglieder der Eliten nahmen bestimmte Aufgaben für die Gemeinschaft wahr, in religiösen Angelegenheiten, in der Kriegführung und vor allem in der Streitschlichtung durch Rechtsprechung. Das alles geschah auf der Grundlage von Brauch und Sitte und nach mündlich tradierten Regeln. Freilich hatten diese ‚Funktionäre'

---

[2] *M. Weber*, Wirtschaft und Gesellschaft. Grundriß der Verstehenden Soziologie, 5., revidierte Aufl., besorgt von *J. Winckelmann* (Studienausgabe), Tübingen 1972, S. 28.

[3] Hier und im Folgenden stütze ich mich auf eigene Forschungen; sie sind kürzlich zusammengefasst bei *H.-J. Gehrke*, States, in: *K. A. Raaflaub/H. van Wees* (Hg.), A Companion to Archaic Greece, Oxford 2009, S. 395–410.

Die Funktion des Rechts in den antiken Stadtstaaten 13

keine wirkliche Befehlsgewalt, schon gar nicht gegenüber ihren Standesgenossen. Ihr Gericht war dementsprechend nicht mit Strafgewalt ausgestaltet, sondern bildete nicht mehr als ein Schiedsgericht. Die anderen Glieder der Gemeinschaft, das „Volk" war dabei auch eher ein Publikum, vor dem die Vornehmen agierten, als ein politisches Beschlussorgan. Innerhalb der Gemeinschaft herrschten allerdings strikte Regeln von Solidarität und Nachbarschaftshilfe, wie man sie auch aus anderen agrarischen Gesellschaften kennt.[4]

Freilich existierten, bei aller Individualität und Familienorientierung und zum Teil auch angesichts einer verstreuten Siedlungsweise, durchaus zentrale Orte.[5] Hier würde man aber, auch wegen der erwähnten Regeln und Strukturen, eher von Dorf als von Stadt sprechen. Dennoch war ein Element sozusagen phänotypisch signifikant: Viele Siedlungen waren und wurden, gerade wegen der häufigen Beutezüge und der kriegerischen Mentalität, befestigt. Anders gesagt: Wer Mauern hatte, hatte größere Überlebenschancen. Hierbei lehnte man sich häufig an Reste und Relikte der ersten griechischen Hochkultur, der erwähnten mykenischen Kultur der Bronzezeit, an. Solche Plätze und dann auch andere befestigte Orte hießen Polis, was so viel bedeutet wie Burg, Festung – so noch die Akropolis von Athen im 5. Jahrhundert. Der Begriff hat sich aber dann auch auf die Gemeinde selbst übertragen, so dass die Polis uns in doppelter Hinsicht begegnet: als Siedlungsplatz (mit einem umliegenden Territorium) und als Personenverband.

Zwei durchaus miteinander zusammenhängende Prozesse führten im Verlaufe des 8. bis 6. Jahrhunderts zur definitiven Ausbildung der griechischen Polis im Vollsinne.[6] Wir können diesen Vorgang dank zeitgenössischer Texte wenigstens in seinen Grundzügen rekonstruieren und damit auch zei-

---

[4] *W. Schmitz*, Nachbarschaft und Dorfgemeinschaft im archaischen und klassischen Griechenland, Berlin 2004.
[5] Hierzu s. vor allem *F. Lang*, Archaische Siedlungen in Griechenland. Struktur und Entwicklung, Berlin 1996, und zur weiteren Entwicklung vgl. besonders *T. Hölscher*, Öffentliche Räume in frühen griechischen Städten, Heidelberg 1998.
[6] Dies ist näher begründet bei *H.-J. Gehrke*, Gesetz und Konflikt. Überlegungen zur frühen Polis, in: *J. Bleicken* (Hg.), Frankfurter Althistorische Studien 13. Colloquium aus Anlaß des 80. Geburtstages von Alfred Heuß, Kallmünz 1993, S. 49–67 sowie *ders.*, Der Nomosbegriff der Polis, in: *O. Behrends/W. Sellert* (Hg.), Nomos und Gesetz. Ursprünge und Wirkungen des griechischen Gesetzesdenkens. 6. Symposion der Kommission „Die Funktion des Gesetzes in Geschichte und Gegenwart" (Abh. d. Akademie der Wissenschaften zu Göttingen, Phil.-Hist. Kl. Dritte Folge, Bd. 209), Göttingen 1995, S. 13–35. Zur Polis generell s. besonders *H.-J. Gehrke*, Jenseits von Athen und Sparta. Das Dritte Griechenland und seine Staatenwelt, München 1986 und *K.-W. Welwei*, Die griechische Polis. Verfassung und Gesellschaft in archaischer und klassischer Zeit, 2. Aufl., Stuttgart 1998, vgl. jetzt auch *M. H. Hansen/T. Heine Nielsen* (Hg.), An Inventory of Archaic and Classical Poleis. An Investigation Conducted by the Copenhagen Polis Centre for the Danish National Research Foundation, Oxford 2004. In vieler Hinsicht anregend ist *O. Murray/S. Price* (Hg.), The Greek City from Homer to Alexander, Oxford 1990.

gen, dass er in fast allen Teilen der griechischen Welt ähnlich, wenn auch zeitverschoben, mit vergleichbaren Tendenzen ablief. Diese Ereignisse und Entwicklungen hingen mit den eben erwähnten sozialen Strukturen und Einstellungen eng zusammen. Zugleich wurden sie durch die erhebliche Mobilität[7] der griechischen Gesellschaften geprägt, die ihrerseits durch die Landesnatur mit ihrer charakteristischen Verschränkung von Land und Meer gefördert wurde.

Auf der einen Seite liefen die Konkurrenzkämpfe innerhalb der Eliten heiß. Eine deutliche Tendenz zum Monopol und zur Umwandlung von sozialem Rang und politischer Geltung in politische Herrschaft machte sich bemerkbar: Nicht mehr unter den anderen herauszuragen, sondern über die anderen zu bestimmen wurde die Devise. Diese Orientierung war durchaus beeinflusst von orientalischen und ägyptischen Vorbildern, die man gerade in jener Zeit immer besser kennen lernte. Man sprach von Tyrannis, und dieser aus Anatolien stammende Name zeigt den Geist: Man wollte das orientalische Modell auch insofern nachahmen, als zur Stadt ein Herrscher gehörte und zugleich die Stadt nach außen expansiv wurde. Hier zeigen sich bereits deutliche Elemente von Staatlichkeit, die freilich in einer Hand lagen. Der Tyrann hatte, häufig in Gestalt einer fremden Söldnertruppe, einen Erzwingungsstab, und er behandelte die anderen seiner Gemeinschaft Angehörenden wie Untertanen, indem er vielfältig Zwang ausübte, von der Einführung verschiedener Formen der Besteuerung bis hin zu gezielten Terrormaßnahmen. Zugleich betrieb er eine aktive bis aggressive Außenpolitik, die nicht selten aus Piratenaktivitäten hervorging. Polykrates von Samos, schon in der Antike als prototypisch angesehen, bildet hier ein treffendes Beispiel. Besonders erfolgreich waren diese Tyrannen in den reichen Gebieten der griechischen ‚Neuen Welt', vor allem in Sizilien.[8]

Damit ist bereits das zweite Element innerhalb dieser dynamischen Vorgänge angesprochen, die enorme Expansion und Migration in jener Zeit, die nicht zuletzt auch aus den internen Konflikten und Nöten resultierte. Emigration und Flucht, zugleich Landhunger angesichts der durch aristokratischen Druck verknappten Ländereien führten zu einer „Großen Kolonisation", wie man diesen Vorgang genannt hat. Charakteristisch daran war besonders die Anlage großer Siedlungskolonien, die sich schließlich ergab. Hier waren erhebliche organisatorische Anstrengungen nötig, nachdem aus eher vereinzelten Ortsveränderungen und Landnahmen seit dem 8. Jahrhun-

---

[7] Hierzu s. besonders *I. Malkin*, The Returns of Odysseus, Berkeley 1998; *M. Gras*, La Méditerranée archaïque, Paris 1995; *F. Bernstein*, Konflikt und Migration. Studien zu griechischen Fluchtbewegungen im Zeitalter der sogenannten Großen Kolonisation, St. Katharinen 2004.

[8] *N. Luraghi*, Tirannidi arcaiche in Sicilia e Maga Grecia di Panezio di Leontini alla caduta die Dinomenidi, Florenz 1994.

dert mehr und mehr eine richtige Massenbewegung wurde: Siedlungen wurden immer mehr und dann in der Regel im Kollektiv angelegt, zumal wenn man mit indigenem Widerstand rechnen musste.

Der Schwerpunkt der organisatorischen Bemühungen lag in der Verteilung des Landes und in der Anlage eines befestigten Siedlungszentrums, nicht zuletzt aber auch in der Regulierung des Gemeinschaftslebens. Hier erreichten die Griechen im Laufe der Zeit (vor allem seit dem 7. Jahrhundert) eine erhebliche Planungskompetenz, die uns heute noch in monumentalen Stadtanlagen wie etwa in Megara Hyblaia, Selinunt und Metapont greifbar ist.[9] Diese soziopolitische und urbanistische Planungsfähigkeit wurde einzelnen Personen zugeschrieben, die in der Regel als Siedlungsgründer, Oikisten, fungierten und postum als Heroen verehrt wurden.

Auch wo die erwähnten internen Konflikte in der Heimat überhand nahmen, griffen die Beteiligten und die Betroffenen häufig auf individuelle Organisationskompetenz zurück. Einzelne agierten als Versöhner oder Schiedsrichter; später sprach man zusammenfassend von Gesetzgebern. Dahinter steckte zum einen der feste soziale und politische Typ des „Weisen Mannes" (man denke an die so genannten Sieben Weisen[10]), zum anderen die Gestalt des dominierenden Herrn bzw. des Alleinherrschers. Die Grenze zur Tyrannis war insofern auch fließend, weil manche Tyrannen organisatorisch nicht anders vorgingen und weil man häufig den Versöhnern besondere Vollmachten erteilte. Aristoteles sollte dann später von „Wahl-Tyrannis" (auf Zeit) sprechen.[11] Entscheidend war, dass die bedrohten Gemeinschaften sich wenigstens noch so weit einigen konnten, dass sie eine Person mit der Lösung der Probleme betrauten.[12]

In etlichen Gebieten waren die Gemeinschaften jedoch auch aus sich heraus, ohne solche ‚Mittler', in der Lage, die Dinge neu zu regeln. Dies geschah, wie der erste Satz oben illustriert, durch mehrheitlich getroffene Entscheidungen, die – und das ist gleichsam die Pointe – für alle Beteiligten, also die freien Mitglieder der Gemeinde und die von ihnen Abhängigen oder als Fremde dort Ansässigen, gelten sollten, was uns am besten für Kreta dokumentiert ist.[13] Man könnte auch sagen: Die Monopolisierung von Gewalt und Zwang und damit die Umformung der Gemeinschaft im Sinne

---

[9] Hierüber informiert vor allem *D. Mertens*, Städte und Bauten der Westgriechen. Von der Kolonisationszeit bis zur Krise um 400 vor Christus, München 2006.

[10] Hierzu ist immer noch lesenswert *B. Snell*, Leben und Meinungen der Sieben Weisen, 3. Aufl., München 1952.

[11] *Aristoteles,* Politik 3, 13, 1285 a 30ff.

[12] Grundlegend hierzu und zum Folgenden ist *K.-J. Hölkeskamp*, Schiedsrichter, Gesetzgeber und Gesetzgebung im archaischen Griechenland, Stuttgart 1999 (mit weiterführender Literatur).

[13] *H.-J. Gehrke*, Gewalt und Gesetz. Die soziale und politische Ordnung Kretas in der Archaischen und Klassischen Zeit, in: Klio 79, 1997, S. 23–68.

staatlicher Organisation ging nicht vom Einzelnen, dem Tyrannen aus, sondern von der Gemeinschaft. Sie beanspruchte, diesen Zwang auf legitime Weise auszuüben, und versuchte, ihn auch durchzusetzen. Die mentale Grundlage für diese Grundauffassung und ihre Realisierung war die bereits erwähnte, für die Gemeinschaften charakteristische Solidarität in der Nachbarschaftshilfe. Diese wurde verstärkt durch eine ganz neue militärische Kampfweise in der Linie, die Hoplitenphalanx, die sich im Verlaufe des 7. Jahrhunderts weitgehend durchsetzte: Dort kam es in existentieller Weise auf wechselseitige Solidarität innerhalb einer Kampfgemeinschaft an, buchstäblich auf den Schulterschluss mit dem Nebenmann.[14]

So war die Gemeinde Solidaritäts- und Kriegergemeinschaft, und zugleich bildete sie eine Kultgemeinde: Es gab eine gemeinsame herkömmlich vorgegebene Gottesverehrung, und wer den Kult verletzte, gefährdete die ganze Gemeinde, weil die Götter nach allgemeiner Vorstellung sozusagen Sippenhaft übten und es strikt rächten, wenn es die Gemeinde duldete, dass in ihren Reihen gegen die religiösen Regeln und Traditionen verstoßen wurde.[15] Und nicht zuletzt war die Gemeinschaft auch eine politische Gemeinde, die sich immer mehr als solche verfestigte und institutionalisierte: Sie verteilte gleichsam Ehrenpositionen an die Vornehmen, und zwar vor allem durch Wahl in Ämter, die im Wortsinne Ehrenämter waren, wie noch das lateinische Wort *honos* plastisch illustriert, aber auch das griechische Wort *timē*, das genau in demselben Sinne gebraucht werden konnte. Entscheidend war aber, dass man die neuen verbindlichen oder Verbindlichkeit beanspruchenden Regeln in einem neuen Medium fixierte, das sowohl ihre Dauerhaftigkeit als auch ihre allgemeine Kenntnis verbürgen sollte: im Medium der Schrift, die man aus Phönikien übernommen hatte, also in Gestalt des Alphabets. Damit wurden bestimmte, beileibe nicht alle, aber die als besonders wichtig erachteten Regeln erkennbar, auf Stein oder Bronze, im öffentlichen Raum, häufig in Heiligtümern oder zentralen Plätzen, aufgezeichnet und aufgestellt. Bezeichnenderweise nannte man diese Art von Regeln zunächst „Schrift", „Geschriebenes" (man denke an unser Wort Vorschrift). Der Substanz nach handelte es sich aber um gesetztes Recht, und so bürgerte sich dafür allmählich das Wort *nomos* ein, das eigentlich Brauch und Sitte, lateinisch *mos*, bezeichnete – was im übrigen sehr klar die Bedeutung der Gesetzgebung, also der juristischen Fixierung, innerhalb der sozialen Normativität unterstreicht.

---

[14] Zur Phalanx und ihrer Kampfesweise s. jetzt vor allem *J. P. Franz*, Krieger, Bauern, Bürger. Untersuchungen zu den Hopliten der archaischen und klassischen Zeit, Frankfurt a.M. u.a. 2002; *H. van Wees*, Greek Warfare. Myths and Realities, London 2004.

[15] Die ist sehr eindringlich herausgearbeitet bei *H. S. Versnel*, Ter unus. Isis, Dionysos, Hermes. Three Studies in Henotheism, Leiden u.a. 1990, S. 96–205.

Es herrschte allerdings noch keine der unsrigen auch nur annähernd vergleichbare Regelungsdichte, aber doch eine erhebliche Aktivität, wie noch heute aus den wenigen uns erhaltenen Fragmenten und Stücken aus jener Zeit klar erkennbar wird. Reguliert wurde, was besonders wichtig war: religiöse Angelegenheiten und politisch-soziale Konflikte. Und was da aufgezeichnet war, sollte verbindlich für alle sein, nicht zuletzt gerade auch für die führenden Schichten und Amtsträger. Sie, gerade sie, sollten gezwungen werden, ihr Amt auch *realiter* auszuüben, das hieß vor allem: zu richten bzw. Streit zu schlichten. Mit diesen Regelungen, die sich aber letztlich auf alles erstrecken konnten, was wichtig schien, erwies sich die Gemeinde zu beachtlichen Organisationsformen fähig. Zugleich gab sie sich zunehmend, besonders in den großen Zentren der ‚Neuen Welt', ein urbanistisches Gehäuse.

Hinter der gesamten Organisation stand letztlich, wenn man so will als Zwangsmittel, die Solidarität der Gemeinschaft. Sie konnte die Ehre entziehen und damit den sozialen Tod herbeiführen, aber auch den physischen Tod oder wenigstens die physische Ausstoßung in Form der Verbannung. Auf diese Weise erwies sich die Gemeinde der Tyrannis überlegen. Sie hatte sich am Ende des 6. Jahrhunderts fast überall durchgesetzt, nicht zuletzt dank des Engagements und der anderen Poleis zuteil gewordenen aktiven Unterstützung Spartas, ihrer seinerzeit erfolgreichsten Variante. Nur in den großen und reichen Staaten Siziliens dauerte es knapp ein halbes Jahrhundert länger. Die Perhorreszierung der Monarchie war das stetige Erbe dieser Entwicklung. Nur frei von Alleinherrschaft und ohne Tyrannis konnten sich die Griechen eine ihnen adäquate Ordnung vorstellen – was sie freilich nicht hinderte, immer wieder nach eben solcher Dominanz zu streben, weswegen eben die Zwangsordnung der Gemeinschaft nötig war und blieb.

Damit haben wir die griechische Polis in ihrer spezifischen Gestalt vor uns. Drei für sie charakteristische Faktoren seien zusammenfassend hervorgehoben:

Die griechische Polis war eine sich selbst organisierende Bürgergemeinschaft mit einem von Anfang an relativ hohen Grad an Partizipation und zugleich einem hohen Ausmaß an sozialem Druck und politischem Zwang, eine frühe Form von Staatlichkeit. Wegen der spezifischen Form der Regulierung könnte man sie eine Nomokratie („Gesetzesherrschaft") nennen. Zugleich war und blieb sie eine Ehr- und Kultgemeinschaft, ebenso eine Solidaritätsgemeinschaft von Kriegern. Hier ist Sparta in seiner Radikalität ein besonders typisches Beispiel.

Diese Polis gab sich eine urbane Behausung mit ebenfalls ganz charakteristischen Elementen: Sie hatte kräftige Mauern – ein deutlicher Ausdruck der obwaltenden Konflikthaltigkeit. Vor allem aber schuf sie sich ein bestimmtes Stadtbild, das häufig – in den Kolonialstädten – konsequent rektangular war. Neben Wohnhäusern teilweise recht ähnlichen Typs gab es speziell ausgewiesene öffentliche Bereiche für den Kult (die Heiligtümer) und für die öffentliche Debatte: den Markt nicht primär als wirtschaftliches Zentrum (das er dann auch werden konnte), sondern als Ort des Diskurses, eben als agorá, was so viel wie Platz des Redens bedeutete.

Zugleich bildete die Polis eine Einheit von Stadt und Land. Die schroffen Mauern bildeten keine juristische Grenze. Die Bewohner der Stadt waren zu ihrem weit überwiegenden Teil Bauern. In den Kolonialstädten wurde das Land nach denselben Prinzipien der Geometrie aufgeteilt wie der städtische Raum. Zahlreiche Konflikte zwischen den Poleis führten dazu, dass Grenzen des Territoriums zunehmend klar markiert wurden, wenn sie nicht ohnehin, wie bei vielen der zahlreichen Inseln, von der Natur nahegelegt waren.

Ein geschlossener Verband von Bürgern auf einem umgrenzten Territorium mit einem städtischen Mittelpunkt, zugleich mit für alle Zugehörigen dem Anspruch nach gültigen Regeln, das war die griechische Polis. Wir sehen sofort, dass sie mehr war als eine Stadt, sie war so etwas wie ein Staat, so dass wir auch von Stadtstaat sprechen. Was aber ihr wesentliches Kennzeichen war und folgenreich werden sollte, war das Prinzip der Selbstorganisation und der Mitsprache der Beteiligten, wie auch immer diese im einzelnen gestaltet war. In dieser Form war die Polis das klassische Modell politisch-sozialer Organisation in Griechenland und damit ein wesentliches Element griechischer Kultur.

Diese im einzelnen komplexen und hier sehr abstrahierten Zusammenhänge seien am Beispiel der am besten bekannten und *à la longue* auch wichtigsten Polis, Athens, illustriert.[16] Massive interne Konflikte innerhalb der Oberschicht gipfelten zunächst in dem Versuch, eine Tyrannis zu errichten (,Putsch' des Kylon). Das war mit erheblichem, nach Rache schreiendem Blutvergießen verbunden. Deshalb versuchte man erstmalig, durch Gesetze gerade den Konflikt, konkret: die Ausübung von Rache, zu kanalisieren. Ein gewisser Drakon formulierte entsprechende Vorschriften, in denen er bereits die Tötungsdelikte nach dem Kriterium der Absichtlichkeit

---

[16] Die grundlegende Orientierung bieten: *K.-W. Welwei*, Athen. Vom neolithischen Siedlungsplatz zur archaischen Großpolis, Darmstadt 1992; *ders*., Das klassische Athen. Demokratie und Machtpolitik im 5. und 4. Jahrhundert, ebd. 1999; *J. Bleicken*, Die athenische Demokratie, 2. Aufl., Paderborn u.a. 1994; *P. Funke*, Athen in klassischer Zeit, München 1999. Zu meinen eigenen Positionen s. *Gehrke* a.a.O. (Anm. 6); *ders*., La storia polica ateniese arcaica e l'Athenaion Politeia, in: L'Athenaion Politeia di Aristotele 1891–1991. Per un bilancio di cento anni di Studi. VI Incontro perugino di Storia della storiografia antica e sul mondo antico, a cura di G. Maddoli, Perugia 1994, S. 191–215; *ders*., The Figure of Solon in the Athênaiôn Politeia, in: Solon of Athens. New Historical and Philological Approaches, hg. von *J. H. Blok/A. P. M. H. Lardinois*, Leiden-Boston 2006, S. 276–289 (der Sammelband ist darüber hinaus insgesamt für die Thematik grundlegend).

differenzierte (so genanntes Blutgesetz, 640/630 v. Chr.). Damit ließ sich die Entwicklung allerdings nicht kontrollieren. Die Positions- und Konkurrenzkämpfe innerhalb der Elite setzten sich fort, und weiterhin drohte die Tyrannis. Zugleich verstärkte sich dadurch die soziale Not: Bauern gerieten zunehmend in Schuldknechtschaft. Freie Bürger konnten auf diese Weise sogar in Sklaverei, mindestens in eine Art von Hörigkeit versetzt werden. Darauf reagierte man erneut mit der Einsetzung eines Gesetzgebers, Solons.

Dieser setzte viel breiter an als Drakon, dessen Regeln er allerdings übernahm: Er beseitigte die Auswüchse der sozioökonomischen Krise durch Aufhebung der Schuldknechtschaft und Rückkauf der bereits in die Sklaverei geratenen Bürger. Er formulierte zahlreiche Gesetze, auch im Detail, zur Regelung gerade auf den besonders konfliktträchtigen Gebieten, und versuchte zugleich, Grundsätze der Verantwortung und Partizipation in den Köpfen seiner Mitbürger zu verankern. Konsequenterweise zog er sich nach der Erledigung seine Aufgabe zurück. Allerdings blieb seine Ordnung zunächst nicht erfolgreich, weil sie die elitären Machtkämpfe und das wirtschaftliche Gefälle nicht beseitigte bzw. nicht beseitigen konnte.

So etablierte sich in Athen dann doch eine richtige Tyrannis auf längere Zeit (546–510 v. Chr.), die des Peisistratos und seiner Söhne. Da sich deren soziale und ökonomische Politik gerade auch gegen Adlige richtete und da die innere Kohärenz der athenischen Gemeinschaft durch die Ausgestaltung religiöser Feste und eine erfolgreiche Expansionspolitik gefördert wurde, war diese Herrschaft zunächst populär. Die Gemeinschaft und das Gemeinschaftsgefühls festigten sich damit trotz der monarchischen Spitze, die durch eine Söldnertruppe abgesichert wurde. Als sich die Tyrannis schließlich vor allem wegen innenaristokratischer Widerstände (einer der Herrscher war einem Attentat zum Opfer gefallen) radikalisierte und nicht zuletzt deshalb auf wachsenden Widerstand stieß, wurde sie mit Hilfe einer spartanischen Intervention gestürzt. In daran anschließenden lebhaften und auch gewaltsamen Auseinandersetzungen über eine neue politische Organisationsform im Spannungsfeld zwischen Oligarchie und breiterer Partizipation konnten die Athener jedoch aus eigener Initiative und kraft eigenen Engagements eine neue Ordnung der Gleichberechtigung (Isonomie) etablieren. Man kann deshalb in diesem Zusammenhang mit Fug und Recht von der Geburtsstunde der Demokratie sprechen.[17]

Die Reformen des Kleisthenes, die damit Realität werden konnten, waren in zweierlei Hinsicht wichtig: Sie brachten eine breite regionale Partizipation mittels einer ausgeklügelten Binnenordnung des relativ großen attischen

---

[17] Hierzu vgl. besonders *J. Ober*, Revolution Matters: Democracy as Demotic Action (A Response to Kurt A. Raaflaub), in: *I. Morris/K. A. Raaflaub* (Hg.), Democracy 2500? Questions and Challenges, Dubuque, Iowa 1998, S. 67–85.

Territoriums, in der gewachsene Siedlungen, so genannte Demen, als Basis in ein artifizielles System (Phylen und Trittyen) integriert waren, das regional gemischt war und sich als höchst stabil erwies. Zugleich bestimmten gerade diese neuen Einheiten zwingend die Teilhabe an wesentlichen Institutionen der Demokratie: im Heer, in den Volksgerichten und im neu geschaffenen Rat, der die Geschäfte des entscheidenden Organs, der Volksversammlung, führte und deren weit reichenden Kompetenzen überhaupt erst Effizienz verlieh. Das Volk konnte seine wichtigste Institution damit jetzt gleichsam selbst regulieren und war nicht von der Willkür der dominierenden Figuren abhängig. Interessenten für Gericht und Volk wurden durch Los bestimmt. Hierin kam das Bemühen um politisch-juristische Egalität und zugleich die Sorge vor zu großer Einzelmacht zum Ausdruck.

Auf dieser Linie ging die Entwicklung im 5. Jahrhundert v. Chr. weiter: Das höchste Amt (Archontat) wurde ebenfalls nach Losverfahren besetzt und das Scherbengericht (Ostrakismós), mit dem zu mächtig scheinende Politiker zeitweise verbannt werden konnten, wurde dem Volk direkt übertragen, was die Beteiligung erhöhen sollte. Schließlich suchte man durch die Einführung von Diätenzahlungen für Geschworene und Ratsherren auch ärmeren Bürgern die Möglichkeit zur Partizipation zu eröffnen bzw. zu erleichtern. Damit war, unter dem führenden Politiker Perikles um die Jahrhundertmitte, die klassische ‚radikale' Demokratie realisiert. Sie wurde allerdings durchaus, und nicht zu Unrecht, auch als Zwangssystem – gerade bei den Mächtigen – aufgefasst. Auch hier war das Gesetz, mit Schiller gesprochen, der Freund der Schwachen. Zugleich zeigte diese Ordnung einen erheblichen außenpolitischen Expansionismus, der zu einer echten Reichsbildung im so genannten Attischen Seebund führte, in dem viele andere griechische Poleis (zu hunderten) zunehmend beherrscht wurden. Dominant blieb aber immer der Bezug aufs Gesetz, dessen Herrschaft geradezu als Garant der politischen Ordnung galt. Ihm zu folgen galt als gerecht.

Dass die Zeit der griechischen Klassik, von 500 bis 336 v. Chr., die Blütezeit der Polis markierte und dass dann mit Alexander dem Großen in der Epoche des Hellenismus der territoriale und monarchische, ja „absolutistisch" organisierte Flächenstaat in Gestalt der hellenistischen Großreiche seinen Siegeszug antrat, ist eine einst weit verbreitete These. Diese ist jetzt entschieden zu revidieren, wie in der neueren Forschung immer deutlicher gemacht wird.[18] Man könnte den Hellenismus geradezu als eine Hochzeit

---

[18] Zum Folgenden s. vor allem *H.-J. Gehrke*, Bürgerliches Selbstverständnis und Polisidentität im Hellenismus, in: *K.-J. Hölkeskamp/J. Rüsen/E. Stein-Hölkeskamp/Th. Grüttner* (Hg.), Sinn (in) der Antike. Orientierungssysteme, Leitbilder und Wertkonzepte im Altertum, Mainz 2003, S. 225–254; *ders.*, Geschichte des Hellenismus, 4. Aufl., München 2008; *A. Matthaei/M. Zimmermann*, Stadtbilder im Hellenismus, Berlin 2009; *Ch. Mann/P. Scholz*,

der Polis bezeichnen. Zwei Sachverhalte lassen das schon äußerlich erkennen:

Wir konstatieren eine gewaltige Zahl von Neugründungen, nun auch in Gebieten, die den Griechen vorher nicht ohne weiteres als Siedlungsgebiete zur Verfügung standen, bis nach Zentralasien hinein. Neue Poleis entstanden aber auch durch die Umwandlung zahlreicher indigener Siedlungs- und Organisationseinheiten. Das lag nicht zuletzt an der Attraktivität des Greek way of life, der gerade in der Poliskultur zum Ausdruck kam. Charakteristisch daran war, dass solche Transformationen häufig ohne Druck von oben zustande kamen, wie sich nicht zuletzt in den von hellenistischen Herrschern völlig unabhängigen Gebieten, im karthagischen Nordafrika und im römischen Italien, zeigte.

Ferner wurde das Bild der Stadt im urbanistischen Sinne erst jetzt in besonderer Weise ästhetisch und monumental ausgebildet, was allein schon von hoher Vitalität und wirtschaftlicher Kapazität zeugt. Zusätzlich zu den traditionellen Grundelementen wie Mauern, Agora und Heiligtümern wurden nun bestimmte Formen deutlich ausgeprägt: Die Agora verwandelt sich in einen geschlossenen Platz, vermittelt durch die Architektur der Säulenhalle (Stoa). Theater, Gymnasien, Rathäuser, Bibliotheken, Stadien, Hippodrome verschönerten und monumentalisierten den Stadtraum, ja sie wurden eigentlich erst jetzt zu bestimmten Bautypen entwickelt. Von dem pulsierenden Leben, das sich dort in Festen und Agonen abspielte, zeugen massenhaft Inschriften.

Der Grund für diese Blüte war, nur auf den ersten Blick paradox, die Existenz der Monarchien und Großreiche. Die Herrscher waren nur dank der Polis in der Lage, ihre teils riesigen Reiche zu kontrollieren und deren Ressourcen abzuschöpfen (durch Steuern und Rekrutierungen). Sie waren auf funktionierende, das heißt, sich weitestgehend selbst organisierende Einheiten angewiesen, und dafür war die Polis ideal; schon deshalb gab es sehr viele Neugründungen und Umwandlungen. Also müssen wir geradezu von einer Symbiose von Herrscher und Polis sprechen, nicht von der Ablösung des einen Organisationtyps durch den anderen. Das war nun auch für die Folgezeit entscheidend.

Die Poleis waren zwar weitgehend – wenn auch beileibe nicht ausschließlich – machtpolitisch eingebunden (was sie freilich in der Klassischen Zeit auch häufig waren, wie sich am Beispiel des Attischen Reiches zeigen ließ), verfügten aber in ihrem eigenen Bereich über wesentliche Kompetenzen der Selbstregulierung. Wir würden heute von Autonomie sprechen und können in der Tat beobachten, dass dieses griechische Wort, das ursprünglich die

---

„Demokratie" im Hellenismus. Von der Herrschaft des Volkes zur Herrschaft der Honoratioren?, Mainz 2012, mit jeweils vielen weiteren Hinweisen.

volle Bewegungsfreiheit einer Polis bezeichnete, jetzt zunehmend, wenn auch nicht vollständig, in jenem Sinne gebraucht wurde. Damit ergab sich in der Tendenz, dass die Polis realiter nicht mehr Staat und Stadt zugleich blieb, sondern sich eher zu einer Stadt auch in unserem Sinne entwickelte, als partiell selbständiger Teil einer größeren staatlichen Einheit. Allerdings war das Verhältnis von Stadt und König in der hellenistischen Epoche immer zugleich auch ein völkerrechtliches,[19] was diese Analogie in charakteristischer Weise wiederum relativiert.

Zugleich verfügte die Polis aber nach wie vor über ein Territorium. Allerdings ergaben sich dabei Differenzen und Verschiebungen zur vorangehenden Zeit, da viele ländliche Regionen vor allem in weniger zugänglichen Gebieten (in Inneranatolien, im Syrischen Küstengebirge usw.) nur partiell von der Polis erfasst waren. Hier lebten auch indigene Bevölkerungen, die ihre alten Sprachen und Sitten beibehielten, häufig auch in Gebieten, die von den Königen in altorientalisch-persischen Traditionen direkt, als Domänen (so genanntes Königsland), kontrolliert waren.[20] Dadurch wurde die Differenz zwischen Stadt und Land, die sich etwa in Athen dank besonderer Lebensumstände schon im Laufe des 5. Jh.s erkennen lässt, vertieft, zudem auch ethnisch ‚unterfüttert', weil auf dem Land gerade in Rückzugsgebieten kaum Griechen oder gräzisierte Bevölkerungen lebten. Das hat sich übrigens später bei der Ausbreitung des Christentums bemerkbar gemacht, das sich zunächst in städtischen Netzwerken ausbreitete: Der Heide war „vom Lande", ein *paganus*.

Der Hinweis auf ein lateinisches Wort mag zugleich einen weiteren und besonders wichtigen Sachverhalt signalisieren: Die spezifische Symbiose von Herrscher und Stadt, die für den Hellenismus so charakteristisch ist, war zugleich besonders folgenreich, weil das römische Reich ganz nahtlos an diese Zusammenhänge anknüpfte. Es war, genauer gesagt, ein gräko-römisches Reich, das auf zwei Kulturen beruhte und konsequent zweisprachig war. Dafür war schon von Anfang an maßgeblich, dass Rom selbst[21] grundsätzlich ähnlich wie eine griechische Polis organisiert war. Das war dadurch bedingt, dass schon Roms Gründer, die Etrusker, von den Griechen

---

[19] A. *Heuß*, Stadt und Herrscher des Hellenismus in ihren staats- und völkerrechtlichen Beziehungen, Leipzig 1937.

[20] Ch. *Mileta*, Der König und sein Land. Untersuchungen zur Herrschaft der hellenistischen Monarchen über das königliche Gebiet Kleinasiens und seine Bevölkerung, Berlin 2008.

[21] Zur römischen Ordnung s. A. *Heuß*, Römische Geschichte. Herausgegeben, eingeleitet und mit einem neuen Forschungsteil versehen von *J. Bleicken, W. Dahlheim* und *H.-J. Gehrke*, 10. Aufl., Paderborn 2007; *J. Bleicken*, Lex Publica. Gesetz und Recht in der römischen Republik, Berlin 1975; *ders.*, Die Verfassung der römischen Republik, 8. Aufl., Paderborn 2000; *K.-J. Hölkeskamp*, Reconstructing the Roman Republic. An Ancient Political Culture and Modern Research, Princeton 2010.

beeinflusst waren. Die Kompetenzen der führenden Amtsträger lagen ebenfalls auf den Feldern Kult, Militär und Recht. In Rom selbst hat sich griechischer Einfluss noch weiter verstärkt. So haben sich die Römer häufig an griechischen Modellen und Prozeduren orientiert, wie bestimmte Lehnwörter (*poena*) oder das Verfahren der Gesetzgebung in den XII-Tafelgesetzen zeigen. Schon im 4. Jahrhundert v. Chr. konnte der griechische Intellektuelle Herakleides Pontikos (fr. 102 W.) Rom als „griechische Stadt" (*pólis hellenís*) bezeichnen.

Es gab durchaus beträchtliche Unterschiede, insbesondere in dem starken sozialen Gefälle, vor allem begründet durch die römische Klientelordnung und die bedeutende Position der Aristokratie, des Senatsadels. Doch war für die Griechen auch eine von Aristokraten dominierte Polis eine Polis. Vor allem war die Vorstellung des sich selbst organisierenden Bürgerverbandes in der legislativen Kompetenz der römischen Volksversammlungen greifbar und nicht zuletzt in der Identität von Bürger- und Kriegerverband. Zudem war auch Rom eine Kult- und Ehrgemeinschaft. Sie bildete darüber hinaus eine Einheit von städtischem Zentrum und Umland und strukturierte Stadt und Land ebenfalls nach geometrischen Prinzipien. Und auch wenn zunächst das gesetzte Recht gegenüber dem *mos* weniger bedeutsam war, so haben die Römer doch immer wieder in konflikthaltigen Situationen auf das griechische Instrument der Rechtssetzung durch Gesetzgebung zurückgegriffen und ihre *res publica* zunehmend ‚verrechtlicht', im Grundsatz nicht anders als die Griechen.

Rom als Stadt und Bürgergemeinde konnte sich zudem ausdehnen, durch Kolonisation und Umwandlung, so dass schließlich seit dem 1. Jahrhundert v. Chr. die römischen Bürger, damals noch vornehmlich in Italien, in Städten mit Territorien lebten. Seit dieser Zeit und bis tief in die Kaiserzeit hinein wurde dieses Modell in die westlichen, von ‚Barbaren' bewohnten Teile des römischen Reiches übertragen: Der Name der Stadt wechselte je nach Rechtscharakter: Man sprach vornehmlich von *municipium* oder *colonia* (und bezeichnete damit in der Regel eine umgeformte und eine neu angelegte Stadt), aber der Sammelbegriff war der der *civitas* = Bürgergemeinde.

Im Osten förderten die römischen Kaiser, nicht anders als die hellenistischen Könige, die Poleis; es gab weitere Neugründungen und Umwandlungen. Civitates im Westen und Poleis im Osten, tausende an der Zahl, bildeten die Grundeinheiten des Reiches. Sie organisierten sich selbst, vor allem in der Rechtsprechung; sie ermöglichten den Kaisern, ihre Herrschaft vergleichsweise unaufwändig, also effizient, auszuüben und die Ressourcen des Reiches zu erschließen. Der Provinzstatthalter oder gar der Kaiser mussten überhaupt erst tätig werden, wenn Probleme auf lokaler Ebene nicht mehr gelöst werden konnten, dazu berechtigte Personen an sie appellierten oder unmittelbare Reichsinteressen betroffen waren.[22] Es handelte sich um wesentliche Elemente dessen, was wir heute Subsidiarität nennen. Und ohne diese wäre das auch gar nicht gegangen. Das Christentum, eine primär städtische Religion, hat diese Zusammenhänge durchaus gewahrt.

Als die Schwierigkeiten in der Spätantike größer und größer wurden und sich das Römische Reich, vor allem im Westen, zunehmend wandelte,[23] blieben neben manchen anderen Elementen auch die Basiseinheiten, die Städte, bei allen Problemen, lebendig und lebenskräftig, im Westen wie im Osten, auf jeweils andere Weise. Dass und wie wir heute von der Stadt als Bürgergemeinde oder auch von Stadt als Demokratie sprechen können, liegt an dieser Perseveranz. Freilich musste dann vieles wiederentdeckt und transformiert werden, im Mittelalter und danach. Darüber jetzt zu sprechen, verbieten aber die Zeit und meine mangelnde Kompetenz. Im Zusammenhang dieses Symposions konnte und wollte ich nur auf die Grundlagen stadtstaatlicher Rechtsordnung in der Antike aufmerksam machen.

Literaturverzeichnis

Aristoteles: Politik 3, 13, 1285 a 30ff.
Bernstein, Frank: Konflikt und Migration. Studien zu griechischen Fluchtbewegungen im Zeitalter der sogenannten Großen Kolonisation, St. Katharinen 2004.
Bleicken, Jochen: Lex Publica. Gesetz und Recht in der römischen Republik, Berlin 1975.
Ders.: Die athenische Demokratie, 2. Aufl., Paderborn u. a. 1994.
Franz, Johann P.: Krieger, Bauern, Bürger. Untersuchungen zu den Hopliten der archaischen und klassischen Zeit, Frankfurt a.M. u. a. 2002.
Funke, Peter: Athen in klassischer Zeit, München 1999.
Gehrke, Hans-Joachim: Jenseits von Athen und Sparta. Das Dritte Griechenland und seine Staatenwelt, München 1986.
Ders.: Gesetz und Konflikt. Überlegungen zur frühen Polis, in: *Jochen Bleicken* (Hg.), Frankfurter Althistorische Studien 13. Colloquium aus Anlaß des 80. Geburtstages von Alfred Heuß, Kallmünz 1993, S. 49–67.
Ders.: La storia polica ateniese arcaica e l'Athenaion Politeia, in: L'Athenaion Politeia di Aristotele 1891–1991. Per un bilancio di cento anni di Studi. VI Incontro perugino di Storia della storiografia antica e sul mondo antico, a cura di G. Maddoli, Perugia 1994, S. 191–215.
Ders.: Der Nomosbegriff der Polis, in: *Okko Behrends/Wolfgang Sellert* (Hg.), Nomos und Gesetz. Ursprünge und Wirkungen des griechischen Gesetzesdenkens. 6.

---

[22] Hierzu s. besonders *F. Millar*, The Emperor in the Roman World, 31 BC-AD 337, Cornell 1977, mit den Modifikationen von *J. Bleicken*, Zum Regierungsstil des römischen Kaisers. Eine Antwort auf Fergus Millar, Wiesbaden 1982; vgl. auch generell, aus juristischer Sicht, *D. Nörr*, Imperium und Polis in der hohen Prinzipatszeit, München 1969.

[23] Hierzu s. den Überblick bei *J. Martin*, Spätantike und Völkerwanderung, 4. Aufl., München 2001.

Symposion der Kommission „Die Funktion des Gesetzes in Geschichte und Gegenwart" (Abh. d. Akademie der Wissenschaften zu Göttingen, Phil.-Hist. Kl. Dritte Folge, Bd. 209), Göttingen 1995, S. 13–35.
Ders.: Gewalt und Gesetz. Die soziale und politische Ordnung Kretas in der Archaischen und Klassischen Zeit, in: Klio 79 (1997), S. 23–68.
Ders.: Bürgerliches Selbstverständnis und Polisidentität im Hellenismus, in: *Karl-Joachim Hölkeskamp/Jörn Rüsen/Elke Stein-Hölkeskamp/Heinrich Th. Grütter* (Hg.), Sinn (in) der Antike. Orientierungssysteme, Leitbilder und Wertkonzepte im Altertum, Mainz 2003, S. 225–254.
Ders.: The Figure of Solon in the Athênaiôn Politeia, in: *Josine H. Blok/André P. M. H. Lardinois* (Hg.), Solon of Athens. New Historical and Philological Approaches, Leiden-Boston 2006, S. 276–289.
Ders.: Geschichte des Hellenismus, 4. Aufl., München 2008.
Ders.: States, in: *Kurt A. Raaflaub/Hans van Wees* (Hg.), A Companion to Archaic Greece, Oxford 2009, S. 395–410.
Gras, Michel: La Méditerranée arcaïque, Paris 1995.
Hansen, Mogens H./Nielsen, Thomas Heine (Hg.): An Inventory of Archaic and Classical Poleis. An Investigation Conducted by the Copenhagen Polis Centre for the Danish National Research Foundation, Oxford 2004.
Heuß, Alfred: Stadt und Herrscher des Hellenismus in ihren staats- und völkerrechtlichen Beziehungen, Leipzig 1937.
Ders.: Römische Geschichte. Herausgegeben, eingeleitet und mit einem neuen Forschungsteil versehen von *Jochen Bleicken, Werner Dahlheim* und *Hans-Joachim Gehrke*, 10. Aufl., Paderborn 2007.
Hölkeskamp, Karl-Joachim: Schiedsrichter, Gesetzgeber und Gesetzgebung im archaischen Griechenland, Stuttgart 1999.
Hölkeskamp, Karl-Joachim: Reconstructing the Roman Republic. An Ancient Political Culture and Modern Research, Princeton 2010.
Hölscher, Tonio: Öffentliche Räume in frühen griechischen Städten, Heidelberg 1998.
Lang, Franziska: Archaische Siedlungen in Griechenland. Struktur und Entwicklung, Berlin 1996.
Luraghi, Nino: Tirannidi arcaiche in Sicilia e Maga Grecia di Panezio di Leontini alla caduta die Dinomenidi, Florenz 1994.
Malkin, Irad: The Returns of Odysseus, Berkeley 1998.
Mann, Christian/Scholz, Peter: „Demokratie" im Hellenismus. Von der Herrschaft des Volkes zur Herrschaft der Honoratioren?, Mainz 2012.
Martin, Jochen: Spätantike und Völkerwanderung, 4. Aufl., München 2001.
Matthaei, Albrecht/Zimmermann, Martin: Stadtbilder im Hellenismus, Berlin 2009.
Meiggs, Russel/Lewis, David M.: A Selection of Greek Historical Inscriptions to the End of the Fifth Century B. C., 2. Aufl., Oxford 1988.
Mertens, Dieter: Städte und Bauten der Westgriechen. Von der Kolonisationszeit bis zur Krise um 400 vor Christus, München 2006.
Mileta, Christian: Der König und sein Land. Untersuchungen zur Herrschaft der hellenistischen Monarchen über das königliche Gebiet Kleinasiens und seine Bevölkerung, Berlin 2008.
Ders.: Die Verfassung der römischen Republik, 8. Aufl., Paderborn 2000.
Millar, Fergus: The Emperor in the Roman World, 31 BC-AD 337, Cornell 1977 mit den Modifikationen von *Jochen Bleicken*, Zum Regierungsstil des römischen Kaisers. Eine Antwort auf Fergus Millar, Wiesbaden 1982.

Murray, Oswyn/Price, Simon (Hg.): The Greek City from Homer to Alexander, Oxford 1990.
Nörr, Dieter: Imperium und Polis in der hohen Prinzipatszeit, München 1969.
Ober, Joshua: Revolution Matters: Democracy as Demotic Action (A Response to Kurt A. Raaflaub), in: *Ian Morris/Kurt A. Raaflaub* (Hg.), Democracy 2500? Questions and Challenges, Dubuque, Iowa 1998, S. 67–85.
Schmitz, Winfried: Nachbarschaft und Dorfgemeinschaft im archaischen und klassischen Griechenland, Berlin 2004.
Snell, Bruno: Leben und Meinungen der Sieben Weisen, 3. Aufl., München 1952.
Versnel, Henk S.: Ter unus. Isis, Dionysos, Hermes. Three Studies in Henotheism, Leiden u.a. 1990.
Weber, Max: Wirtschaft und Gesellschaft. Grundriß der Verstehenden Soziologie, 5., revidierte Aufl., besorgt von *Johannes Winckelmann* (Studienausgabe), Tübingen 1972, S. 28.
Wees, Hans Van: Greek Warfare. Myths and Realities, London 2004.
Welwei, Karl-Wilhelm: Athen. Vom neolithischen Siedlungsplatz zur archaischen Großpolis, Darmstadt 1992.
Ders.: Das klassische Athen. Demokratie und Machtpolitik im 5. und 4. Jahrhundert, Darmstadt 1999.
Ders.: Die griechische Polis. Verfassung und Gesellschaft in archaischer und klassischer Zeit, 2. Aufl., Stuttgart 1998.

Karl-Siegbert Rehberg

Recht als dynamische Institution: Soziologische und gesellschaftstheoretische Motive

I. Vorbemerkungen

Im Folgenden soll für die Thematisierung des Rechts in der Soziologie gezeigt werden, dass in fast allen Grundlegungen dieses Faches nicht nur normative Erwartungen und Regulierungen von zentraler Bedeutung sind, sondern dass dabei immer auch bereits deren rechtlich verfasste Formen zumindest mitbedacht sind. Aber gerade weil das im Generellen so selbstverständlich ist, will ich mich – nur anfangs etwas weiter ausholend – auf einige Beispiele beziehen, die soziologisch für das Verhältnis von Rechtswissenschaft und Rechtspraxis auf der einen und der Gesellschaftsanalyse auf der anderen Seite bis heute besonders prägnant sind.

Dabei wird die hoch professionalisierte und mit der Juristenausbildung verbundene Rechtssoziologie weitgehend ausgespart, selbst wenn – besonders deutlich bei Max Weber, Theodor Geiger oder Niklas Luhmann – vielfältige Verbindungen zwischen dieser und einer theorieorientierten Allgemeinen Soziologie zu bemerken sind.[1]

Umgekehrt darf man davon ausgehen, dass Rechtstheoretiker immer auch soziologische Voraussetzungen und Komponenten mitbehandeln, ganz gleich, ob sie das mit explizitem Rückgriff auf Vertreter dieser Disziplin tun. Was Eberhard Schmidt-Aßmann als Hochschullehrer, Richter und – gerade auch in der FEST – als Forscher, also den lehrenden, theoretisierenden und praktisch wirkenden Verwaltungsjuristen betrifft, kann man das – selbst bei nur kursorischer Kenntnisnahme seiner Schriften – deutlich sehen, ausgehend von seinen historischen Studien zur Verfassungsbegrifflichkeit, dann aber systematisiert im Entwurf des Verwaltungsrechts „als Ordnungsidee" und der gerade daraus sich ergebenden vielfältigen Analysen der Bedeutung von „Verfahren", denen Luhmann mit „Legitimation

---

[1] Vgl. z.B. *K. F. Röhl*, Rechtssoziologie, Köln 1987; *J. Carbonnier*, Rechtssoziologie, Berlin 1974; bes. *M. Weber*, Wirtschaft und Gesellschaft, Tübingen 1976/1922, Kap. VII, S. 387–513; *Th. Geiger*, Vorstudien zu einer Soziologie des Rechts, Berlin 1987; *N. Luhmann*, Rechtssoziologie, Reinbek 1972.

durch Verfahren" eine seiner besten frühen Analysen gewidmet hatte.² Die Bezugsgrößen und Problemlagen liegen also ganz parallel, auch wenn Spezialisierungen und konkrete Fragestellungen unterschiedliche Wege nahelegen.

II. Gesellschaft und Recht

Das Nachdenken über das soziale Leben der Menschen war immer schon mit der Erzählung von der Entstehung und Begründung verbindlicher Normen verbunden, seien sie kosmisch vorgeformt oder von Göttern, schließlich dem *einen* Gott gegeben, seien sie aus den Verbindlichkeiten ritueller Gesellschaftsstabilisierungen – als zuerst vielleicht „unbestimmt" wirkende Verpflichtungen – abgeleitet oder explizit aus menschlichem Vernunftvermögen konstruiert.³ Letzteres konnte vertragstheoretisch sogar gegen des Menschen triebhafte Vernunftswidrigkeit und Selbstgefährdung mobilisiert werden, wie Thomas Hobbes, dieser Meisterdenker der Angst vor dem gesellschaftlichen Chaos, das zum Programm der Schutz versprechenden souveränen Gewalt erhoben hat.

In allen uns bekannten Hochkulturen haben wir es auch schon mit gesetztem oder vereinbartem Recht zu tun, sei es in der Form der in Stein gemeißelten Tafeln Jahwes oder in den mythisch-frühen Gesetzeseinschreibungen eines Hammurabi oder Solon bis hin zu den fiktionalen Vertragsunterstellungen zugunsten des von den Menschen als „sterblichen Gott" geschaffenen Staates oder gar einer Selbstherrschaft der sich dieser zugleich Unterwerfenden, wie Rousseau sie sich dachte.⁴

Blickt man auf die Gesellschaftstheorien seit dem 17. Jahrhundert, so zeigen sich in ihnen, selbstverständlich immer an antike und mittelalterliche Modelle angelehnt, zwei parallele Stränge der Entwicklung, die zu den Grundstrukturen unserer heutigen Gesellschaften entscheidend beigetragen haben, nämlich die Entstehung des modernen, rechtlich verfassten und bürokratisch gelenkten, schließlich national definierten und heute in transnationalen Umformungsprozessen befindlichen Staates auf der einen und der weltumspannenden Entwicklung des Kapitalismus auf der anderen Seite. Beides führte zu Resonanzen in den Verfahren rechtlicher Regulierung. Jedoch sind die großen theoretischen Entwürfe und Formgebungen der

---

² *N. Luhmann*, Legitimation durch Verfahren, Neuwied-Berlin 1969.
³ *A. Gehlen*, Die Seele im technischen Zeitalter, Frankfurt a.M. 2004/1956, Kap. 29, S. 156–163.
⁴ *J.-J. Rousseau*, Der Gesellschaftsvertrag oder die Grundsätze des Staatsrechtes, Stuttgart 1966/1762, bes. Kap. 6.

Rechtsentwicklung vor allem mit dem „Monopolmechanismus" der staatlichen Gewaltsamkeit verbunden.[5]

III. Klassiker: Auguste Comte, Émile Durkheim, Ferdinand Tönnies und Max Weber

1. Auguste Comte

Aus diesen Gesellschaftstheorien, aber auch aus den bereits spezielleren Kameral- und Staatswissenschaften, der historischen Nationalökonomie und umfassenden philosophischen Denksystemen ging – seit Auguste Comtes Erfindung des neuen, aus „socius" und „-logie" zusammengesetzten Kunstnamens, der in den 1830er Jahren den Begriff einer „Physique sociale" ersetzen sollte – die Soziologie hervor, die sich als Wissenschaft von der durch die Industrielle Revolution geschaffenen ausdifferenzierten und nicht nur technisch mobilisierten (Klassen-)Gesellschaft verstand. In Comtes enzyklopädischen Ausgriffen in die Menschheitsgeschichte geht es (ebenso wie bei Herbert Spencer) auch um Rechtsentwicklungen. Und nicht weniger gilt das für einen Begründer der amerikanischen Soziologie wie William G. Sumner, der das Entstehen umfassender Rechtsgeltungen aus Kämpfen zwischen Gruppen mit je eigenen Bräuchen (*folkways*) und Sitten (*mores*) abgeleitet hat.[6] Für Comte jedoch waren die Deutungsleistungen bestimmter Weltbilder seit Animismus und Polytheismus zentral, deren Abfolge den Positivismus als Sieger aller Erkenntnisformen hervorgehen ließ – worin er dem Hegelschen, allerdings erheblich anspruchsvolleren, Gang der reflexiven Selbsterkenntnis bis hin zu den Formen eines absoluten Geistes nahestand. Da Comte diese Formen des Wissens stets auf die, diese Weltbilder bedingenden, Produktionsformen und Eliten bezog, stand das Denken dieses einstmaligen Sekretärs von Henri de Saint-Simon aber auch im Zusammenhang mit frühsozialistischen Gedanken und dem Werk von Karl Marx, der ihn gleichwohl (oder gerade deshalb) gründlich verachtete.

Allerdings führte Comtes Positivismus in Verbindung mit der Darwin'schen Anpassung- und Selektionstheorie zu einer frühen Etablierung rechtssoziologischer und kriminologischer Fragestellungen in Italien, das trotz der klassischen Grundlegung in Vilfredo Paretos „Trattato della sociologia generale", dessen Autor jedoch Ökonomie und diese zudem in Lau-

---

[5] Vgl. *N. Elias*, Über den Prozess der Zivilisation, Bern-München 1969/1939, bes. Bd. 2, 2. Teil, Kap III.
[6] Vgl. *W. G. Sumner*, Folkways, Boston 1902.

sanne lehrte, erst 1961 mit Franco Ferrarotti zu dem ersten, eigens der Soziologie gewidmeten Lehrstuhl kam.[7]

2. Émile Durkheim

Anders als bei Comte nun verhielt es sich mit Émile Durkheim, in dessen Vergleich unterschiedlicher Gesellschaftstypen Rechtsnormen einen zentralen Stellenwert einnehmen. Dessen Soziologie hatte am Beginn der linksdemokratischen Phase der Dritten Französischen Republik und als Siegerin über die soziologischen Konkurrenzansätze von René Worms und Gabriel Tarde Anfang des 20. Jahrhunderts die Sorbonne erobert und sollte für kurze Zeit sogar zum Kernfach der laizistischen Doktrin des republikanischen Frankreichs werden. Die politische Dimension der Soziologie zeigte sich insbesondere im Kampf um die Sorbonne, aber auch in der Dreyfus-Affäre, durch welche gerade ein Justizskandal zum Katalysator der gesellschaftlichen Spannungen wurde.[8] Die um Émile Zola gescharten, als „intellectuels" zuerst beschimpften, dann gepriesenen *Dreyfusards* vermochten als Streiter gegen die Verurteilung des als „jüdisch" und – weil er aus dem Elsass stammte – als „deutsch" verunglimpften und zu Unrecht degradierten und verbannten Generalstabsoffiziers Alfred Dreyfus einiges zur Festigung des Rechtsstaates in Frankreich beizutragen – so eben auch der berühmte Soziologe Durkheim.

Schon für die frühen, schriftlosen und segmentären Gesellschaften sah Durkheim im Recht das „sichtbare Symbol" sozialer „Solidarität" – wir würden vielleicht sagen: Integration. Unterstellend, dass diese Bindungskräfte sich im Gruppenleben lange vor einer ausdifferenzierten Arbeitsteilung und der damit verbundenen Aussonderung von Lebenswelten und individuellen Neigungen quasi automatisch, er nannte das „mechanisch", hergestellt hätten, sah er in einem repressiven und durch „leidenschaftliche Reaktionen" bestimmten Strafrecht nach dem Prinzip „Auge um Auge, Zahn um Zahn" die scharfe Waffe zur Erzwingung des sozialen Zusammenhalts. Demgegenüber bedürfen arbeitsteilige Gesellschaften mit ihrer hoch entwickelten, aber immer gefährdeten „organischen Solidarität" verschiedenster Formen eines *Restitutions*rechtes, so dass nicht der Erhalt von Homogenität der Gruppenmitglieder im Mittelpunkt des juristischen Interesses steht, das in archaischen Rechtsformen im Falle der Normverletzung viel eher zur Ausstoßung aus der Gruppe und mit der Todesstrafe sogar aus dem Leben führte. In der Moderne ist demgegenüber viel häufiger die Wiederherstellung von Gleichgewichtszuständen erwünscht, die Minderung von

---

[7] *V. Pareto*, Trattato della sociologia generale, Torino 1988/1916.
[8] Vgl. *W. Lepenies*, Die drei Kulturen, München 1985, bes. S. 49–102.

Verlusten, werden Verfahren des Ausgleichs und des ‚Weiterprozessierenkönnens' gesucht.[9] Bei Durkheim also rücken rechtsgeschichtliche Modellbildungen ins Zentrum der Unterscheidung unterschiedlicher Gesellschaftstypen und sind nicht bloße Begleiterscheinungen andersartig begründeter Entwicklungen.

3. Ferdinand Tönnies

Ähnliches mag auch für Ferdinand Tönnies gelten, dessen berühmtes und schon im Titel die gesamte These vorwegnehmendes Buch „Gemeinschaft und Gesellschaft" (1893) zwar – gegen den erklärten Willen seines Verfassers – seit 1912 zu einem Kultbuch der Jugendbewegung und versuchsweise des völkischen Denkens werden konnte. Hier wurde die Gegenüberstellung „empirischer Kulturformen" in hohem Maße formal durchgeführt und bezog sich letztlich durchaus auf juristische Konstruktionsdifferenzen. Traditionalem Eingelebtsein von Sitten und Gebräuchen als quasinatürlicher Grundlage unterschiedlichster Vergemeinschaftungen werden die künstlichen, nämlich kontraktuellen Voraussetzungen der Gesellschaft (wie sie von Thomas Hobbes bis zu Karl Marx beschrieben worden sind) entgegengesetzt. Und wenn es angesichts der Dominanz vertraglicher Konkurrenzsysteme für Tönnies überhaupt eine Zukunftsvision gab, dann sah er sie in der Überwindung dieser Vereinseitigungen, wie auch eines bloß isolierenden Individualismus, durch genossenschaftsrechtliche Prinzipien und die daraus entstehenden Formen des Zusammenlebens.[10]

4. Max Weber

Von den Klassikern darf als für das Verhältnis von Rechtswissenschaft und Soziologie fruchtbarster Autor jedoch sicher Max Weber angenommen werden. Ich meine das keineswegs nur mit Blick auf seine, von Marianne Weber und Melchior Palagyi, später von Johannes Winckelmann unter dem Titel „Rechtssoziologie" zusammengefügten Textfragmente, nicht einmal nur für seine darin explizit verdichtete These von der zunehmenden zweckrationalen Formalisierung eines gegenüber allen materialen Rechtserwägungen unwiderruflich sich durchsetzenden positiven Rechtes.[11] In Deutschland hat nicht nur die angemaßte Rechtsförmigkeit auch von NS-

---

[9] Vgl. *É. Durkheim*, Über die Teilung der sozialen Arbeit, Frankfurt a. M. 1977/1893.
[10] Vgl. *F. Tönnies*, Gemeinschaft und Gesellschaft, Darmstadt 1972/1887, sowie *C. Bickel*, Ferdinand Tönnies, Opladen 1991, und *K.-S. Rehberg*, „Gemeinschaft und Gesellschaft": Tönnies und wir, in: *M. Brumlik/H. Brunkhorst* (Hg.), Gemeinschaft und Gerechtigkeit, Frankfurt a.M. 1993, S. 19–48.
[11] *M. Weber*, Rechtssoziologie, Neuwied 1960.

Verbrechen ein vielgestaltigeres Bild entstehen lassen. Zum einen kann man in vielen speziellen Bereichen der Rechtsprechung die Zunahme der Bedeutung von Folgeabschätzungen beobachten, die sich in Begriffen wie „Kindeswohl" im Familien- und Scheidungsrecht oder in Zumutungserwägungen wie im Miet- oder Arbeitsrecht (etwa den „Betriebsfrieden" betreffend) ausdrücken. Zum anderen gibt es im Rahmen des Sozialstaats die Entwicklung neuer statusbezogener Rechte.[12] Übrigens dürfte man durchaus annehmen, dass selbst der strenge Weber in der auch rituell entdramatisierten und somit informalisierten Erforschung der Folgen einer familienrechtlichen Entscheidung für die davon betroffenen Kinder wohl doch keine „Kadijusitz"gesehen haben würde, obwohl diese Negativformel ja sogar dem „Salomonischen Urteil" anhaftet.[13]

Viel mehr als diese einzelnen rechtstheoretischen und -politischen Erwägungen durchzieht ‚das Juristische' als Form- und Stilprinzip das gesamte Werk Max Webers, besonders selbstverständlich seinen später unter dem Titel „Wirtschaft und Gesellschaft" publizierten „Grundriß einer verstehenden Soziologie". Im gesamten Aufbau des für den von ihm herausgegebenen vielbändigen, handbuchartigen *Grundrisses der Sozialökonomik* gedachten Definitionsapparates, ja für jede Formulierung und die das ganze Buch beherrschenden kasuistischen Erwägungsketten und Unterscheidungskaskaden wird eben diese Schulung des Juristen Weber gedanklich, stilistisch und erst in dritter Linie fachbezogen sichtbar. Und es ist nicht nebensächlich, dass sein parallel zum Studium der Historischen Volkswirtschaftslehre absolviertes Jurastudium mit dem Abschluss beider Staatsexamen, obwohl die unleserliche Handschrift des Assessors in Göttingen, die später zum Problem für die Forscher wurde, dieser Karriere beinahe früh schon Abbruch getan hätte, nicht nur einen enzyklopädischen Geist charakterisiert. Vielmehr lagen dem zwei, nie ganz entschiedene Lebensorientierungen zugrunde, die disziplinär und existentiell im Kampf – dies ja auch soziologisch einer seiner Kernbegriffe – miteinander lagen. Als Volljurist wollte er sich in den Spuren seines Vaters die Karriere eines Kommunalbeamten eröffnen, der letztlich in die Politik gehen könnte, aber in Bremen nahm man ihn als Syndikus nicht, während die Fülle der anderen Interessen und Kenntnisse der akademischen Karriere eine Basis eröffneten. Und für lange Zeit und wiederum am Ende seines Lebens, nach dem Zusammenbruch des Kaiserreiches, blieb für ihn offen, ob er nicht endlich die Chance ergreifen könne, nun doch Politik zu treiben anstatt sie nur scharfzüngig zu kritisieren oder typologisch zu analysieren. Diese Möglichkeit war für ihn

---

[12] Vgl. *M. Rehbinder*, Wandlungen der Rechtsstruktur im Sozialstaat, in: *E. E. Hirsch/M. Rehbinder* (Hg.), Studien und Materialien zur Rechtssoziologie. Sonderheft 11 der Kölner Zeitschrift für Soziologie und Sozialpsychologie, Köln-Opladen 1967, S. 197–220.

[13] Vgl. *M. Weber*, Wirtschaft und Gesellschaft, Tübingen 1976/1922, S. 563ff.

symbolisch auch durch seine juristischen Diplome präsent gehalten; immerhin nahm er bekanntlich an den Beratungen über die Weimarer Reichsverfassung unter Hugo Preuß teil.[14]

So begegnen wir hier der Jurisprudenz in einer ganz anderen, merkwürdig lebensphilosophisch-existentiell aufgeladenen und zugleich Selbstkontrolle und definitorische Genauigkeitszwänge verlangenden Gestalt. Und von da aus lassen sich Webers Schriften über die Legitimitätsformen der Herrschaft, besonders selbstverständlich die legale, auf bürokratische Fachschulung gestützte Herrschaft als immer auf die zentrale Bedeutung des Rechtes bezogene Texte verstehen. Übrigens, um die einleitenden exkurshaften Hinweise damit zu beenden: Wenn man das soziologische Projekt Webers zusammengefasst sieht in den „Soziologischen Grundbegriffen", mit denen er dieser neuen Disziplin ihren Platz im akademischen Feld zuweisen wollte, so ist seine Definition berühmt, wonach die Soziologie die Aufgabe habe, „soziales Handeln deutend [zu] verstehen und dadurch in seinem Ablauf und seinen Wirkungen ursächlich [zu] erklären".[15] Wie man aber von dem dafür zu erfassenden „subjektiven Sinn" zu den aggregierten Realitäten des gesellschaftlichen Lebens kommen solle, bleibt dunkel, denn in keiner Weise geht es ihm um eine „Handlungstheorie" oder dergleichen, vielmehr allein um Regeln der Sinn-*Re*konstruktion. Die berühmte Definition, die dazu verführen könnte, zu glauben, Soziologie habe es ausschließlich mit „Mikro"-Phänomenen zu tun, hatte wesentlich wissenschafts- und weltanschauungspolitische Gründe, nämlich gegen alle kollektivistischen Vorstellungen von links und rechts im Bewusstsein zu halten, dass es „die Gesellschaft" ohne die einzelnen Handelnden, Erleidenden, ihre Pflicht Tuenden etc. überhaupt nicht gäbe. Aber eine Analyseebene ist damit noch nicht gewonnen, denn Weber hat keine einzige Arbeit über eine subjektive Sinngenese geschrieben – anders als etwa Wilhelm Dilthey oder Georg Lukács über den jungen Hegel beziehungsweise Georg Simmel über Goethe oder Rembrandt und andere Personifikationen eines kulturellen Prinzips. Alle Weberschen Analysen handeln nur von *objektiven* Sinnzusammenhängen, etwa der calvinistischen Gemeindereligiosität, aus denen sich möglicherweise individuelle Sinnsetzungen ergeben *können*.

Ich habe das hier so hervorgehoben, weil man in diesem Entwurf zur Soziologie erst durchdringt in einer Aufstufung der Grundbegriffe über soziale Beziehungen und Beziehungsverkettungen und deren Normierung. Erst im fünften Paragraphen der „Soziologischen Grundbegriffe", nämlich in der „*Vorstellung* vom Bestehen einer *legitimen Ordnung*" als „Geltung", werden dann Sozialobjektivationen angesprochen, die rechtlich verfasst zu An-

---

[14] Vgl. *W. J. Mommsen*, Max Weber und die deutsche Politik 1890–1920, Tübingen 1974.
[15] *M. Weber*, Wirtschaft und Gesellschaft, Tübingen 1976/1922, S. 1–30.

stalten und politischen oder hierokratischen Verbänden werden können.[16] Die normierende Festlegung gegenseitiger Einstellungen und Erwartungen ist also das Entscheidende und das Recht deren elaborierter Ausdruck.

IV. Recht als paradigmatisches Modell soziologischer Theorieentwürfe

1. Niklas Luhmann

Nun aber möchte ich auf einige zeitgenössische Autoren eingehen, zuerst auf Niklas Luhmann. Als 1972 in der Abteilung „Rechtswissenschaften" der rororo-Studiumsbände dessen Rechtssoziologie erschien, handelte es sich zwar um ein Kompendium für Fachleute, welches auch die Referierung einiger klassischer Ansätze zum Inhalt hatte. Im Kern aber wurde eine neue soziologische Theorie vorgelegt, in der es um den Zusammenhang von Komplexitätsreduzierung, doppelter Kontingenz als der Erwartung von Erwartungen ging und somit hier noch ausdrücklich auf Arnold Gehlen und Helmut Schelsky gestützt um Prozesse der Institutionalisierung, vor allem des Rechts als einer „kongruenten Generalisierung".[17] Das alles wurde von Luhmann damals unter dem Einfluss von Talcott Parsons noch als Theorie von Handlungssystemen entwickelt und erweiterte das Modell einer dualen Interaktion „auf unterstellbare Erwartungserwartungen Dritter", wodurch dann abstraktere Geltungszusammenhänge behandelbar wurden. So entstehen produktive Steigerungen der interaktiven „Varietät" und es kommt zu einer „Überproduktion an Möglichkeiten des Erlebens und Handelns einschließlich normativer Entwürfe". Faktisch führe das zur „Ausdifferenzierung besonderer rechtsspezifischer Interaktionssysteme", die auf *Verfahren* gestützt, zunehmend zum „gesellschaftlich relativ autonom gestellten Träger bindender Entscheidungen über das Recht werden". Zugleich komme es zu einer Umstellung von konkreten auf abstraktere, innerjuristische Sinngefüge mit dem weiteren Vorteil eines größeren Variantenreichtums möglicher Lösungen von realen Problemen.[18]

Schon damals wurde der Überschuss einer „symbolischen Realität" thematisiert, die in den sozialen Sinnsetzungen nicht aufgeht, sondern neue Sinnhorizonte erschließt. Und insofern erwies Luhmann sich bereits in sei-

---

[16] Vgl. *K.-S. Rehberg*, Person und Institution. Überlegungen zu paradigmatischen Strukturen im Werk Max Webers, in: *G. Albert/A. Bienfait/S. Sigmund/M. Stachura* (Hg.), Aspekte des Weber-Paradigmas. Festschrift für M. Rainer Lepsius und Wolfgang Schluchter, Tübingen 2003.
[17] *N. Luhmann*, Rechtssoziologie, Reinbek 1972, S. 46ff.
[18] Ebd., S. 139.

nen frühen Werken als ein Autor, der die relative Autonomie hochgetriebener Erwartungs- und Verhaltenssysteme, durch eigene Erfahrungen gedeckt, immer in eine noch anschauliche Abstraktionshöhe zu heben vermochte. Diese Bücher behandelten eben noch „Menschen und Maßstäbe" und damit ein ganzes Spektrum von produktiven „Entfremdungen" und Distanzbildungen, die den gewitzten Juristen und Politikbeobachter zu einem Analytiker etwa formaler Organisationen machte, in denen gerade alle Wirklichkeitssphären des Informellen zum eigentlichen Thema werden konnten.[19] Wenn Marcel Reich-Ranicki es nicht aufgab, zu behaupten, nur der erste Roman von Günter Grass sei ein „großes Buch", dabei an sein anderes Urteil erinnernd, wonach auch Thomas Manns „Buddenbrooks" dessen bestes Werk geblieben sei und man könnte das sicher auch für Elias Canettis genialen Jugendroman „Die Blendung" sagen, so scheint es mir zuweilen so, als ob Vergleichbares auch für den frühen großen Wurf Niklas Luhmanns gelte, nämlich für sein 1964 erschienenes und zwei Jahre später von Helmut Schelsky als Dissertation angenommenes Buch „Funktionen und Folgen formaler Organisation".

Hatte Luhmann in seiner „Rechtssoziologie" vorausgesetzt, dass deren zunehmende Spezifizierung im Endeffekt dazu führe, dass aus ihr das Recht (als Gesamtzusammenhang) „verschwinde",[20] so steht die Dimension des Rechts*systems* selbstverständlich im Mittelpunkt seiner 1993 publizierten Teilsystemanalyse über „Das Recht der Gesellschaft", welche in die Serie der nach der autopoietischen Wende Anfang der 1980er Jahre nun in dichter Folge bis zu seinem Tode erschienenen Darstellungen auch der Wirtschaft, der Wissenschaft oder der Kunst gehört.[21] Gekrönt wurde das durch die früh schon von ihm angekündigte – bei seiner Berufung schrieb er dem Düsseldorfer Ministerium auf die Frage nach beabsichtigten Forschungsprojekten: „Theorie der Gesellschaft; Laufzeit: 30 Jahre; Kosten: keine"[22] –, aus seiner Sicht der Moderne wohl angemessenste Gesellschaftstheorie unter dem für Außenstehende nicht leicht verstehbaren Titel „Die Gesellschaft der Gesellschaft". Jede der dem vorausgehenden oder posthum herausgegebenen Monografien über die Innenkommunikation und Sinngenerierungen von funktionalen Teilbereichen des gesellschaftlichen Lebens überrascht nicht nur durch stupende Kenntnisse und von überall her herangezogene Lesefrüchte, sondern stets auch durch neue Sichtweisen und Problemgenesen in jedem dieser Gebiete. Und doch sind diese Bücher, wovon ich das abschließende Werk allerdings ausnehme, von einer ermüdenden Redundanz der intelli-

---

[19] Vgl. *N. Luhmann*, Funktion und Folgen formaler Organisation, Berlin 1964.
[20] *N. Luhmann*, Rechtssoziologie, Reinbek 1972, S. 2.
[21] *N. Luhmann*, Das Recht der Gesellschaft, Frankfurt a.M. 1993; vgl. auch *N. Luhmann*, Ausdifferenzierung des Rechts, Frankfurt a.M. 1981.
[22] *N. Luhmann*, Die Gesellschaft der Gesellschaft. 2 Teilbde., Frankfurt a.M. 1997, S. 11.

genten Selbstvergewisserung, die immer neu mit zu vollziehen dem Leser in endlosen Begründungsschleifen zugemutet wird. Alle diese Materien, so auch das Recht, wurden Luhmann letztlich nur zu Bausteinen für die eigene Theorie der modernen Gesellschaft. Und nur, wie er eigens versicherte, weil er dabei „den Eigenarten des Rechtssystems gerecht zu werden" versuchte, was ihm sicher besser gelang, das heißt weniger schematisch, als etwa im Fall des durchaus auch bestechenden Buches über die Künste, habe er „Das Recht der Gesellschaft" „in diesem Sinne auch als Rechtssoziologie geschrieben".[23]

2. Jürgen Habermas

Interessant ist es nun, dass Jürgen Habermas in seiner ebenfalls für die Moderne als paradigmatisch gelten sollenden Fortsetzung des in Frankfurt sozusagen institutionalisierten kritischen Denkens, bei gleichzeitiger Ablösung von der Vätergeneration der Kritischen Theorie, und als entschiedener Gegenspieler Luhmanns 1992 schließlich mit seinem Buch „Faktizität und Geltung" ebenfalls zu einer „Diskurstheorie des Rechts" kam.[24] Erstaunen konnte das vor allem, weil er etwa ein Jahrzehnt zuvor in seiner „Kritik der funktionalistischen Vernunft" und in Anlehnung an Parsons und Luhmanns Theorie generalisierter Kommunikationsmedien gerade in den Verrechtlichungsprozessen der damaligen Zeit eine Gefährdung lebensweltlicher Wertgenerierungen vermutet hatte. Die Zunahme von Vorschriften wurde von ihm in erster Näherung als „Symptomatik der Verdinglichung" mit bürokratischen Mitteln gedeutet, die zu einem wichtigen Faktor der von ihm beschriebenen „Kolonialisierung der Lebenswelt" werde. Dargelegt wurde das am Beispiel des Familien-, vor allem aber des Schulrechts mit seiner ständigen Ausdehnung und Verdichtung von Erlassen und Verordnungen. Obwohl Habermas das auch damals schon in den Zusammenhang stellte, nach welchem die verschiedenen Verrechtlichungs-„Schübe" seit dem Absolutismus durchaus zum sozialen und demokratischen Rechtsstaat beigetragen hätten, ging es ihm in der „Theorie des kommunikativen Handelns" vor allem um die immer weiter sich ausdehnenden, durch Rechtsprechung und Verwaltung perfektionierten Schutznormierungen. Das habe, wie man staunend las, dazu geführt, dass Rechtsschutz „mit einer tief in die Lehr- und Lernvorgänge eingreifenden Justizialisierung und Bürokratisierung er-

---

[23] N. *Luhmann*, Das Recht der Gesellschaft, Frankfurt a.M. 1993, Klappentext.
[24] J. *Habermas*, Faktizität und Geltung, Frankfurt a.M. 1992.

kauft" werde, welche „die pädagogische Freiheit und Initiative des Lehrers gefährden".[25]

Ganz anders wurden die Funktionen des Rechts in der Entwicklung zu deliberativer Politik und Zivilgesellschaftlichkeit in „Faktizität und Geltung" bestimmt. Von Anfang an wird deutlich, dass dies auch ein selbstkritischer Kommentar, zugleich aber eine reflektierte Weiterentwicklung der kommunikativen Handlungstheorie zu einer Theorie der „kommunikativen Vernunft" ist. Nun soll aus der Evolution des Rechts und seiner besonderen Funktion einer Vermittlung zwischen Faktizität und Geltung die Genese der Moderne plausibilisiert werden.

Wie schon in den kontrafaktischen Modellen des herrschaftsfreien Diskurses als Maßstabsbegriff für die Kritik gesellschaftlicher Asymmetrien, wird von Habermas nun auch in einer umfassenderen Analyse der rechtlichen Garantie von Freiheitsmöglichkeiten und Formen gesellschaftlicher Selbstorganisation die Bedeutung des Prozeduralen hervorgehoben, sind wir bei allen emanzipatorischen Interessen des Autors doch wieder nahe der im fachjuristischen Diskurs unvermeidlichen Hochschätzung von Verfahren und implizit eben auch wieder bei Luhmann und Weber. Der Unterschied mag vor allem darin liegen, dass Habermas immer wieder die Bedrohtheit freiheitlicher Lebensformen vor Augen hat und gerade deshalb in der Tradition aufklärerischen Denkens auch das Recht auf seine Funktionen und Nebenfolgen, vor allem aber auf seine Freiheitssicherungspotentiale hin prüft, während Luhmann solchen Erwägungen eher mit dem Gestus ironischer Zurückweisung begegnet.

V. Folgen für eine dynamische Institutionentheorie (Gehlen vs. Schelsky)

Lassen Sie mich nach dieser erstaunlichen Karriere rechtstheoretischer Denkfiguren in zwei konkurrierenden Gesellschaftstheorien, die übrigens auch dadurch in merkwürdiger Weise unterschwellig miteinander verbunden – oder bei Habermas habe ich manchmal den Eindruck: aneinander gebunden – sind, dass beide Autoren den Begriff „Kommunikation" in den Mittelpunkt ihrer Betrachtungen stellen – nun noch einen letzten Blick auf die soziologischen Konsequenzen rechtlicher Erwägungen bei zwei anderen, in der Nachkriegszeit wirkungsmächtigen Autoren, richten. Das dabei behandelte Problem hat übrigens auch Habermas und Luhmann durchaus beeinflusst, wobei beide diese Bezüge übereinstimmend eher zu verdecken

---

[25] *J. Habermas*, Theorie des kommunikativen Handelns [Bd 1: Handlungsrationalität und gesellschaftliche Rationalisierung; Bd. 2: Zur Kritik der funktionalistischen Vernunft], Frankfurt a.M. 1981, Bd. 2, S. 458ff., 522ff. sowie 545.

suchen. Ich meine die Institutionenlehre Arnold Gehlens sowie Helmut Schelskys, schon 1949 formulierte, theoretisch und in seinem politischen Pragmatismus auch habituell realisierte Dynamisierung derselben. Gehlen hatte 1950 in der Revision seines zehn Jahre zuvor erstmals veröffentlichten Hauptwerkes „Der Mensch" eine anthropologische Fundierung der Institutionen vorgelegt, welche die Stabilisierung des fragilen und durch instinktive Handlungsabläufe nicht gesicherten Menschen kompensatorisch sicherstellen sollen.[26] Allerdings wird in seinem 1956 daraus entwickelten Institutionen-Buch „Urmensch und Spätkultur" der Ursprung dieser verpflichtenden Sozialformen (ähnlich wie bei Durkheim) aus dem „darstellenden Verhalten" ursprünglicher Rituale abgeleitet, aus denen sich Chancen zur Nachahmung und Wiederholbarkeit ergeben, die schließlich zum Modell der Verpflichtung durch normative Erwartungen werden.[27]

Dazu hat er – über Carl Schmitt rezipiert – von dem französischen Verwaltungsjuristen Maurice Hauriou den Begriff der „idée directrice" für seine Bestimmung der Institutionen übernommen.[28] Auch bei Hauriou, der dem intellektuellen Umfeld der Durkheim'schen Suche nach einer moralischen Integration einer arbeitsteilig ausdifferenzierten Industriegesellschaft nahe stand, wird die Entstehung der Institutionen dynamisch gesehen. Jedoch erschienen dessen „Leitideen" Gehlen dann doch eher als feste Größen, zumindest als solche, die man nicht ungestraft aufgeben oder durch den Gang der Zeiten vorschnell relativieren sollte. Das erst wird ihm zur Voraussetzung von Sicherheiten, die eine Versachlichung der Triebe verlangen und ermöglichen und schließlich zu hohen institutionellen Leistungen der Spannungsstabilisierung führen können. Allerdings – und das ist der hier entscheidende Aspekt – sah Gehlen diese kulturellen Halte in der Moderne durch einen maßstablosen Subjektivismus gefährdet, sah er die „Spätkultur" durch Primitivisierungen und ein Unsicherwerden von Außenhalten charakterisiert. Er nahm an, die Wirkungsmacht von Institutionen sei nur aufrecht zu erhalten, wenn ihre Geltungsansprüche nicht im gesellschaftlichen Diskurs sozusagen ‚zerrieben' würden, wenn sie – wie er plastisch formulierte – „einwandsimmun" blieben.[29]

---

[26] *A. Gehlen*, Gesamtausgabe Bd. 3: Der Mensch. Seine Natur und seine Stellung in der Welt. Textkritische Edition unter Einbeziehung des gesamten Textes der 1. Auflage von 1940, Frankfurt a.M. 1993/1940.

[27] Vgl. *A. Gehlen*, Die Seele im technischen Zeitalter. Sozialpsychologische Probleme in der industriellen Gesellschaft, in: *ders.*, Gesamtausgabe Bd. 6: Die Seele im technischen Zeitalter und andere sozialpsychologische, soziologische und kulturanalytische Schriften, hg. von *K.-S. Rehberg*, Frankfurt a.M. 2004/1957, S. 1–137.

[28] *M. Hauriou*, Die Theorie der Institution und zwei andere Aufsätze, hg. von *R. Schnur*, Berlin 1966.

[29] *A. Gehlen*, Die Seele im technischen Zeitalter. Sozialpsychologische Probleme in der industriellen Gesellschaft, in: *ders.*, Gesamtausgabe Bd. 6: Die Seele im technischen Zeitalter

Dagegen hatte nun sein Schüler Helmut Schelsky früh schon eingewandt, dass es gerade Reflexivität und kommunikative Formen der Bearbeitung seien, welche die Integrations- und Ordnungsfunktionen institutionalisierter Objektivationen menschlichen Zusammenhandelns unter den Bedingungen der Moderne garantierten. Im Kontrast zum kirchlichen Lehramt und der Dogmensicherheit des römischen Katholizismus waren ihm dafür die Evangelischen Akademien in der bundesrepublikanischen Nachkriegszeit ein Beispiel, da sie entscheidend dazu beigetragen hätten, Konfliktthemen der Zeit mit den „Bedürfnissen der Dauerreflexion" im modernen Bewusstsein in Verbindung zu bringen und somit diskursiv etwas zu leisten, das man auch an der flexiblen Festigkeit des Rechts beobachten könne.[30] Gehlen mag diese, auch die FEST mitbegründet habende, protestantische Diskussionskultur durchaus als ähnlich bedeutsam eingeschätzt, wenn auch grundlegend anders bewertet haben, denn die intellektuellen EKD-Denkschriften bewogen ihn immerhin, aus der evangelischen Kirche auszutreten.

Als die Freundschaft beider wenige Jahre vor Gehlens Tod genau daran zerbrach, dass der Jüngere und als Soziologe unmittelbar Einflussreichere Gehlens starren Konservatismus, der durch die Studentenrevolte wohl auch kaum gemindert worden war, scharf angriff, hatte ihm Schelsky wie in einer Zusammenfassung seiner institutionenanalytischen Dissidenz vorgeworfen, Gehlen habe trotz seiner großen institutionentheoretischen Leistungen das eigentliche Prinzip des Rechts nicht verstanden, nämlich wie Kontinuität durch Wandel zu sichern sei, durch situative Anpassungen und Umformulierungen, durch Neuinterpretationen ohne das Aufgeben des Bezugs auf einen angenommenen ursprünglichen Normierungswillen. Das alles geschehe in Rechtsanwendung und Rechtsschöpfung – eine Einsicht, die gerade Soziologen beherzigen sollten.

Literaturverzeichnis

Bickel, Cornelius: Ferdinand Tönnies. Soziologie als skeptische Aufklärung zwischen Historismus und Rationalismus, Opladen 1991.
Carbonnier, Jean: Rechtssoziologie, Berlin 1974.
Durkheim, Émile: Über die Teilung der sozialen Arbeit. Frankfurt a.M. 1977/1893.
Elias, Norbert: Über den Prozess der Zivilisation. Soziogenetische und psychogenetische Untersuchungen, Bern-München 1969/1939.

---

und andere sozialpsychologische, soziologische und kulturanalytische Schriften, hg. von *K.-S. Rehberg*, Frankfurt a. M. 2004/1957, S. 1–137, hier: 117.
[30] *H. Schelsky*, Ist Dauerreflexion institutionalisierbar? Zum Thema einer modernen Religionssoziologie [zuerst 1957], in: *ders.*, Auf der Suche nach Wirklichkeit. Gesammelte Aufsätze, Düsseldorf-Köln 1965, S. 250–275, hier: 266.

Gehlen, Arnold: Gesamtausgabe Bd. 3: Der Mensch. Seine Natur und seine Stellung in der Welt. Textkritische Edition unter Einbeziehung des gesamten Textes der 1. Auflage von 1940, Frankfurt a.M. 1993/1940.
Ders.: Die Seele im technischen Zeitalter. Sozialpsychologische Probleme in der industriellen Gesellschaft, in: *ders.*: Gesamtausgabe Bd. 6: Die Seele im technischen Zeitalter und andere sozialpsychologische, soziologische und kulturanalytische Schriften, hg. von *Karl-Siegbert Rehberg*, Frankfurt a.M. 2004/1957, S. 1–137.
Ders.: Urmensch und Spätkultur. Philosophische Ergebnisse und Aussagen. 6. Aufl., hg. von *Karl-Siegbert Rehberg*, Frankfurt a.M. 2004/1956.
Geiger, Theodor: Vorstudien zu einer Soziologie des Rechts, Berlin 1987.
Habermas, Jürgen: Theorie des kommunikativen Handelns [Bd I: Handlungsrationalität und gesellschaftliche Rationalisierung; Bd. II: Zur Kritik der funktionalistischen Vernunft], Frankfurt a.M. 1981.
Ders.: Faktizität und Geltung. Beiträge zur Diskurstheorie des Rechts und des demokratischen Rechtsstaats, Frankfurt a.M. 1992.
Hauriou, Maurice: Die Theorie der Institution und zwei andere Aufsätze, hg. von *Roman Schnur*, Berlin 1966.
Lepenies, Wolf: Die drei Kulturen. Soziologie zwischen Literatur und Wissenschaft, München 1985.
Luhmann, Niklas: Funktion und Folgen formaler Organisation, Berlin 1964.
Ders.: Legitimation durch Verfahren, Neuwied-Berlin 1969.
Ders.: Rechtssoziologie, Reinbek bei Hamburg 1972.
Ders.: Ausdifferenzierung des Rechts, Frankfurt a.M. 1981.
Ders.: Das Recht der Gesellschaft, Frankfurt a.M. 1993.
Ders.: Die Gesellschaft der Gesellschaft. 2 Teilbde., Frankfurt a.M. 1997.
Mommsen, Wolfgang J.: Max Weber und die deutsche Politik 1890–1920, Tübingen 1974.
Pareto, Vilfredo: Trattato della sociologia generale, Torino 1988/1916.
Rehberg, Karl-Siegbert: „Gemeinschaft und Gesellschaft": Tönnies und wir, in: *Micha Brumlik/Hauke Brunkhorst* (Hg.), Gemeinschaft und Gerechtigkeit, Frankfurt a.M. 1993, S. 19–48.
Ders.: Person und Institution. Überlegungen zu paradigmatischen Strukturen im Werk Max Webers, in: *Gert Albert/Agathe Bienfait/Steffen Sigmund/Mateusz Stachura* (Hg.), Aspekte des Weber-Paradigmas. Festschrift für M. Rainer Lepsius und Wolfgang Schluchter, Tübingen 2003, S. 371–394.
Rehbinder, Manfred: Wandlungen der Rechtsstruktur im Sozialstaat, in: *Ernst E. Hirsch/Manfred Rehbinder* (Hg.), Studien und Materialien zur Rechtssoziologie. Sonderheft 11 der Kölner Zeitschrift für Soziologie und Sozialpsychologie, Köln-Opladen 1967, S. 197–220.
Röhl, Klaus F.: Rechtssoziologie. Ein Lehrbuch, Köln 1987.
Rousseau, Jean-Jacques: Der Gesellschaftsvertrag oder Die Grundsätze des Staatsrechtes [frz. zuerst 1762], Stuttgart 1966/1762.
Schelsky, Helmut: Ist Dauerreflexion institutionalisierbar? Zum Thema einer modernen Religionssoziologie [zuerst 1957], in: *ders.*: Auf der Suche nach Wirklichkeit. Gesammelte Aufsätze, Düsseldorf-Köln 1965, S. 250–275.
Sumner, William G.: Folkways, Boston 1902.
Tönnies, Ferdinand: Gemeinschaft und Gesellschaft. Grundbegriffe der reinen Soziologie, Darmstadt 1972/1887.
Weber, Max: Rechtssoziologie, Neuwied 1960.

Ders.: Wirtschaft und Gesellschaft. Grundriß der verstehenden Soziologie, Tübingen 1976/1922.

Klaus Günther

Normativer Rechtspluralismus – Eine Kritik

1. Rechtspluralismus – deskriptiv

Der Zustand des Rechtspluralismus besteht nach den gängigen Definitionen immer dann, wenn es in einem sozialen Feld mehr als eine rechtliche Ordnung gibt, die aus jeweils verschiedenen Quellen stammen und nebeneinander koexistieren.[1] Dabei ist es unerheblich, wodurch dieses soziale Feld im Einzelnen gekennzeichnet ist, es kann sich dabei auch um einen auf ein Territorium begrenzten Nationalstaat handeln oder um ein soziales Feld, das durch spezifische lokale, regionale und schließlich globale Merkmale charakterisiert ist. Historisch war die Koexistenz oder Konkurrenz, zuweilen auch die Kollision verschiedener rechtserzeugender Autoritäten und Rechtsordnungen für eine lange Zeit vorherrschend in Europa. Charakteristisch für das mittelalterliche und frühneuzeitliche Europa ist eine Vielheit von Territorialhoheiten, Herrschaftsrechten, Jurisdiktionen, allen voran das Nebeneinander von kirchlichem und weltlichem Recht.[2] Die Epoche des modernen Nationalstaates mit einem einheitlichen, zentralisierten und hierarchisch gegliederten staatlichen Recht ist historisch gesehen vergleichsweise kurz – und zumindest der Begründer der Rechtssoziologie, Eugen Ehrlich, und ihm folgend die Rechtsanthropologen waren und sind stets überzeugt, dass das Bild eines zentralisierten und einheitlichen Rechts auch in dieser historischen Epoche nicht mit der rechtspluralistischen Wirklichkeit übereinstimmt. Und die Rechtsanthropologie lieferte zusätzliches Material, um zu belegen, dass sowohl in frühen Gesellschaften als auch in solchen, die sich außerhalb der Traditionen des anglo-amerikanischen *common law* oder des kontinentalen römischen Rechts bewegen, die Pluralität von

---

[1] *J. Griffiths*, What is Legal Pluralism?, in: Journal of Legal Pluralism 24 (1986), S. 1ff., *S. Engle Merry*, Legal Pluralism, in: Law and Society Review 22 (1988), S. 869ff.; *P. Schiff Berman*, Global Legal Pluralism, in: Southern California Law Review 80 (2007), S. 1155ff. Schiff Bermans Artikel ist inzwischen in erweiterter Form als Monographie erschienen: *P. Schiff Berman*, Global Legal Pluralism: A Jurisprudence of Law Beyond Borders, Cambridge 2012.
[2] *M. Stolleis*, Vormodernes und postmodernes Recht?, in: Quaderni Fiorentini 37 (2008), S. 543–551; *H. Berman*, Recht und Revolution, Frankfurt a.M. 1995.

rechtlichen Ordnungen und normativen Ordnungen anderer, z.B. religiöser Art in Vergangenheit und Gegenwart selbstverständlich ist.

Die Erfahrung, dass diese Gesellschaften einen normativen Pluralismus nicht als beklagenswerten und überwindungsbedürftigen Rückstand im Vergleich zum Selbstbild vermeintlich fortschrittlicher moderner Nationalstaaten empfinden, mag ein erster Anlass für normative Zweifel am zentralistischen Rechtsprojekt der Moderne gewesen sein. Neue Nahrung erhielten diese Zweifel spätestens mit der Globalisierung. In der Gegenwart gibt es fast kaum noch einen nationalstaatlichen Legislativakt, der nicht direkt oder indirekt beeinflusst oder mitbestimmt wäre von internationalen und supranationalen Autoritäten. Exemplarisch gilt dies für den Raum der Europäischen Union, der sogar eine supranationale legislative Autorität geschaffen hat, aber auch außerhalb dieses Raumes üben die Menschenrechte oder die auf völkerrechtliche Verträge gegründeten Organisationen wie die *Welthandelsorganisation (WTO)* einen erheblichen Einfluss auf die innerstaatliche Rechtspolitik aus. Auch die wachsende Zahl internationaler Gerichte mit einem sprunghaft ansteigenden Geschäftsanfall bleibt nicht ohne Folgen für die nationalstaatliche Gesetzgebung und Rechtsprechung. Darüber hinaus sind zunehmend private Akteure rechtserzeugend und rechtsanwendend tätig. Multinationale Konzerne geben sich ihre eigenen Regeln oder werden zu einflussreichen Quasi-Mitgesetzgebern staatlicher Rechtssetzung. In vielen sozialen Feldern, die durch moderne Kommunikationstechnologien bereits global vernetzt sind, lassen sich nicht-staatliche, autonome Normsetzungsprozesse beobachten wie z.B. im Internet, im Sport, in der Wissenschaft. Zugleich schaffen sie eigene Institutionen und Verfahren des Monitoring, mit dem die Befolgung der selbstgesetzten Regeln und Standards kontrolliert und gegebenenfalls auch sanktioniert wird. Auch viele nicht-staatliche Gemeinschaften, seien sie religiöser, ethnischer oder kultureller Art, geben sich in einigen für ihre jeweilige Identität zentralen Angelegenheiten ihre eigenen Regeln, und zwar mit der artikulierten Überzeugung der Autonomie.

Vor allem das letztgenannte Beispiel zeigt, dass mit der Pluralität von Rechtsordnungen stets eine Pluralität von normativen Ordnungen unterschiedlicher Art einhergeht. Wenn private oder öffentliche Akteure und Organisationen Verhaltensnormen kreieren, an die sie sich gemeinsam mit anderen binden, und wenn sie ein Monitoring etablieren, um die Regelbefolgung zu beobachten und Abweichungen zu kritisieren – dann handelt es sich nicht ohne weiteres um *Rechts*normen, sondern möglicherweise um eine Verpflichtung moralischer Art oder, abstrakt, um eine soziale Konvention. Sind die freiwilligen Vereinbarungen, die multinationale Unternehmen untereinander abschließen, um z.B. bestimmte Menschenrechts-, Arbeitsschutz- oder Umweltstandards einzuhalten, „Recht" oder eine bloße Konvention? In welcher Weise sind die intergouvernmentalen *agreements*, die Regierungen bei wiederholten internationalen Zusammenkünften (wie z.b. G 8, G 20) beschließen, verbindlich; eignet ihnen die Qualität einer völkerrechtlichen Norm, zumal dann, wenn demjenigen, der sich nicht daran hält, Nachteile angedroht werden? Wer hier, wie es die meisten Theorien des Rechtspluralismus vorschlagen, eine Pluralität von Normen verschiedener Art anerkennt, ist mit dem notorischen Problem konfrontiert, rechtliche von anderen normativen Ordnungen moralischer, sittlicher, religiöser oder sozialer Art zu unterscheiden. Die Auskunft der meisten Protagonisten des Rechtspluralismus ist seit jeher verblüffend einfach: Die Debatte über diese Frage sei größtenteils irrelevant, Recht sei, was die beteiligten Akteure jeweils für Recht hielten.[3]

Diese Reduktion der Definitionsfrage auf einen rein subjektiven Standpunkt hat zwar den Vorteil, den Blick für die Vielzahl unterschiedlicher Norm setzender Akteure und Normarten zu weiten und zu sensibilisieren. Doch müsste eine solche akteurszentrierte Perspektive sich dann auch die Frage gefallen lassen, warum es einigen Autoren der Normsetzung so sehr darauf ankommt, dass die von ihnen gesetzten und praktizierten Normen als „Recht" anerkannt werden. Sie scheinen mit diesem Anspruch etwas zu verbinden, was einen zumindest symbolischen Mehrwert gegenüber anderen Arten von Normen erwarten lässt, so dass sie die Klassifikation als „Recht" anderen Klassifikationen vorziehen. Dieser Mehrwert scheint nun aber wiederum in den Merkmalen zu bestehen, die das Recht von normativen Ordnungen anderer Art unterscheidet. Insofern gäbe es auch ein Interesse dieser Akteure daran, diese Unterscheidungsmerkmale zu definieren und gegenüber Hybridisierungen mit andern Normtypen aufrechtzuerhalten.

Einige dieser Akteure sind nicht nur einseitig Norm setzend tätig, sondern operieren sehr geschickt und erfolgreich innerhalb der Pluralität von rechtlichen und anderen normativen Ordnungen. Boaventura des Sousa Santos hat dafür den Begriff der *Interlegalität* geprägt. Regeln für multinationale Unternehmen lassen sich nicht ohne Berücksichtigung von Menschenrechten oder Standards des Umweltschutzes entwickeln – anderenfalls drohen sie unter das unnachsichtige Monitoring von NGOs wie *Human Rights Watch* oder *Greenpeace* zu geraten, die entsprechendes Fehlverhalten in einer globalen Öffentlichkeit skandalisieren, was wiederum Verbraucher zum Boykott der Produkte dieses Unternehmens veranlassen kann. Auch einzelne Handlungen können unter eine Vielzahl rechtlicher und quasi-rechtlicher Normen fallen, sodass die Frage der rechtlichen Klassifikation dieser Hand-

---

[3] *P. Schiff Berman*, Global Legal Pluralism, in: Southern California Law Review 80 (2007), S. 1177; *B. Z. Tamanaha*, Understanding Legal Pluralism, in: Sydney Law Review 30 (2008), S. 375ff.

lung und die sich daraus möglicherweise ergebenden Rechtsfolgen davon abhängig sind, wie man das Verhältnis zwischen diesen verschiedenen, auf ein und dieselbe Handlung anwendbaren normativen Ordnungen bestimmt und gewichtet. Wer entscheidet nach welchen Normen, wenn ein Internetanbieter aus den USA eine Homepage betreibt, die in Frankreich heruntergeladen werden kann, und deren Inhalte in den USA erlaubt, in Frankreich aber verboten sind (z.B. Nazi-Propaganda)?[4] Kann ein französisches Gericht die französische Verbotsnorm auf die USA ausdehnen oder umgekehrt die US-amerikanische Erlaubnisnorm (*First Amendment*) auf einen in Frankreich vollzogenen *download* angewendet werden? Aus der Vielzahl einander überlappender oder miteinander kollidierender rechtlicher und quasi-rechtlicher Normen sowie Autoritäten der Rechtssetzung und -anwendung entsteht nach Schiff Berman ein hybrider Rechtsraum („hybrid legal space").[5]

2. Normativer Rechtspluralismus

Wenn diese Zustandsbeschreibung des globalen Rechtspluralismus zutrifft, dann ist damit die empirische Triftigkeit monistischer und zentralistischer Rechtstheorien herausgefordert: Sie sind nichts anderes als ein Mythos, eine Illusion. Doch das am Nationalstaat orientierte Modell eines einheitlichen, kohärenten, zentralisierten, auf eine singuläre Autorität zurückführbaren Rechts erscheint dann plötzlich auch normativ fragwürdig. Ist der globale Rechtspluralismus ein Symptom des Verfalls, des Rückschritts hinter die Errungenschaften der Moderne, deren Rechtsprojekt an den universalistischen Prinzipien gleicher Freiheit und gleichen Respekts ausgerichtet ist? Sollte der aktuelle Zustand daher möglichst überwunden werden, um das nationalstaatliche Modell oder an diesem orientierte Äquivalente eines Rechts*monismus* auf globale Normbildungsprozesse zu übertragen? Oder ist der Rechtspluralismus nicht nur die empirisch zutreffendere Beschreibung, sondern auch in *normativer* Hinsicht die vorzugswürdige Alternative?

Zwei naheliegende Antworten auf diese normativen Fragen sind aus Gründen der Empirie von vornherein ausgeschlossen. Der hybride Rechtsraum kann nicht in die Richtung eines universalistischen, einheitlichen Rechts verlassen werden. Eine globale Rechtsvereinheitlichung ist weder absehbar noch wünschenswert angesichts der vielfältigen Unterschiede zwischen Regionen, Nationen, Kulturen, Mentalitäten sowie sozioökonomi-

---

[4] Siehe zu diesem Yahoo!-Fall aus dem Jahre 2000 *P. Schiff Berman*, Global Legal Pluralism, in: Southern California Law Review 80 (2007), S. 5f. u. 30f.
[5] Ebd.

scher Organisationsformen. Eine Ausnahme machen freilich die Menschenrechte und das Völkerstrafrecht. Doch auch bei den Menschenrechten sind inzwischen die Deutungskonflikte so komplex geworden, dass, von einem Kernbereich abgesehen, ein simplifizierender Universalismus kaum aufrechtzuerhalten ist. Das Völkerstrafrecht betrifft nur die schwersten Menschenrechtsverletzungen, die zudem bezogen auf Gruppen, bei Angriffen auf die Zivilbevölkerung oder im Zuge bewaffneter Konflikte begangen werden, also überwiegend Fälle evidenter Verletzungen betreffen. Auch das Völkerstrafrecht steht unter dem nicht unbegründeten Verdacht, selektiv angewendet zu werden, abgesehen davon, dass mächtige Akteure der Weltpolitik dem Statut von Rom nicht beigetreten sind. Die andere Antwort würde den Weg in die im Westen Europas und der USA historisch überkommene Lösung einer vereinheitlichenden Rechtssetzung durch einen Souverän eröffnen. Für transnationale und internationale Normkollisionen blieben dann das Völkerrecht und das internationale Privatrecht zuständig. Dieser Weg ist zwar nicht völlig obsolet, zumal dann, wenn es um die Anerkennung einer nicht-staatlichen normativen Ordnung durch eine souveräne Autorität geht, wie dies z.B. immer schon bei der Anerkennung von Handelsbräuchen durch ein staatliches Gericht der Fall war oder, im Einzelfall, bei der Durchsetzung eines Schiedsgerichtsurteils im Wege staatlicher Zwangsvollstreckung. Aber der Prozess der Globalisierung lässt solche Lösungen immer seltener als eine attraktive Option erscheinen, weil sie zu viel Zeit und Kosten beanspruchen oder angesichts der zu beteiligenden Institutionen und Akteure sowie unterschiedlicher rechtlicher Voraussetzungen zu komplex sind.

Hinzu kommt, dass einem globalen Rechtspluralismus auch spezifische Vorzüge zugeschrieben werden, die ihn in normativer Hinsicht attraktiv erscheinen lassen. Wenn sich die Weltgesellschaft unter anderem dadurch von früheren Gesellschaftsformationen unterscheidet, dass ihre Funktionssysteme mit ihren bereichsspezifischen Eigenrationalitäten sich über territoriale Grenzen hinweg ausdifferenzieren, wie das jetzt schon für das globale ökonomische System oder das Wissenschaftssystem der Fall ist, dann erscheint es sowohl wegen mangelnder Sachnähe als auch wegen der fehlenden globalen Normsetzungskompetenz aussichtslos, dass das politische System diese System durch seine Gesetzgebung steuern könnte. Autonome Normbildungsprozesse innerhalb der Funktionssysteme sind dann responsiver als ein homogenes globales Recht. Dieses kann allenfalls in fragmentierter Form auftreten und für eine „schwache normative Kompatibilität" der ausdifferenzierten und sich selbst regulierenden Eigenrationalitäten im

Kollisionsfall sorgen, ohne in diese selbst eingreifen zu können.⁶ Auch das erfahrungsgesättigte, aus Praktiken generierte Wissen der Akteure bringt spontane Ordnungen der Koordination und Konfliktlösung hervor, das den je eigenen Problemen dieser Praktiken näher ist als eine zentralisierte Rechtssetzung.⁷ Zugleich ermöglicht eine Pluralität von normativen Ordnungen mehr Wettbewerb untereinander und öffnet durch vielfältige Vergleichsmöglichkeiten den Blick auf alternative Regelungsweisen. Auf dieser Grundlage können bestehende normative Ordnungen kritisiert und deren nicht oder nur schlecht einlösbare Legitimationsansprüche mit Verweis auf bessere Alternativen bestritten werden. Dadurch werden normative Lernprozesse ebenso wie Innovationen in Gang gesetzt, die sich anderswo nutzbar machen lassen. Pluralismus ist insofern „jurisgenerativ" und erhört die Chancen für kreative Suchprozesse. Konflikte und Dispute steigern schließlich den Bedarf an Verhandlungen und Dialog, in dessen Verlauf eine Vielzahl unterschiedlicher Stimmen sich zu Gehör bringen kann. Schließlich soll ein Pluralismus auch Machtasymmetrien zwischen den Akteuren begrenzen oder gar neutralisieren, sowie, analog zum Gewalten teilenden Prinzip der *checks and balances*, für wechselseitige Kontrolle sorgen.⁸

Ob jedoch gerade das zuletzt genannte Risiko durch einen Pluralismus normativer Ordnungen minimiert werden könnte, erscheint fraglich. Die historische Erfahrung lehrt, dass ein Pluralismus normativer Ordnungen rasch das Opfer von Machtasymmetrien werden kann oder solche hervorbringt. Wer über größere und stärkere ökonomische Ressourcen oder Gewaltmittel verfügt, wer mit Hilfe moderner Informationstechnologien normative Gründe strategisch erfolgreich verbreiten oder gegen Kritik erfolgreich immunisieren, die politische Agenda bestimmen und den politischen Prozess mit je eigenen Themen und Gründen erfolgreich beeinflussen kann, wer ganze Bevölkerungsgruppen in Abhängigkeit bringen oder Eliten zu Klienten machen kann, hat größere Chancen, seine normative Ordnung gegenüber anderen durchzusetzen und gegen Kritik, Dissidenz und Widerstand zumindest über längere Zeiträume zu immunisieren. Wenige Mächtige bringen viele Schwache in Verhältnisse der Loyalität und Abhängigkeit, der Patronage und des Klientelismus. Die machtvollen normativen Ordnungen werden so langfristig stabilisiert und damit auch die Verteilung von Gütern und Lebenschancen, die sozioökonomische Struktur wird undurchlässig und reproduziert die gegebene gesellschaftliche Statusverteilung, mit der dann wie-

---

⁶ *A. Fischer-Lescano*, Regime-Kollisionen. Zur Fragmentierung des globalen Rechts, Frankfurt a.M. 2006, S. 24, 28ff.; *G. Teubner*, Verfassungsfragmente. Gesellschaftlicher Konstitutionalismus in der Globalisierung, Frankfurt a.M. 2012, S. 87.
⁷ *K.-H. Ladeur*, Der Staat gegen die Gesellschaft, Tübingen 2006.
⁸ *N. Krisch*, Beyond Constitutionalism. The Pluralist Structure of Postnational Law, Oxford 2012, S. 58ff u. 225ff.

derum eine Ungleichverteilung performativer Macht und von Zugangschancen zu kritischen Öffentlichkeiten einhergeht. Es beginnt ein Prozess der *Refeudalisierung*, der gegenwärtig vor allem auch deswegen bedrohlich ist, weil er sich nicht nur auf öffentlich wirksame private Macht beschränkt, sondern zunehmend, vor allem im Bereich der elektronischen Informations- und Kommunikationstechnologien, zu einer intensivierten Zusammenarbeit von Wirtschaftsunternehmen und staatlicher Exekutive führt. Auch wenn diese Gefahr dramatischer klingt als sie angesichts des hohen Grades an funktionaler weltgesellschaftlicher Differenzierung erscheinen mag, so wird doch auch von den Befürwortern einer Fragmentierung des globalen Rechts das Risiko nicht geleugnet, dass es auch bei den schwachen Kompatibilitätsnormen für die Eigenrationalitäten der Teilsysteme zu einer Art *regulatory capture* kommen kann, mit der ein Funktionssystem sich gegenüber anderen zu privilegieren und diese zu dominieren versucht: „Zu befürchten aber ist, dass sich ‚korrupte' Verfassungsnormen herausbilden, die aus einer zu engen Kopplung der Teilverfassungen an partielle Interessenkonstellationen resultieren."[9] Freilich ist die Alternative eines wie auch immer dezentralisierten Welthegemons, der über ein Gewaltmonopol und eine über Delegationen und Kompetenzabstufungen organisierte Rechtssetzungsautorität verfügt, wenig attraktiv.

3. Management des Rechtspluralismus

Daher bleibt nur die Alternative, den hybriden Rechtsraum auf koordinierende Impulse und Mechanismen zu untersuchen, die sowohl robust genug sind, um eine Refeudalisierung zu verhindern, als auch schwach genug, um nicht hegemoniale Bestrebungen zur Errichtung eines homogen globalen Rechts mit einem Weltstaat zu befördern oder zu rechtfertigen – wenn dies angesichts des faktischen Pluralismus überhaupt noch möglich erscheint. Schiff Berman hat daher, an bereits beobachtbare Praktiken anknüpfend, vorgeschlagen, den hybriden globalen Rechtsraum als ein Problem des *internen Managements* zu konfigurieren: „Managing Pluralism."[10] Dann geht es vor allem darum, die potenziell oder aktuell miteinander kollidierenden rechtlichen und quasi-rechtlichen Normen durch „mechanisms, institutions, procedures, practices" miteinander zu vernetzen und zu koordinieren und entsprechende Tendenzen zu befördern und zu verstärken, um die Gefahren

---

[9] G. *Teubner*, Verfassungsfragmente. Gesellschaftlicher Konstitutionalismus in der Globalisierung, Frankfurt a.M. 2012, S. 89.
[10] P. *Schiff Berman*, Global Legal Pluralism. A Jurisprudence of Law Beyond Borders, Cambridge 2012, S. 152ff.

eines unkoordinierten Wettbewerbs zulasten der Schwächeren zu vermeiden.

Freilich ist der Ausdruck „Management" zumindest zweideutig. Er lässt sich nämlich für zwei Perspektiven verwenden, die einander zwar nicht ausschließen, aber wegen ihrer methodologischen Verschiedenheiten zu zwei möglichen Konzeptionen des Managements führen. Die *erste* Perspektive nimmt die Akteure des Managements in den Blick sowie die zumindest impliziten Normen, an denen sie sich bei ihrem Management orientieren können und sollen, sowie die Einstellungen, die sie als Teilnehmer an der managerialen Praxis haben (müssen). Die *zweite* Perspektive verwendet den Ausdruck „Management" eher metaphorisch in einem funktionalistischen Sinne für die Operationen und Mechanismen zur punktuellen oder phasenweisen Herstellung schwacher Kompatibilität zwischen den Eigenrationalitäten globalisierter Teilsysteme. Aus dieser Beobachterperspektive kommt es weniger auf die normativen Orientierungen der Akteure selbst an als auf systemische Mechanismen wie strukturelle Kopplungen, hybride Meta-Codes und Vernetzungen.

4. Das Management des Rechtspluralismus – intern

Paul Schiff Berman hat eine Art Liste derjenigen Normen, Verfahren, Einstellungen und Fähigkeiten aufgestellt, die für ein erfolgreiches Management vorauszusetzen seien. Die prozeduralen Mechanismen, Institutionen und Praktiken sollen die Beteiligten an den normativen Konflikten und Kollisionen in einen „shared social space" bringen, der ein Konfliktmanagement statt einer substantiellen Konfliktlösung ermöglicht.[11] Verlangt wird, *erstens*, die Fähigkeit und Bereitschaft „to take part in a common set of discursive forms", also an solchen Formen, die überhaupt eine kommunikative Auseinandersetzung unter den Beteiligten, einen Austausch von und Wettbewerb um bessere Gründe zulassen. Nur so behandeln die Teilnehmer an Konflikten normativer Ordnungen und an Verhandlungen über Konfliktlösungen einander nicht als Feinde, sondern als Gegner in einer diskursiven Auseinandersetzung. Sie teilen also das Wissen um formale Regeln von Diskursen und sind bereit und willens, sie gemeinsam zu befolgen, auch wenn die Interpretationen dieser Regeln wiederum strittig sein können – aber auch dieser Streit um die angemessenere Deutung der Regeln ist als diskursiver Streit jenseits von Gewalt und Nötigung nur möglich, wenn er

---

[11] *P. Schiff Berman* Global Legal Pluralism. A Jurisprudence of Law Beyond Borders, Cambridge 2012, S. 145; zum Folgenden ebd., S. 145–150.

wiederum in diskursiven Formen ausgetragen wird. Gleichzeitig erkennen die Beteiligten damit, *zweitens,* diejenigen Prinzipien und Werte gemeinsam an, die einer fairen verfahrensförmigen Konfliktlösung zugrunde liegen, und zwar als Konflikt und Dissens ermöglichende, nicht blockierende oder einseitige Lösungen zugunsten einer dominanten Partei repressiv auflösende. Doch auch als solche müssen sie von den Beteiligten, wiederum unter dem Vorbehalt ihrer umstrittenen angemessenen Deutung, gemeinsam anerkannt und befolgt werden. Damit einher geht, *drittens,* die Bereitschaft, spezifische Loyalitäten und Bindungen an bestimmte Gemeinschaften offenzulegen, nicht nur, um mögliche Befangenheiten beim Konfliktmanagement zu neutralisieren, sondern um explizit die Vielfalt normativer Bindungen an Gemeinschaften und deren jeweilige normative Ordnung mit ihren unterschiedlichen Graden an Verbindlichkeit und an sozialer Integration in den Konflikt- und Kollisionsprozess einzubeziehen statt die vielfältigen normativen Verwurzelungen der beteiligten Individuen zu leugnen oder ihre Relevanz zu minimieren. Dadurch wird die Pluralität normativer Stimmen erhöht – es geht nicht darum, zugunsten einer vordergründigen, aber repressiven Konfliktlösung die vielen Stimmen zu entmachten oder zu marginalisieren, sondern sie als solche zu Gehör zu bringen und sich entfalten zu lassen. Aber auch dies ist nur möglich, wenn normative Bindungen an Gemeinschaften für die Beteiligten änderbar und auflösbar sind, und wenn gleichzeitig Prinzipien wie wechselseitiger Respekt und Toleranz geachtet werden, um Hegemonie und Dominanz einer Gemeinschaft über die andere zu vermeiden. Schließlich verlangt der „shared social space" in extremen Fällen von massivem Unrecht von den Beteiligten auch, „starke" rechtliche Wertungen zu vollziehen und solche normativen Ordnungen und Gemeinschaften auszuschließen, die elementare Regeln des Konfliktmanagements in einem geteilten sozialen und symbolischen Raum verletzen, die ihre eigenen Adressaten und Mitglieder oder die anderen Akteure des Raumes diskriminieren und ihre Menschenrechte verletzen, ganz zu schweigen von Völkerrechtsverbrechen oder anderen massiven Menschenrechtsverletzungen.

Nimmt man diese Liste von Normen, Verfahren und Einstellungen globaler Akteure im hybriden Raum des Rechts ernst, so zeigt sich, dass ein Management des globalen Rechtspluralismus auf Personen angewiesen ist, die sich zumindest auf ein Minimum von gemeinsam geteilten, wenn auch zumeist impliziten Prinzipien verständigen können, ohne die der Antagonismus pluraler normativer Ordnungen, die Konflikte, Kollisionen und Dissens nicht in diskursiven Formen zur Geltung gebracht, entwickelt und, wie punktuell auch immer, unter Respekt der jeweiligen Andersheit kompatibilisiert werden könnten. Der hybride Raum des Rechts muss in dieser Hinsicht auch ein gemeinsamer sozialer („*shared* social space") und symbolischer Raum („*common* symbolic space") sein, und die Verfahren, in denen die Akteure einander auf Augenhöhe begegnen und das horizontale Verhältnis der rechtlichen und quasi-rechtlichen Ordnungen untereinander von Fall zu Fall bestimmen, müssen solche sein, die faire Bedingungen der Gleichheit und der Inklusion garantieren. Das Management pluraler normativer Ordnungen ist also seinerseits auf die wechselseitige Unterstellung einer normativen Ordnung angewiesen, die eine diskursive Verständigung unter Gleichen über plurale, heterogene, eigenrationale und bis zu einem gewissen Grade inkommensurable normative Ordnungen ermöglicht – einschließlich der selbstbewusst vollzogenen, starken normativen Urteile über Fälle krassen Unrechts.

Aus der Perspektive der *Teilnehmer* bilden diese geteilten sozialen und gemeinsamen symbolischen Räume ein Reservoir von mehr oder weniger autoritativen und Legitimität beanspruchenden Gründen, mit denen sie ihre eigenen Handlungen, Äußerungen und Normen rechtfertigen und von anderen Rechtfertigungen für deren Handlungen, Äußerungen und Normen fordern. Sie dienen auch als Grund für die Forderung nach Konformität gegenüber diesen Gründen – z.B. gegenüber Hegemonie und Dominanz beanspruchenden Ordnungen oder gegenüber solchen, die systematisch Menschenrechte verletzen – ebenso wie für die Kritik und Selbstkritik im Falle eines Abweichens, und sie rechtfertigen diese Konformitätsforderungen ebenso wie die Kritik an der Abweichung. Insgesamt setzen sie eine von H. L. A. Hart als „kritisch-reflektierend" charakterisierte Einstellung (*critical-reflective attitude*) gegenüber den eigenen Handlungen, Äußerungen, Normen und denen der anderen voraus.[12] Dies ist der von Hart, Winch, Strawson und anderen so bezeichnete *interne* oder Teilnehmer-Standpunkt gegenüber Normen, im Unterschied zum externen Beobachterstandpunkt. Wohlgemerkt ist die normative Ordnung des geteilten sozialen und des gemeinsamen symbolischen Raumes der diskursiven Konfliktaustragung keine von der Art, die Gegenstand und Thema des Konflikts ist, sondern sie konstituiert das Medium des Streits, des Dissenses, des Konflikts über normative Ordnungen. Diese normativen Ordnungen bestehen über die von Schiff Berman genannten Eigenschaften hinaus auch aus Berechtigungen, Befugnissen und Verpflichtungen der Beteiligten, von ihrer kritisch-reflektierenden Einstellung Gebrauch zu machen, also Gründe zu verlangen, zu kritisieren und zu geben. Das setzt aber auch voraus, dass die Teilnehmer Personen sind, deren Identität nicht in den vielfältigen normativen Ordnungen und Gemeinschaften aufgeht, in denen sie verwurzelt sind, denen sie angehören und denen gegenüber sie sich zur Loyalität verpflichtet fühlen. Zumindest solange, wie sie in den geteilten sozialen und den ge-

---

[12] *H. L. A. Hart*, Der Begriff des Rechts, dt. Übers. Frankfurt a.M. 1973, S. 86.

meinsamen symbolischen Raum der diskursiven Konfliktaustragung eintreten und innerhalb dieses Raumes sich mit anderen über die primären normativen Ordnungen streiten, müssen sie sich zugleich von diesen Ordnungen zumindest soweit distanzieren können, dass sie zugleich auch den Standpunkt eines Teilnehmers an der normativen Ordnung des diskursiven Raumes der Konfliktaustragung einnehmen und die darauf bezogene kritisch-reflektierende Einstellung praktizieren können – auch, wenn dieser kein archimedischer Standpunkt ist, von dem aus sich die normative Ordnung des diskursiven Raumes abschließend feststellen und festsetzen ließe, wenn sie selbst für konkurrierende Deutungen unter den Beteiligten offen bleibt.

Ein solcher Akteur unterscheidet sich nicht von jener verantwortlichen Person, die bei jedem ernsthaft gemeinten Projekt, menschliches Verhalten Regeln zu unterwerfen, immer schon vorausgesetzt wird. Eine prägnante Zusammenfassung dieser Voraussetzung findet sich bei Lon Fuller, für den die verantwortliche Person zugleich das Herzstück der „inneren Moralität des Rechts" ist: „To embark on the enterprise of subjecting human conduct to the governance of rules involves of necessity a commitment to the view that man is, or can become, a responsible agent, capable of understanding and following rules, and answerable for his defaults."[13] Nach einer erhellenden Interpretation von Kristen Rundle ist dies so zu verstehen, dass die verantwortliche Person stets sowohl in der Rolle des Normadressaten als auch in der Rolle des Autors einer Norm auftritt und in dieser Doppelrolle vom Recht anzuerkennen sei.[14] Wir fordern Normkonformität und üben Kritik an Normabweichungen also nicht nur mit Bezug auf irgendeine vorgegebene Norm, sondern praktizieren als verantwortliche Personen diskursive Kritik auch an diesen Normen selbst.

Wer sind nun aber die Manager des hybriden Rechtsraumes, die eine globale Pluralität rechtlicher und quasi-rechtlicher Ordnungen kompatibilisieren könnten? Es sind allen voran Rechtsexperten/-innen, die sich zwischen den verschiedenen Ordnungen bewegen und vermitteln. Dabei braucht man nicht nur an jene Akteure zu denken, die für internationale oder supranationale Organisationen tätig sind. Dazu zählen auch die vielen Rechtsaktivisten, die sich in Nichtregierungsorganisationen engagieren oder die *pro bono* für Entschädigungsansprüche diskriminierter oder ehemals versklavter indigener Bevölkerungen auf demjenigen rechtlichen Forum streiten, das die besten Erfolgsaussichten verspricht. Vor allem aber auch die vielen Rechtsexperten, die sich in einem lokalen, nationalen oder internationalen Gerichtshof mit einer Pluralität anwendbarer Ordnungen auf den vorliegen-

---

[13] L. *Fuller*, The Morality of Law, Oxford 1964/69, S. 162.
[14] K. *Rundle*, Forms Liberate – Reclaiming the Jurisprudence of Lon L. Fuller, Oxford 2012, S. 97ff.

den Fall konfrontiert sehen, sei es in der Rolle der Richterin, der Parteivertreterin, der Autorin eines *amicus curiae* Briefs. Schließlich – und nicht zuletzt – aber auch diejenigen Akteure, die sich in lokalen, nationalen, regionalen, globalen Öffentlichkeiten engagieren, indem sie sich die kritisch-reflektierende Einstellung aneignen und in den geteilten symbolischen und den gemeinsamen sozialen Raum der diskursiven Konfliktaustragung eintreten, um an dem unabschließbaren Projekt einer „cosmopolitan pluralist jurisprudence" mitzuwirken, indem sie öffentlich Gründe und Rechtfertigungen verlangen.

Die globalen Rechtsakteure gehören also mindestens zwei normativen Ordnungen zugleich an: derjenigen ihrer jeweiligen Gemeinschaft(en) sowie derjenigen, die durch den gemeinsamen symbolischen Raum der Verständigung zwischen den pluralen normativen Ordnungen konstituiert wird. Nur solche Akteure, die stets in diesen beiden normativen Ordnungen zugleich operieren, werden das Management des Rechtspluralismus vor einem Prozess der Refeudalisierung des Rechts bewahren können. An der Voraussetzung einer verantwortlichen Rechtsperson ändert auch der Rechtspluralismus nichts, mit ihm steigen nur die Anforderungen, die bei jeder einzelnen normativen Operation zu bewältigen sind.

5. Das Management des Rechtspluralismus – extern

Blickt man nun vom *Beobachterstandpunkt* auf das Management des hybriden Rechtsraumes, so zeigt sich dort im Vordergrund nur die Pluralität normativer Ordnungen in einem fragmentierten Raum des globalen Rechts. Es gibt kein Teilsystem der Globalgesellschaft, das in der Lage wäre, das Management zu monopolisieren, es sei denn, mit hegemonialen Ambitionen und einer usurpierten Dominanz gegenüber anderen Teilsystemen, also einer Art systemischen Feudalismus, der unweigerlich zur Desintegration der anderen Teilsysteme und damit zur Entdifferenzierung der Gesellschaft führen würde. Was für territorial begrenzte funktional differenzierte Gesellschaften zutrifft, gilt *a fortiori* für die moderne Weltgesellschaft: „Kein Teilsystem der Gesellschaft, auch nicht die Politik, kann heute mehr die Gesamtgesellschaft repräsentieren."[15] Das vermindert freilich nicht, sondern erhöht noch den Druck auf die Herausbildung von Mechanismen, Formen und Prozeduren der Konfliktaustragung und des Kollisionsmanagements zwischen den Eigenrationalitäten der Teilsysteme. Teubner schlägt vor, die-

---

[15] G. *Teubner*, Verfassungsfragmente. Gesellschaftlicher Konstitutionalismus in der Globalisierung, Frankfurt a.M. 2012, S. 178.

se weniger in einem gemeinsamen und geteilten sozialen und symbolischen Raum diskursiver Konfliktaustragung zu suchen, sondern in erhöhten Anforderungen an die interne Konstitution der autonomen Teilsysteme. Diese müssen aus ihrer jeweils eigenen Perspektive externe Kompatibilitätsanforderungen ihrer Umwelt so verarbeiten, dass sie reflexiv in ihren je eigenen Operationen berücksichtigt werden. Dies kann durch externe Anreize oder Vorgaben angeregt, aber nicht durch ein anderes Teilsystem oktroyiert werden. Es ist das Rechtssystem, das hier sowohl Anreize verstärkt als auch Bausteine liefert, sogar zur Schließung von Lücken in der Autonomie der Teilsysteme beiträgt – z.B. durch den Rechtsbegriff des Staates zur Schließung der Autonomie des politischen Systems.[16]

Die Lösung des Kollisionsproblems zwischen den Eigenrationalitäten der Teilsysteme soll daher innerhalb der Teilsysteme selbst, also strikt dezentral gemanagt werden. Jedes Regime, jedes Teilsystem, jede Sinnsphäre sucht aus seiner Binnenperspektive nach Kompatibilisierungen: „[...] jedes der beteiligten Regimes muss sich aus seiner Perspektive einen eigenen *ordre public* transnational erarbeiten, an dem es seine Normen misst."[17] Das würde aber heißen, dass jedes Teilsystem aus seiner Binnenperspektive einen generalisierenden Standpunkt einnehmen, also seine Eigenrationalität zugleich transzendieren müsste – auch wenn es niemals jeden archimedischen Punkt einer objektiven und unparteilichen Position eines verallgemeinerten Dritten erreichen könnte, also den Standpunkt, in dem die gesamte Gesellschaft repräsentiert wäre. Dennoch scheint es so zu sein, dass ein internalisiertes Kollisionsmanagement unter der Anforderung steht, die Perspektive der anderen Teilsysteme im je eigenen inneren Monolog zu übernehmen. Daher gilt es, so Teubner, zwei widersprüchliche Anforderungen miteinander zu kombinieren: „Auf der einen Seite ist auf die autonome und dezentrale Reflexion der Netzknoten, auf ihre eigenständig formulierte Kompatibilisierung hinzuarbeiten. Auf der anderen Seite müssen es diese Reflexionen ermöglichen, dass alle Regimes gemeinsame Referenzpunkte und einen notwendig abstrakten Sinnhorizont kontrafaktisch unterstellen, auf den sie sich bei ihrer Normproduktion beziehen."[18] Ohne diese Unterstellung eines nicht real existierenden, sondern kontrafaktischen „gemeinsamen Geltungskern(s)" scheint es keine normative Nötigung zu geben, die jeweilige Einzelperspektive, wie gefordert, zu „transzendieren", um „das Ganze" in den Blick zu nehmen. Aus der Perspektive jeder Eigenrationalität werden so je verschiedene, teilsystemrelative „Gemeinwohlformeln" herausgebildet.

---

[16] Ebd., S. 165.
[17] Ebd., S. 241.
[18] Ebd.

Diese wenn auch vorsichtigen Formulierungen überraschen freilich. Von der Assoziation mit der Methodologie des *Internationalen Privatrechts* abgesehen, ähneln sie jener Methode der praktischen Vernunft, die Kant für das moralische Gesetz formuliert hatte: die je individuelle Maxime so zu verallgemeinern, dass sie zum Prinzip einer allgemeinen Gesetzgebung werden könne – und zwar aus der Perspektive eines jeden Menschen, der an der allgemeinen Menschenvernunft teilhat. Anders als im begrifflichen Rahmen einer Kritik der praktischen Vernunft bleibt aber bei der Forderung nach einer Selbst-Transzendierung der teilsystemspezifischen Binnenrationalität die Frage offen, woher die Nötigung zu diesem Schritt kommen soll. Es bleibt nur der externe Druck, der sich aus der Kombination von funktionaler Differenzierung und Dezentralisierung ergibt, vor dem Hintergrund einer drohenden Entdifferenzierung durch direkte Intervention eines Teilsystems in das andere. Wenn der gemeinsame Geltungskern und Referenzpunkt mehr sein soll als eine schiere Illusion, die unverbindlich bliebe, sondern als kontrafaktische Unterstellung auch wirksam, dann müsste sie jenen von Schiff Berman so charakterisierten gemeinsamen und geteilten Raum des Symbolischen und Sozialen mit unterstellen, innerhalb dessen die jeweiligen systemrelativen Gemeinwohlformulierungen überhaupt erst einen ernstzunehmenden *Anspruch auf allgemeine Geltung* erheben können, der auch nur innerhalb desselben Raumes einem kritischen Prozess gegenseitiger Überprüfung ausgesetzt werden kann, aus dem dann Revisionen, Korrekturen und Lernprozesse hervorgehen. Ohne diesen gemeinsamen Raum würde der Anspruch auf allgemeine Geltung mangels Adressaten unartikuliert bleiben, und ohne die Inklusivität dieses Raumes als eines gemeinsam geteilten bliebe er unerhört und unerwidert.

Unbestimmt bleibt dabei auch, welche Akteure diese Geltungsansprüche erheben, wer überhaupt die Kollisionen so managt, dass die Eigenrationalitäten der Teilsysteme genötigt werden, selbst intern Regeln der Kompatibilität zu bilden und sich dabei auf einen unterstellten gemeinsamen Geltungskern hin zu transzendieren. Die meisten Formulierungen lassen das Subjekt eigentümlich unbestimmt: „[...] ist[...] hinzuarbeiten", „[...] müssen [...] ermöglichen".[19] Auch der Hinweis, dass es dazu externer Anstöße und Pressionen bedürfe oder dass Teilöffentlichkeiten imperialistische Tendenzen eines Teilsystems skandalisieren könnten, lässt die Akteure noch weitgehend unbestimmt.[20] Eine Schlüsselrolle soll dagegen der internen Politisierung der Teilsysteme zukommen.

---

[19] Ähnlich unbestimmte Formulierungen schon bei *A. Fischer-Lescano/G. Teubner*, Regime-Kollisionen. Zur Fragmentierung des globalen Rechts, Frankfurt a.M. 2006, S. 132.
[20] *G. Teubner*, Verfassungsfragmente. Gesellschaftlicher Konstitutionalismus in der Globalisierung, Frankfurt a.M. 2012, S. 241.

An den Teilsystemen moderner Gesellschaften lasse sich beobachten, dass sie sich intern analog zur Politik differenzieren in einen Organisations- und einen Spontanbereich.[21] Dadurch werde die Reflexivität des Systems erhöht, über spontane Äußerungen von Dissens komme es zu Irritationen des Organisationsbereichs, dessen auf verschiedenen Ebenen agierende Institutionen durch Revisionen und Korrekturen von Strukturen und Normen darauf reagieren. Die Akteure des Spontanbereichs, engagierte Individuen in den jeweiligen teilsystemspezifischen Inklusionsrollen, sorgen auf diese Weise dafür, dass überhaupt systemspezifische Konstitutionalisierungsprozesse angeregt und diese dann in der Balance mit dem Organisationsbereich einer Art Dauerrevision unterzogen werden. Die interne Politisierung findet allerdings nicht in den Köpfen der Menschen allein statt, da diese nach der allgemeinen systemtheoretischen Konzeption als psychische Systeme keinen unmittelbaren Zugang zur Welt der sozialen Systeme und ihrer kommunikativen Struktur haben. Sie kann daher nur an der Schnittstelle zwischen psychischem System und den Kommunikationen der sozialen Systeme stattfinden, und dort auch nicht dauerhaft, sondern nur im Wege punktueller wechselseitiger Irritationen.[22] Dort soll jene „soziale Energie" entstehen, die als ein „kommunikatives Potential" durch politisch artikulierten Dissens und Protest Konstitutionalisierungsprozesse initiiert und den Organisationsbereich so irritiert, dass er sich lernend – nach seinen jeweils eigenen Normen und Strukturen – anpasst.

Fasst man in dieser Weise die Politisierung nur als einen Effekt punktueller Irritationen an der Schnittstelle zwischen psychischem und sozialem System, Bewusstsein und Kommunikation, wird freilich übersehen, dass die politischen Akteure einem anderen Selbstverständnis folgen. Diese erscheinen aus der Beobachterperspektive lediglich als ein Bündel von „Trieben, Wünschen, Begierden,"[23] deren interne Verfassung man „weiterhin Ärzten, Psychologen, und Pfarrern" überlassen sollte. Die Kommunikation selbst dagegen wird nur als eine immer schon in einzelne systemspezifische Kommunikationsmedien differenzierte beobachtet, die wie eine Matrix in die psychischen Systeme eingreift und durch die interne Politisierung zu ihrer je eigenen Konstitutionalisierung veranlasst wird.

Übersehen wird dabei freilich, dass Kommunikation jenseits der sozialisierten Kommunikationsmedien sowie unabhängig von den jeweils kommunizierten konkreten Beiträgen und Themen ihrerseits normativ verfasst ist. Sprecher und Hörer beziehen sich aus einer internen Perspektive auf diese Verfassung von Kommunikation überhaupt, und zwar *gleichzeitig* mit den

---

[21] Ebd., S. 140ff.
[22] Ebd., S. 103.
[23] *G. Teubner*, Verfassungsfragmente. Gesellschaftlicher Konstitutionalismus in der Globalisierung, Frankfurt a.M. 2012, S. 104.

spezifizierten Kommunikationen. Berechtigungen und Verpflichtungen gibt es bereits unspezifisch im kommunikativen Handeln überhaupt – sie zeigen sich unter anderem darin, dass Sprechakte wie das Behaupten oder Befehlen mit der Verpflichtung des Sprechers verbunden sind, diese gegen Einwände zu rechtfertigen, dass der Hörer ein Recht hat, Gründe zu fordern, dass ein Sprecher sich mit seinen Äußerungen auf bestimmte Folgerungen festlegt, dass er für seine Äußerungen und die damit einhergehenden kommunikativen Festlegungen verantwortlich ist, also bereits als Teilnehmer an Kommunikation überhaupt eine Person, unabhängig von den differenzierten Rollen, die jeder und jede innerhalb eines bestimmten Kommunikationsmediums spielt. Diese sprachphilosophische Einsicht in den normativen, die Kommunikationsteilnehmer verpflichtenden und berechtigenden Gehalt der Kommunikation, zuletzt von Robert Brandom umfänglich entfaltet, gerät der Beobachterperspektive aus dem Blick.[24] Daraus folgt nicht, dass der normative Gehalt der Kommunikation bereits eine Moral begründen würde. Es lässt sich daran aber erkennen, dass es sich um eine Normativität jenseits der kommunikativen Matrix handelt, in welche die Kommunikationsmedien die einzelnen Subjekte qua Inklusion verstricken. Dies zeigt sich auch daran, dass die systemisch codierten Kommunikationen, soweit sie über kommunikative Äußerungen operieren, ihrerseits auf diesem normativen Verpflichtungsgehalt aufsitzen, also kommunikative Berechtigungen, Verpflichtungen sowie Festlegungen und Verantwortungen voraussetzen und in Anspruch nehmen. Diese gehören gleichsam zum operativen Modus jeder spezifizierten Kommunikation.

Das macht es außerdem erforderlich, die Teilnehmer an Kommunikationen ihrerseits als Subjekte zu begreifen, die jenseits aller Inklusion in Kommunikationssysteme und Medien über eine eigenständige Identität als Kommunikationssubjekte verfügen, nämlich als Personen, die Geltungsansprüche erheben, Gründe verlangen und Gründe geben können, die ein „Recht auf Rechtfertigung" schon in der Rolle eines Teilnehmers überhaupt innehaben.[25] Insofern sind sie auch als psychische Systeme bereits kommunikativ verfasst, sobald sie überhaupt nur in der Rolle kompetenter Sprecher und Hörer auftreten. Sie verstehen sich dann nicht nur als ein Bündel wie auch immer differenzierter „Triebe, Wünsche, Begierden"[26], an welche dann die spezialisierten Kommunikationsmedien unmittelbar anknüpfen, sondern sie können ihre Triebe, Wünsche und Begierden außerdem noch in

---

[24] *R. Brandom*, Expressive Vernunft. Begründung, Repräsentation und diskursive Festlegung, Frankfurt a.M. 2000.
[25] Zum – moralisch begründeten – Recht auf Rechtfertigung s. *R. Forst*, Das Recht auf Rechtfertigung, Frankfurt a.M. 2007.
[26] *G. Teubner*, Verfassungsfragmente. Gesellschaftlicher Konstitutionalismus in der Globalisierung, Frankfurt a.M. 2012, S. 104.

Gründe transformieren, mit denen sie beim Vollzug kommunikativer Handlungen Geltungsansprüche erheben, rechtfertigen und kritisieren können. Damit bewegen sie sich im gemeinsamen und geteilten Raum des Symbolischen und Sozialen oder im Raum der Gründe, und zwar stets gleichzeitig mit den spezifischen Rollen, die sie im Kontakt mit den differenzierten Kommunikationsmedien einnehmen. Aus diesem normativen Verpflichtungsgehalt kann nun aber auch erst jener Rechtfertigungsdruck generiert werden, der die Teilsysteme zur Konstitutionalisierung, den Organisationsbereich zu Lernprozessen nötigt – und schließlich der Bezugspunkt jenes unterstellten gemeinsamen Geltungskerns ist, an dem sich das jeweils interne Kollisionsmanagement der Teilsysteme und ihrer Eigenrationalitäten orientiert. *Daran* müsste eine interne Politisierung anknüpfen.[27]

6. Wo bleibt das Dritte im normativen Rechtspluralismus?

Für die Kritik des normativen Rechtspluralismus kommt nun alles darauf an, wie dieser gemeinsame Bezugspunkt theoretisch gefasst wird. Das systemtheoretische Verdikt scheint jede Analogie zum neutralen Standpunkt eines Dritten auszuschließen: „Einen objektiven und neutralen Standpunkt der Kollisionsauflösung gibt es nicht, er kann weder geoffenbart noch vernünftig erschlossen werden."[28] Das ändert aber nichts daran, dass das systemspezifische interne Kollisionsmanagement zumindest um die Unterstellung eines solchen Standpunkts nicht herumkommt – eines Bezugspunktes jenseits der pluralen dyadischen und dialogischen Beziehungen zwischen den horizontalen normativen Ordnungen. Ohne ihn wären diese Beziehungen gar nicht erst möglich, weil nur der gemeinsame und geteilte symbolische Raum die Beteiligten zur wechselseitigen Anerkennung als Gleiche in einem fairen Verfahren nötigt. Zumindest als Leerstelle, auf die man sich kontrafaktisch bezieht, ist dieser Dritte dann doch noch anwesend, als abwesender Gast hat er gleichwohl reale Folgen für die Beteiligten. Diese Funktion des „Dritten" hat Alain Supiot im einzelnen für das Recht aus-

---

[27] Eine Politisierung, die unmittelbar auf die „Triebe, Wünsche und Begierden" der Individuen zugreift, ist dagegen ein Kennzeichen der Postdemokratie. Dies lässt sich vor allem an der Emotionalisierung und vordergründigen Moralisierung vieler politischer Themen beobachten, z.B. der Kriminalpolitik bis hin zu den bizarren Erscheinungsformen einer massenmedial inszenierten „wound culture". S. dazu ausführlicher: *K. Günther*, Ein Modell legitimen Scheiterns – Der Kampf um Anerkennung als Opfer, in: *A. Honneth/O. Lindemann/S. Voswinkel* (Hg.), Strukturwandel der Anerkennung. Paradoxien sozialer Integration in der Gegenwart, Frankfurt a.M./New York 2012, S. 185–248.
[28] *G. Teubner*, Verfassungsfragmente. Gesellschaftlicher Konstitutionalismus in der Globalisierung, Frankfurt a.M. 2012, S. 229.

buchstabiert.[29] Das Dritte hat eine instituierende Funktion, indem es diejenigen Identitäten garantiert, die das Recht in Gestalt der verantwortlichen Rechtsperson voraussetzen muss und in Anspruch nimmt. Und es hat die Funktion der Garantie der Versprechen (*garant universel de la parole donnée*), die solche Personen einander geben, weil nur diese Garantie vor Willkür und feudaler Abhängigkeit in Schutz-gegen-Gehorsam-Beziehungen bewahrt.

Freilich bedarf es heute nicht mehr der Symbolisierung dieses Dritten in einer mächtigen überindividuellen Legal-Fiktion, sei es Gott als Weltenrichter, der wie Wotan mit seinem Speer als Garant der Verträge umherzieht, sei es der souveräne Staat als Leviathan, dem auf Erden keine Herrschaft ebenbürtig ist. Das „Recht des Rechtspluralismus"[30] ist ein implizites Meta-Recht globaler Akteure. Es ist vielleicht nicht mehr als eine Moral wechselseitiger Achtung, ohne die ein Dialog zwischen pluralen Kulturen und ihren normativen Ordnungen nicht möglich ist. Wie ein Blick auf die Vielzahl aktueller Rechtskonflikte zeigt, ist die Verführung eines grobschlächtigen und simplifizierenden Universalismus oder einer auftrumpfenden souveränen Rechtssetzung partikularer Gemeinschaften nach wie vor groß. Das implizite Meta-Recht ist jedoch etwas anderes als „infinite justice."

Literaturverzeichnis

Berman, Harold J.: Recht und Revolution, Frankfurt a.M. 1995.
Brandom, Robert B.: Expressive Vernunft. Begründung, Repräsentation und diskursive Festlegung, Frankfurt a.M. 2000.
Engle Merry, Sally: Legal Pluralism, in: Law and Society Review 22 (1988), S. 869ff.
Fischer-Lescano, Andreas/Teubner, Gunther: Regime-Kollisionen. Zur Fragmentierung des globalen Rechts, Frankfurt a.M. 2006.
Forst, Rainer: Das Recht auf Rechtfertigung, Frankfurt a.M. 2007.
Fuller, Lon: The Morality of Law, Oxford 1964/69.
Griffiths, John: What is Legal Pluralism?, in: Journal of Legal Pluralism 24 (1986), S. 1ff.
Günther, Klaus: Ein Modell legitimen Scheiterns – Der Kampf um Anerkennung als Opfer, in: *A. Honneth/O. Lindemann/S. Voswinkel* (Hg.), Strukturwandel der Anerkennung. Paradoxien sozialer Integration in der Gegenwart, Frankfurt a.M./New York 2012, S. 185–248.
Hart, Herbert L. A.: Der Begriff des Rechts, dt. Übers. Frankfurt a.M. 1973.

---

[29] *A. Supiot*, Homo juridicus. Essai sur la fonction anthropologique du droit, Paris 2005. Englische Ausgabe: Homo juridicus. On the anthropoligical function of law, übers. v. S. Brown, London 2007.

[30] Für diese Formulierung danke ich Herrn Ralf Seinecke M.A., Frankfurt a.M.

Krisch, Nico: Beyond Constitutionalism. The Pluralist Structure of Postnational Law, Oxford 2012.
Ladeur, Karl-Heinz: Der Staat gegen die Gesellschaft, Tübingen 2006.
Rundle, Kristen: Forms Liberate – Reclaiming the Jurisprudence of Lon L. Fuller, Oxford 2012.
Schiff Berman, Paul: Global Legal Pluralism, in: Southern California Law Review 80 (2007), S. 1155ff.
Ders.: Global Legal Pluralism. A Jurisprudence of Law Beyond Borders, Cambridge 2012.
Stolleis, Michael: Vormodernes und postmodernes Recht?, in: Quaderni Fiorentini 37 (2008), S. 543–551.
Supiot, Alain : Homo juridicus. Essai sur la fonction anthropologique du droit, Paris 2005. Englische Ausgabe: Homo juridicus. On the anthropoligical function of law, übers. v. S. Brown, London 2007.
Tamanaha, Brian Z.: Understanding Legal Pluralism, in: Sydney Law Review 30 (2008), S. 375ff.
Teubner, Gunther: Verfassungsfragmente. Gesellschaftlicher Konstitutionalismus in der Globalisierung, Frankfurt a.M. 2012.

Martin Ramstedt

Islamisierung per Gesetz und die Verrechtlichung von Religion im anomischen Indonesien[1]

Einleitung

Die Argumentationslinie dieses Artikels entspringt nicht, wie man vielleicht annehmen könnte, einem besonderen Forschungsinteresse für den indonesischen Islam. Jener hat zwar in der rezenten Forschung zu Indonesien eine herausragende Rolle eingenommen, seit nach dem Sturz von Suhartos ‚Neuer Ordnung' im Mai 1998 gewalttätige interreligiöse Konflikte die Entwicklung einer radikalen islamistischen Bewegung in Indonesien sichtbar machten. Der Artikel wurde vielmehr durch meine langjährige Forschung zu den hinduistischen und buddhistischen Gemeinschaften des Landes inspiriert, da diese als Minderheiten Wege finden mussten und müssen, dem Vordringen des Islam stand zu halten. Dieser Prozess begann schon 1989, als Suharto sich plötzlich gen Mekka wandte. Der ‚Übertritt' des Präsidenten zum orthodoxen Islam – Suharto hatte bis dato als Vertreter eines für die javanische Kultur typischen mystischen Synkretismus gegolten – stellte sich bald als ein politisches Manöver heraus. Zugleich aber beobachteten die nichtmuslimischen[2] Teile der indonesischen Gesellschaft besorgt

---

[1] Meine zahlreichen Aufenthalte in Indonesien zwischen 1995 und 2012, während der ich die hier präsentierten Daten sammelte, wurden finanziert durch die Deutsche Forschungsgesellschaft (DFG), das Internationale Institut für Asienstudien (IIAS) in Leiden, Niederlande, und das Max-Planck-Institut für ethnologische Forschung in Halle/Saale. Außerdem danke ich *Patrice Ladwig* und *Keebet von Benda-Beckmann* für ihre wertvollen Hinweise zu einer früheren Version dieses Artikels. Meine Argumentation profitierte zudem von Kommentaren, die ich nach Präsentationen des Themas auf Seminaren an der Universität Göttingen, der Humboldt Universität in Berlin, der School of Oriental and African Studies (SOAS) in London und während der Jahresversammlung 2012 der Law and Society Association in Hawaii erhielt. Der vorliegende Artikel ist die deutsche Be- und Überarbeitung eines englischsprachigen Arbeitspapiers, das 2012 als Working Paper No. 140 vom Max-Planck-Institut für ethnologische Forschung veröffentlicht wurde. Die vorliegende Fassung, die auf einer ersten, von mir noch überarbeiteten Übersetzung von *Anja Sing* basiert, enthält darüber hinaus noch eine kurze Diskussion der interlegalen Bedeutung der Verrechtlichung von Religion im heutigen Indonesien.

[2] Ich gebrauche die Bezeichnungen „muslimisch"/„Moslem", „islamisch" und „islamistisch"/„Islamisten", um folgende Unterschiede zu markieren: „muslimisch"/„Moslem" ist ein

das zunehmende Selbstbewusstsein islamistischer Gruppen, die sich nun plötzlich vom Regime begünstigt wussten.

Detaillierte Einblicke in den Islamisierungsprozess konnte ich unter anderem dadurch gewinnen, dass ich während der letzten zwanzig Jahre mehrfach zu Vorträgen an verschiedene islamische Schulen Indonesiens eingeladen wurde. Die sich an meinen Besuch anschließenden Gespräche mit Studenten und Dozenten des Staatlichen Colleges für Islamstudien (*Institut Agama Islam Negeri, IAIN*) in Surabaya, der Al-Azhar Universität in Jakarta, der islamischen Universität in Riau und des Staatlichen Colleges für Islamstudien in Medan haben wesentlich zur Entwicklung meiner Perspektive, wie ich sie hier vorstelle, beigetragen.

Ich werde im Folgenden zeigen, dass seit 1989 die normative und institutionelle Anerkennung des Islam durch das indonesische Recht stark zugenommen hat.[3] Diese Beobachtung stützt die These von Jean und John L. Comaroff, dass nämlich politische Auseinandersetzungen zunehmend mit Hilfe juristischer Mittel geführt werden. Den Comaroffs zufolge geht die wachsende Verrechtlichung von Politik oder ‚Lawfare' (der Neologismus leitet sich zum einen von „law" oder „Recht" und „warfare" oder „Kriegsführung" her und impliziert eine Kriegsführung mit rechtlichen Mitteln) an vielen Orten der Welt einher mit einer Abwendung vom Staatskapitalismus hin zu einem neoliberalen Modell.[4]

Die Tatsache, dass in den vergangenen drei allgemeinen Parlamentswahlen die islamischen Parteien nur einen geringen Teil der Stimmen erhalten haben, die Gesetzgebung aber einen signifikanten Grad der Islamisierung erkennen lässt, stützt die These der Comaroffs. Sie erklärt aber nicht die tieferen Beweggründe, die sich hinter dieser Entwicklung verbergen. Die zunehmende Verrechtlichung islamischer Normen und Werte in Indonesien lässt sich meines Erachtens mit einer Beobachtung Karl Polanyis in Einklang bringen, die er in seinem wegweisenden Werk *The Great Transformation* von 1944 machte. In diesem Buch wies er darauf hin, dass sich die wirtschaftlichen Prozesse mit dem Aufkommen der Marktwirtschaft im Europa des 19. Jahrhunderts von ihren sozialen Kontexten loszulösen bzw.

---

inklusiver Begriff, der alle Menschen einbezieht, die sich als Anhänger des Islam bezeichnen; „islamisch" konnotiert Orthodoxie, während sich „islamistisch"/„Islamisten" ausschließlich auf Anhänger des Islam bezieht, die eine islamische Theokratie anstreben, in der die Scharia die Grundlage für Staatsrecht und Gesetzgebung bildet; siehe auch *J. Lee,* The Failure of Political Islam in Indonesia. A Historical Narrative, in: Stanford Journal of East Asian Affairs 4/1 (2004), S. 87.

[3] *G. R. Woodman,* The Development „Problem" of Legal Pluralism. An Analysis and Steps toward Solutions, in: *B. Z. Tamanaha/C. Sage/M. Woolcock* (Hg.), Legal Pluralism and Development. Scholars and Practitioners in Dialogue, Cambridge 2012, S. 137

[4] *J. L. Comaroff/J. Comaroff,* Reflection on the Anthropology of Law, Governance and Sovereignty, in: *F. v. Benda-Beckmann/K. v. Benda-Beckmann/J. Eckert* (Hg.), Rules of Law and Laws of Ruling. On the Governance of Law, Farnham-Burlington 2009, S. 33, 36–37, 56.

sich aus ihnen zu entbetten begannen. Mit Hilfe entsprechender Gesetzgebung wurden dabei soziale Beziehungen, die einst durch Traditionen bestimmt waren, in Vertragsbeziehungen umgewandelt. Die Funktion des Marktes war nicht länger dem Nutzen der Menschen untergeordnet. Stattdessen wurden auf Basis entsprechender Gesetze soziale Institutionen gebildet, die den Marktanforderungen gerecht wurden. Dieser Prozess hatte schon den französischen Soziologen Émile Durkheim beschäftigt. In seinem Klassiker *De la division du travail social* (1893) machte Durkheim die zunehmende Entbettung des Marktes mitverantwortlich für das wachsende Gefühl von „Anomie", das er in ganz Europa zu vernehmen meinte. Durkheim verstand „Anomie" als einen sozialen Zustand, der von einem Mangel oder Fehlen gemeinsamer Werte und Normen gekennzeichnet ist. Dieser Zustand kann sich im schlimmsten Fall zu einer vollkommenen Gesetzlosigkeit hin entwickeln. Anomie ist demzufolge geprägt durch eine Störung zwischen dem gemeinschaftlichen und dem individuellen Bewusstsein, die dann, so Durkheim, zu wachsendem individuellen Leid beiträgt.[5] Die Gesetzgebung, so Polanyi, wurde aber auch zum Instrument „anti-liberaler" Gegenströmungen, die protektionistische Maßnahmen vorantrieben, um die Wirtschaft wieder in die lokale Gesellschaft einzubetten und letztere vor den verheerenden Folgen der Deregulierung zu schützen. Bestrebungen, die Wirtschaft wieder einzubetten, drückten sich beispielsweise darin aus, dass der Kommerzialisierung von sozialen Beziehungen sowie der wirtschaftlichen Zueignung von Land gesetzliche Schranken gesetzt wurden.[6]

Seit Beginn des neuen Jahrtausends hat Polanyis Argumentation erneut an Bedeutung gewonnen, da sein Bild der Transformation Europas sehr den Transformationsprozessen ähnelt, die verschiedene Dritte-Welt-Länder, u.a. auch Indonesien, im Rahmen der wirtschaftlichen Globalisierung der letzten Jahrzehnte durchgemacht haben.[7] Aus dieser Perspektive betrachtet, erscheint die zunehmende Verrechtlichung des Islams im heutigen Indonesien ebenso sehr eine Gegenmaßnahme zur wachsenden Anomie zu sein wie auch ein Versuch, die Wirtschaft wieder in die lokale Kultur einzubetten. Der Begriff „Verrechtlichung", und hier folge ich der Definition von Lars Ch. Blichner und Anders Molander (2005), bezieht sich ganz generell auf eine Dynamik, bei der eine steigende Anzahl von sozialen Prozessen per Gesetz definiert und reguliert werden. Im Falle der Verrechtlichung von

---

[5] *E. Durkheim*, De la division du travail sociale, Paris 1998: iii, vi; *M. Orru*, The Ethics of Anomie: Jean Marie Guyau and Émile Durkheim, in: The British Journal of Sociology 34/4 (1983), S. 509–510.

[6] *K. Polanyi*, The Great Transformation. The Political and Economic Origins of Our Time, Boston 1944/2001, S. 7, 35–44, 134–135; *J. Lie*, Embedding Polanyi's Market Society, in: Sociological Perspectives 34/2 (1991), S. 221–223.

[7] *J. E. Stiglitz*, Foreword, in: *K. Polanyi*. The Great Transformation. The Political and Economic Origins of Our Time, Boston 2001, S. vii, xvi.

Religion bedeutet dies, dass religiöse Werte und Normen zunehmend Gesetzesinhalte bestimmen, und dass religiöse Institutionen zunehmend gesetzlich legitimiert werden.

Im Folgenden werde ich zunächst auf die steigende Deregulierung und Entbettung der Wirtschaft eingehen. Dieser Prozess hat schon unter Suharto eingesetzt. Er hat sich jedoch besonders seit der Asienkrise 1997/98 rasant beschleunigt. Meiner Auffassung nach rief diese langjährige Dynamik sowie, parallel dazu, das Fehlen von Rechtsstaatlichkeit einen anonymischen Zustand in der indonesischen Gesellschaft hervor. Die fehlende Rechtsstaatlichkeit ist zurückzuführen auf die lange und prägende Dauer der Regierungsform der „gelenkten Demokratie" und des damit verbundenen großen Einflusses des Militärs auf die indonesischen Regierungsgeschäfte, daneben aber auch bedingt durch schlecht ausgebildete und kaum disziplinarisch belangbare juristische Beamte sowie einem nur ungenügend entwickelten Gesetzeskörper mit einem hohen Anteil von aus ausländischen Rechtssystemen (vor allem aus den Niederlanden und den USA) transplantierten Rechtsnormen.[8] Der genannte anomische Zustand war gekennzeichnet durch eine mangelnde Solidarität zwischen den verschiedenen Teilen Indonesiens multiethnischer, multikultureller und multireligiöser Bevölkerung und durch schwindendes Vertrauen in die „Gerechtigkeit" des überwiegend säkularen, korrupten Rechtssystems, was dem Aufkommen von anti-liberalem „Lawfare" partikularer gesellschaftlicher Strömungen einen fruchtbaren Nährboden bereitete. Diese anti-liberalen Bestrebungen richteten sich vor allem gegen die Entrechtung großer Teile der lokalen Bevölkerung.

Danach werde ich darauf eingehen, wie und warum der Islam, neben verschiedenen Formen von Ethnonationalismus, zu einer wichtigen Plattform für diese anti-liberalen Bestrebungen wurde. Den bisherigen Verlauf der Islamisierung des Rechts zurückverfolgend, werde ich den Meinungen anderer Forscher widersprechen, die jene Islamisierung nur als ein unbeabsichtigtes und regional begrenztes Nebenprodukt des Dezentralisierungsprozesses betrachten, der von Suhartos Nachfolger, dem Interimspräsidenten B. J. Habibie, 1999 angestoßen worden war. Indem ich zeige, wie islamische Normen und Institutionen schon zur Gründung des unabhängigen indonesischen Nationalstaates in der nationalen Gesetzgebung Berücksichtigung fanden, wird deutlich werden, dass dies trotz der rigorosen Einschränkung des politischen Islam unter Suharto schon früh einen Grad der Islamisierung per Gesetz begünstigte, der schließlich ein fruchtbares

---

[8] Siehe auch *B. Z. Tamanaha*, The Rule of Law and Legal Pluralism in Development, in: *B. Z. Tamanaha/C. Sage/M. Woolcock* (Hg.), Legal Pluralism and Development. Scholars and Practitioners in Dialogue, Cambridge 2012, S. 35.

soziales Klima für die weitere Verrechtlichung von Religion ab 1989 schuf. Ich stimme zwar zu, dass die Dezentralisierung seit 2001 tatsächlich die rasche Verrechtlichung von sowohl islamischen als auch traditionellen Normen und Institutionen begünstigte. Allerdings ist es meine Überzeugung, dass dieser Prozess letztlich durch das weit verbreitete Verlangen nach verbindlichen moralischen Werten vorangetrieben wurde, nachdem Suhartos Regime und dessen Zusammenbruch die indonesische Gesellschaft in einem anomischen Zustand zurückgelassen hatte.

Abschließend werde ich zeigen, dass die normative und institutionelle Anerkennung von Religion in der indonesischen Gesetzgebung zu einer Verstärkung des indonesischen Rechtspluralismus und zu erheblichen interlegalen Spannungen geführt hat. Dies bedeutet wiederum einen geringeren Grad an Rechtssicherheit und somit eine ungewollte Beschleunigung der anomischen Dynamik in der indonesischen Gesellschaft.

Unterschiedliche Dimensionen von Anomie im modernen Indonesien

Die Asienkrise, die im Juli 1997 mit der Entwertung des Baht begonnen hatte,[9] überrollte Indonesiens Wirtschaft innerhalb kürzester Zeit, was große gesellschaftliche Unruhen heraufbeschwor. Suhartos Regime ging rigoros gegen die immer lauter und zahlreicher werdenden Demonstranten vor, welche die Betonung der indonesischen Regierung auf „soziale Harmonie" und „ausgeglichene wirtschaftliche Entwicklung" als rhetorische Fassade demaskierten, hinter der sich ein hohes Maß von Vetternwirtschaft und Rentenökonomie verbarg.[10]

Ein wichtiger Faktor in diesem Zusammenhang war, dass Suhartos „Neue Ordnung" nur eine entfernte Ähnlichkeit mit Demokratie hatte. Schon Suhartos Vorgänger, Präsident Sukarno, hatte die liberale, parlamentarische Demokratie beendet, die von 1950, dem Jahr der internationalen Anerkennung des geeinten indonesischen Nationalstaates, bis 1957 gewährt hatte. Sukarno hatte 1957 mit Hilfe von loyalen Generälen des indonesischen Militärs das Kriegsrecht verhängt, um rebellischen Armeekommandeuren in abspaltungswilligen Regionen Herr zu werden. Zwei Jahre später löste Su-

---

[9] *M. Sadli*, Regional Autonomy, Regulatory Reform, and the Business Climate, in: *C. J. G. Holtzappel/M. Ramstedt* (Hg.), Decentralization and Regional Autonomy in Indonesia. Implementation and Challenges, Singapore 2009, S. 146

[10] *T. Mulya Lubis/M. A. Santosa*, Economic Regulation, Good Governance and the Environment. An Agenda for Law Reform in Indonesia, in: *A. Budieman/B. Hatley/D. Kingsbury* (Hg.), Crisis and Change in Indonesia, Clayton 1999, S. 343, 356.

karno das gewählte Parlament auf und führte das System der gelenkten Demokratie ein. Es gewährte dem Präsidenten weitreichende Befugnisse ohne nennenswerte institutionelle Kontrolle. Sukarno war der Ansicht, dass das System der parlamentarischen Demokratie für die politische Instabilität des Landes verantwortlich war. Die damit einhergehende Schwäche der Regierung hätte vielerorts das Aufkommen von religiös oder ethnisch motivierten Abspaltungsbewegungen befördert. Mit Gesetz Nr. 19/1964 gab Sukarno sich schließlich die Befugnis, willkürlich in die Prozesse aller gerichtlichen Instanzen eingreifen zu können, wenn es der Wahrung nationaler Interessen dienen würde.[11] Beeindruckt von Mao Zedongs erfolgreicher Stabilisierung Chinas, die augenscheinlich mit der schnellen Zentralisierung der Macht auf Maos Person in Zusammenhang stand, näherte sich Sukarno immer mehr der indonesischen kommunistischen Partei an. Mitte 1965 führte jedoch eben dies zu seinem Sturz. In der Nacht vom 30. September zum 1. Oktober 1965 vereitelten anti-kommunistische Kräfte innerhalb des Militärs unter Führung von General Suharto angeblich einen kommunistischen Putsch. Suharto gelang es kurz darauf, die Macht an sich zu reißen, und 1967 wurde er Präsident.

Suhartos ‚Neue Ordnung' (indonesisch: *Orde Baru*) war von einem starken Anti-Kommunismus geprägt. In den Jahren 1965 bis 1967 wurden zwischen 400.000 und einer Million mutmaßliche Kommunisten mit Hilfe von islamischen – und in Bali mit Hilfe von hindubalinesischen – Milizen ermordet.[12] Der ursprüngliche Rechtsakt, auf dessen Grundlage Suharto mehr als dreißig Jahre, das heißt, bis Mai 1998, an der Macht bleiben sollte, war eine von Sukarno erzwungene präsidiale Anordnung vom 3. Oktober 1965 (indonesisch: *Supersemar*). Diese Anordnung befugte Suharto, Ruhe und Ordnung in der Gesellschaft wiederherzustellen. Dies tat er fürderhin kontinuierlich und berief sich dabei immer wieder auf die „kommunistische Gefahr", um so den gesellschaftlichen Ausnahmezustand endlos zu verlängern. Suharto weitete dabei die Rolle des Militärs über den Einsatz im Ausland hinaus aus. Die Armee war fortan offiziell damit beauftragt, zur Sicherung der innenpolitischen Stabilität und zur Schaffung der nötigen innerstaatlichen Bedingungen für wirtschaftliche Entwicklung eine aktive Rolle zu übernehmen (indonesisch: *dwifungsi*). Zu Anfang der 1970er Jahre stand Indonesiens Rechtssystem bereits völlig unter der Kontrolle des Re-

---

[11] *T. Lindsey/M. A. Santosa*, The Trajectory of Law Reform in Indonesia. A Short Overview of Legal Systems and Change in Indonesia, in: *T. Lindsey* (Hg.), Indonesia. Law and Society, Annandale-Leichhardt 2008, S. 9.
[12] Ebd., S. 10–11.

gimes. Armee und Polizei schränkten die zivilen Rechtsinstitutionen rigoros ein, wann immer es ihren Interessen diente.[13]

Suhartos beachtlicher Erfolg, was das indonesische Wirtschaftswachstum betraf, und nicht zuletzt sein konsequenter Anti-Kommunismus lieferten in den Augen des liberalen Westens bis weit über das Ende des Kalten Krieges hinaus eine solide Legitimationsgrundlage für sein Regime. Suharto persönlich blieb wirtschaftlichen Liberalisierungsprojekten gegenüber immer ambivalent. Er stimmte jedoch der Deregulierung von Wirtschaftsbereichen trotz hoher Transaktionskosten zu, als in den frühen 1980er Jahren die Ölpreise fielen und die Weltbank und der IWF mit Blick auf die Finanzierung des Strukturanpassungsprogramms insbesondere auf Handelsliberalisierung drängten. Allerdings gab Suharto Industriebereiche der Deregulierung und damit dem Zugang ausländischer Investoren frei, die für die indonesische Gesellschaft von zentraler Bedeutung waren. Dies führte dazu, dass die wirtschaftlichen Interessen der lokalen Bevölkerung oftmals stark zu leiden begannen. Um das durch die hohe Importrate ausgelöste Handelsdefizit auszugleichen, wurde ein Lizenzverfahren eingeführt, das zudem ausreichend Möglichkeiten für Bestechung und „Vorteilsgemeinschaften"[14] zwischen ausländischen Investoren und Mitgliedern von Suhartos Familien- und Freundeskreis bot.[15]

Während eine Vielzahl von indonesischen Bürgern von dem Wirtschaftsboom als Mitglieder der entstehenden Rentier-Klasse und nicht etwa als Unternehmer im liberalen Sinne profitierten, kämpfte ein Großteil der Bevölkerung in und außerhalb Javas – Indonesiens am dichtesten besiedelter und bestentwickelter Insel – mit ihrer zunehmenden Benachteiligung. Besonders Arbeiter, Bauern ohne Land, Kleinhändler und lokale Fischer misstrauten der zunehmenden Entbettung der Wirtschaft aus den lokalen Gemeinschaften und waren mit den sich daraus ergebenden Bedingungen unzufrieden. Obwohl die aufstrebende Mittelklasse selbst zur unteren Schicht der Rentier-Klasse gehörte, empfanden viele ihrer Mitglieder ebenfalls wachsende Frustration darüber, dass ihr wirtschaftliches Fortkommen von der oberen Schicht der Rentier-Klasse – den Mitgliedern des Suharto-Clans und ihrer unmittelbaren „Klienten" – beschränkt wurde. In den Jahren 1988 und 1989 bewirkten die immer lauter werdende Kritik der Arbeiter- und Mittelklasse, die schwelenden Konflikte unter den Führungseliten, die unerwartete Opposition einiger hoher Militärs sowie der wachsende indirekte Einfluss der internationalen Demokratiebewegung in Verbindung mit

---

[13] *D. S. Lev*, Legal Evolution and Political Authority in Indonesia. Selected Essays. Den Haag-Cambridge/MA 2000, S. 9.
[14] *M. Olson*, The Rise and Decline of Nations. Economic Growth, Stagflation, and Social Rigidities, New Haven-London 1982, S. 65.
[15] *T. Mulya Lubis/M. A. Santosa*, a.a.O., S. 356.

dem Sturz der kommunistischen Regimes in verschiedenen Teilen der Welt eine politische Öffnung von Suhartos patrimonialer Regierung. Jene Öffnung erleichterte wiederum die Bildung einer immer profilierteren indonesischen Demokratiebewegung. Zu ihr gehörte zum Beispiel das Demokratische Forum, ein Zusammenschluss von muslimischen und christlichen Gelehrten, Geschäftsleuten und Menschenrechtsanwälten unter der Leitung des inzwischen verstorbenen Abdurrahman Wahid, der zu dieser Zeit noch Leiter der *Nahdlatul Ulama* war, der größten muslimischen Organisation in Indonesien, die damals 20 bis 30 Millionen Mitglieder zählte. Die indonesische Demokratiebewegung wandte sich vor allem gegen die weitverbreiteten geheimen Absprachen und gegen die Korruption und Vetternwirtschaft, in die das Regime verstrickt war. Die daraus resultierende soziale Ungerechtigkeit wurde noch durch die häufigen Menschenrechtsverletzungen des Regimes vertieft. Das vollständige Fehlen von Rechtsstaatlichkeit bedeutete, dass staatliche Gerichte für Konfliktregulierung unattraktiv waren.[16] Die Demokratiebewegung forderte politische und rechtliche Reformen, um die Wirtschaft wieder in die lokale Gesellschaft und Kultur einzubetten und die wachsende Anomie des Staates, der sich schon längst jeden Anscheins von Moralität entledigt zu haben schien, wieder umzukehren. Viele Indonesier führten das hohe Maß an Korruption und den Mangel an Solidarität unter der nationalen Elite auf den wachsenden Einfluss der unmoralischen westlichen Kultur zurück mit ihrem Individualismus und Hedonismus, ihrer Unsittlichkeit sowie der Abdrängung der Religion ins Private und dem damit einhergehenden Verlust von allgemein verbindlichen religiösen Normen.

Am 21. Mai 1998 – auf der Höhe der indonesischen Währungskrise – wurde Suharto schließlich zum Rücktritt gezwungen. Sein Nachfolger, Interimspräsident B. J. Habibie, brachte eine umfassende Reform der Regierungsführung und des indonesischen Verwaltungssystems auf den Weg, die den Hauptforderungen der Demokratiebewegung entgegenkommen und den Zustand der indonesischen Wirtschaft verbessern sollte. Diese Reform wurde während der Präsidentschaften von Abdurrahman Wahid (1999–2001) und Megawati Sukarnoputri (2001–2004) umgesetzt und bewirkte, dass eine Vielzahl von Justiz-, Verwaltungs- und Steuerkompetenzen vom Zentrum an die Regionen abgegeben wurden. So entwickelte sich Indonesien innerhalb kürzester Zeit von einem hochzentralisierten, patrimonialen Staat zu einer weitgehend dezentralisierten, liberalen Demokratie.

Schon während Habibies Amtszeit wurden unter anderem die Pressefreiheit eingeführt, Suhartos Kinder verloren ihre Verfügungsgewalt über Lizenzen, Konzessionen und Kredite, und politischen Gefangenen wurden

---

[16] T. Mulya Lubis/M. A. Santosa, a.a.O., S. 346, 348, 357; E. Aspinall, Opposing Suharto. Compromise, Resistance, and Regime Change in Indonesia, Stanford 2005, S. 51–56.

Amnestie erteilt. Auf der Grundlage von vier Verfassungsänderungen und der Verabschiedung entsprechender Gesetze verlor das indonesische Militär seine Vertreter im Parlament, und alle Parlamentsmitglieder mussten hinfort durch Wahlen legitimiert werden.[17] Darüber hinaus wurde ein Verfassungsgerichtshof geschaffen, der die Aufgabe hat, die Verfassungsmäßigkeit jedes einzelnen Gesetzes zu überprüfen. Die Verabschiedung eines neuen Katalogs von Menschenrechten lieferte den indonesischen Staatsbürgern zum ersten Mal eine rechtliche Grundlage, ihre Menschenrechte einzuklagen. Obwohl das Amt des Präsidenten das höchste der Exekutive geblieben ist, ist der Amtsinhaber nun viel abhängiger vom Parlament als zuvor. Zudem wird der Präsident seit 2002 direkt gewählt.

Wie hat die Mehrheit der Bevölkerung bisher auf die Reformen reagiert? Bei der Einschätzung der Situation ist zu bedenken, dass viele Mitglieder der sehr heterogenen Demokratiebewegung den wachsenden Einfluss von westlichen Geldgeberorganisationen während und nach der Asienkrise misstrauisch verfolgten.[18] Die Empfehlungen des *IWF* lösten viel Empörung aus, da sie nur die furchtbare Lage derjenigen zu verschlechtern schienen, die schon am meisten unter der Krise litten, nämlich die der armen Stadtbewohner und der urbanen Mittelklasse. Die Dezentralisierung weckte die Hoffnung auf mehr Partizipation der örtlichen Bevölkerung in politischen und wirtschaftlichen Entscheidungsprozessen. Überall in Indonesien nutzten die lokalen Wählerschaften die legislativen Möglichkeiten, um sicherzustellen, dass der zukünftige wirtschaftliche Aufschwung nicht den Einfluss der westlichen Kultur, einschließlich der politischen Kultur des Westens, verstärken würde, der im Glauben vieler Indonesier Indonesiens Anomie ursprünglich mit verursacht hatte. Angesichts der folgenden Faktoren ist es wenig überraschend, dass die Demokratisierung, die dem indonesischen Dezentralisierungsprozess innewohnte, oft dazu genutzt wurde, um der weiteren wirtschaftlichen und kulturellen Liberalisierung des Landes, die den bereits bestehenden anomischen Zustand der indonesischen Gesellschaft noch verstärken könnte, rechtliche Schranken zu setzen:

- das immer noch unterdrückte Trauma der kommunistischen Säuberungen und der damit verbundenen Gräueltaten;

---

[17] *T. Lindsey*, Constitutional Reform in Indonesia. Muddling towards Democracy, in: *ders.*, Indonesia. Law and Society, Annandale-Leichhardt 2008, S. 24–40.

[18] *T. M. Li*, The Law of the Project. Government and ‚Good Governance' at the World Bank in Indonesia, in: *F. v. Benda-Beckmann/K. v. Benda-Beckmann/J. Eckert* (Hg.), Rules of Law and Laws of Ruling. On the Governance of Law, Farnham-Burlington 2009, S. 240; *M. Ramstedt*, Regional Autonomie and its Discontents. The Case of Post-new Order Bali, in: *C. J. G. Holtzappel/M. Ramstedt* (Hg.), Decentralization and Regional Autonomy in Indonesia. Implementation and Challenges, Singapore 2009, S. 329.

- die frische Erinnerung an Suhartos Regime, das von einer unglaublichen Korruption des gesamten Rechtssystems, der Bürokratie und des Militärs sowie unerhörter Menschenrechtsverletzungen geprägt war;
- das Misstrauen gegenüber „wirtschaftlichen Liberalisierungsmaßnahmen", die bisher der skrupellosen Aneignung des kollektiven Eigentums der lokalen Gemeinschaften durch Suhartos „Familienunternehmen" Vorschub geleistet hatte;
- die Tatsache, dass sich Indonesiens Mittelklasse weniger aus Geschäftsleuten und Intellektuellen zusammensetzte als aus der unteren Schicht der Rentier-Klasse des Landes, die nicht an die Risiken und Schwankungen eines sich immer weiter globalisierenden Marktes gewöhnt war.

Zwischen 1999 und 2002 wandelte sich Indonesiens zentralistische Regierungsform zu einem stark dezentralisierten System. Dieser Wandel wurde in vielen Regionen (Kalimantan, Molukken, Zentral-Sulawesi, Lombok, und in gewissem Ausmaß auch Bali und West Irian/Papua) von heftigen und gewalttätigen Auseinandersetzungen interethnischer und interreligiöser Natur begleitet. In den folgenden Jahren ging die Gewalt größtenteils zurück. Allerdings gab es weiterhin im ganzen Land ethnonationale Bestrebungen. Sie hatten das Ziel, das lokale Gewohnheitsrecht sowie die traditionellen Monarchien wiederzubeleben. Diese Entwicklung ging zunehmend einher mit einer normativen und institutionellen Anerkennung des Islam durch die indonesische Gesetzgebung, was sich negativ auf die zuvor genannten interethnischen Konflikte auswirkte. In diesen Konflikten wandten sich indigene Gruppen mit katholischer oder protestantischer – oder im Falle Balis und einiger Dajak-Gruppen Zentralkalimantans hinduistischer – Religionszugehörigkeit gegen die lokalen muslimischen Migrantengemeinschaften. Letztere erhielten dann ihrerseits oft ideologische oder auch gewaltsame Unterstützung von muslimischen Hardlinern aus anderen Teilen des Landes.

Islamisierung per Gesetz und die Verrechtlichung von Religion in der Zeit nach Suharto

Ernsthafte Anstrengungen, die Islamisierung per Gesetz voranzutreiben, setzten schon 1989 ein, als Suharto die muslimische Bevölkerungsmehrheit in Indonesien zu umwerben begann. Er wollte damit der Demokratiebewegung Wind aus den Segeln nehmen und sich eine neue Machtbasis schaffen angesichts seiner wachsenden Differenzen mit der Militärführung, die bis dahin von Christen und säkularen Nationalisten dominiert war. Die zunehmende Islamisierung der indonesischen Gesellschaft zeigte sich unter anderem in der Gründung der Vereinigung Muslimischer Intellektueller Indonesiens (*Ikatan Cendekiawan Muslim Indonesia, ICMI*) im Jahr 1990. Deren Vorsitzender war Suhartos Protegé, der Minister für Forschung und Technologie B. J. Habibie. Habibie machte seinen Einfluss geltend bei der Besetzung einer Vielzahl von Regierungs- und Verwaltungsposten, die daraufhin mit *ICMI* Mitgliedern besetzt wurden.[19] Schon 1992 dominierten *ICMI* Mitglieder das Kabinett und die Regierungspartei. Der Aufstieg der *ICMI* erklärt auch die zu dieser Zeit zunehmenden normativen und institutionellen Zugeständnisse an den Islam in der indonesischen Gesetzgebung.

Diese Entwicklung stellte einen signifikanten Bruch mit der vorherigen Kultur der Gleichbehandlung aller fünf in Indonesien anerkannten Religionsgemeinschaften – Islam, Protestantismus, Katholizismus, Hinduismus und Buddhismus – dar. Nun verpflichtete Gesetz Nr. 2/1989 zum Nationalen Bildungssystem die Regierung unter anderem zur finanziellen Unterstützung der privaten islamischen Schulen. Bis dato waren diese vom Ministerium für Religiöse Angelegenheiten nur beaufsichtigt aber nicht finanziert worden.[20] Einige Hindu Hochschulen in Java mussten dagegen schließen, da sie keine ausreichenden staatlichen Mittel mehr erhielten.[21]

Des Weiteren wertete Gesetz Nr. 7/1989 zur Religiösen Rechtsprechung die traditionellen islamischen Gerichte auf. Diese hatten auch schon vor der Unabhängigkeit existiert, und zwar unter der Ägide des kolonialen Justizministeriums. Im Gegensatz beispielsweise zu den balinesischen Gerichten durften die Islamischen Gerichte nach der Unabhängigkeit ihre Arbeit unter der Führung des Ministeriums für Religiöse Angelegenheiten weiterführen. Ihre Zuständigkeit erstreckte sich allerdings ab 1953 lediglich auf das Familienrecht. Die balinesischen Gerichte wurden dagegen als koloniale Gebilde angesehen, die allein den Interessen der balinesischen Aristokratie zu dienen schienen, und so wurden sie mit Hilfe des Notstandsgesetzes Nr. 1/1951 zu den Vorläufigen Schritten zur Zusammenführung der Organisation, Zuständigkeit und Geschäftsbereiche der Zivilen Gerichte aufgelöst.[22] Besagtes Gesetz Nr. 7/1989 stellte nun die islamischen Gerichte den zivilen und militärischen Gerichten gleich und veranlasste die Erarbeitung einer

---

[19] *M. Zuhdi*, Modernization of Indonesian Islamic Schools'Curricula, 1945–2003, in: International Journal of Inclusive Education 10/4–5 (2006), S. 423; *N. Hosen*, Scharia & Constitutional Reform in Indonesia, Singapore 2007, S. 72–75.

[20] *M. Zuhdi*, a.a.O., S. 416, 418, 423–424.

[21] Interviews in den Jahren 1997, 1998 und 1999 mit Beamten der Hindu-Abteilungen der örtlichen Büros des indonesischen Religionsministeriums in Blitar (Ost-Java) und Klaten (Zentraljava), wo früher Hindu-Colleges unterhalten worden waren.

[22] *D. S. Lev*, a.a.O., S. 56–59.

entsprechenden islamischen Rechtslehre. Dies geschah mit Hilfe aller muslimischen Organisationen Indonesiens und wurde dann durch das präsidiale Dekret 1/1991 in Kraft gesetzt.[23]

Zwei Jahre später hob das Ministerium für Bildung und Kultur mittels eines ministerialen Dekrets von 1991 (d.i. *Surat Keputusan 100/C/Kep/D/1991*) das Verbot von Kopftüchern (*jilbab*) in staatlichen Schulen auf, das gemäß eines ministerialen Dekrets von 1982 (nämlich *Surat Keputusan 052/C/Kep/D/82*) bestanden hatte.[24] Im folgenden Jahr wurde mit dem Gesetz Nr. 7/1992 zum Islamischen Bankwesen die *Bank Muamalat* gegründet. Sie war die erste indonesische Bank, die auf der Basis islamischer Prinzipien operierte. In den darauffolgenden Jahren eröffnete jede größere indonesische Bank eine islamische Zweigstelle.[25]

Etwa zur gleichen Zeit wurde in einigen indonesischen Universitäten der Einfluss des Wahhabismus immer stärker spürbar. Der Wahhabismus ist eine Strömung des Salafismus und stammt ursprünglich aus Saudi-Arabien. In Indonesien wurde wahhabistisches Gedankengut zum einen von indonesischen Absolventen saudischer Hochschulen und zum anderen von indonesischen Studenten saudischer oder jemenitischer Islamgelehrter (*ulama*) sowie von indonesischen Absolventen des durch saudische Geldgeber finanzierten Institutes für Islamische und Arabische Studien (*LIPIA*) in Jakarta verbreitet.[26] Die wachsende Islamisierung von Indonesiens Öffentlichkeit ging einher mit einer zunehmenden Diskriminierung von religiösen Minderheiten, besonders auf Java, Südsulawesi und Nordsumatra, die zum Teil durch den von der Regierung überwachten Rat indonesischer Islamgelehrter (*MUI*) noch verstärkt wurde. 1996 brachen eine Reihe von Unruhen aus, in deren Verlauf christliche Kirchen und ein buddhistischer Tempel niedergebrannt wurden. Darüber hinaus erwähnten einige meiner Hindu-Gesprächspartner in Südsulawesi und Java Vorfälle von Vandalismus an ihren Tempeln.[27]

Im Zuge der Umsetzung der regionalen Autonomie im Jahre 2001 fand in Aceh ein hoher Grad an Verrechtlichung von Religion statt. Der Prozess begann mit dem Parlamentsbeschluss Nr. IV/MPR/2000 im Hinblick auf

---

[23] *H. A. B. Djalil*, Peradilan Agama di Indonesia. Jakarta 2006, S. 107–146; *M. B. Hooker*, Indonesian Scharia. Defining a National School of Islamic Law, Singapore 2008, S. 17–25.

[24] *R. W. Liddle*, The Islamic Turn in Indonesia. A Political Explanation, in: The Journal of Asian Studies 55/4 (1996), S. 614.

[25] *E. Aspinall*, a.a.O., S. 40; *M. B. Hooker*, a.a.O., S. 38–39.

[26] *M. v. Bruinessen*, Genealogies of Islamic Radicalism in Post-Suharto Indonesia, in: South East Asia Research 10/2 (2002), S. 11–12.

[27] *Hyung-Jun Kim*: The Changing Interpretation of Religious Freedom in Indonesia, in: Journal of Southeast Asian Studies 29/2 (1998), S. 370; *M. Ramstedt*, Introduction. Negotiating Identities – Indonesian ‚Hindus' between Local, National, and Global Interests, in: *ders.* (Hg.), Hinduism in Modern Indonesia. A Minority Religion between Local, National, and Global Interests, London-New York 2004, S. 20.

Strategische Empfehlungen zur Umsetzung der Regionalen Autonomie. Dieser Beschluss bildete wiederum die Grundlage für den Regionalbeschluss Nr. 5/2000 zur Umsetzung des Islamischen Rechts. Er legte fest, dass alle Aspekte der *Scharia* in Aceh anzuwenden seien. Daher wurden im selben Jahr ein *Scharia*-Büro und eine *Scharia*-Vollstreckungseinheit geschaffen – eine Art *Scharia*-Polizei mit der Bezeichnung *Wilayatul Hisbah*, die mit den säkularen Polizeikräften zusammenarbeiten sollte. Der Beschluss wurde später noch einmal bestätigt durch das Gesetz Nr. 18/2001 zur Besonderen Autonomie für Aceh, welches dem Regionalparlament von Aceh die Befugnis gab, Verordnungen „basierend auf der *Scharia*" zu erlassen. Auf Grundlage des Regionalbeschlusses Nr. 3/2000 und des erweiterten Regionalbeschlusses Nr. 43/2000 zur Gründung von Regionalen Räten Indonesischer Islamgelehrter wurde ein Beratungsgremium islamischer Gelehrter (*MPU*) für Aceh ins Leben gerufen, welches sowohl über legislative Befugnisse verfügte als auch über Befugnisse, die Umsetzung regionaler Politik auf deren Vereinbarkeit mit der *Scharia* zu überprüfen und ggf. anzupassen.

Regionalbeschluss Nr. 10/2002 zu *Scharia*-Gerichten ermächtigte die islamischen Gerichte in Aceh, ihre Zuständigkeit auf Geschäftsverträge und andere wirtschaftliche Vereinbarungen auszudehnen. Er erlaubte ihnen darüber hinaus, bei Straftaten die *hudud* zu verhängen. Die *hudud* ist eine Kategorie von Strafen, die auf Vergehen „gegen Gott" angewendet wird. Sie beinhaltet u.a. körperliche Züchtigungen. Regionalbeschluss Nr. 11/2002 machte Zuwiderhandlungen der islamischen Orthopraxie ab sofort strafbar und verfügte die Anwendung der Prügelstrafe auf die Verbreitung von abweichenden Sekten oder Kulten (12 Schläge), das Versäumnis des Freitagsgebets in drei aufeinanderfolgenden Wochen ohne zulässige religiöse Gründe (3 Schläge), das Anstiften zum Brechen des Fastens während des Ramadan (6 Schläge) oder das Essen und Trinken in der Öffentlichkeit untertags zur Zeit des Ramadan (2 Schläge).

2003 wurde die Islamisierung des Rechts in Aceh durch eine Reihe von Regionalbeschlüssen fortgesetzt: Nr. 12/2003 zum Alkoholverbot, Nr. 13/2003 zum Glücksspielverbot und Nr. 14/2003 zum Verbot von körperlicher Nähe zwischen nicht verwandten oder nicht verheirateten Männern und Frauen. Außerdem erlaubte Regionalbeschluss Nr. 7/2004 zur Verwendung von Almosen (*zakat*) die Einrichtung einer regionalen Finanzkasse, in die fortan alle Bußgelder aus *Scharia*-Vergehen eingezahlt werden sollten. Bestehende rechtliche Mehrdeutigkeiten und Lücken bei der Umsetzung der *Scharia* wurden schließlich korrigiert durch das Gesetz Nr. 11/2006 zu Regierungsführung in Aceh, besonders Kapitel XVII, Artikel 125–127 zum islamischen Recht und dessen Umsetzung; Kapitel XVIII, Artikel 128–137 zu

Scharia-Gerichten und Kapitel XIX, Artikel 138–140 zum Beratungsgremium von Islamgelehrten.[28]

Auch andere Regionen versuchten, die *Scharia* in ihr lokales Rechtssystem zu integrieren. Infolge des Mujaheddin-Kongresses in Yogyakarta im Jahre 2000, auf dem mehr als eintausend muslimische Aktivisten aus dem ganzen Land Möglichkeiten diskutierten, die *Scharia* auf nationaler Ebene einzuführen, wurde in Südsulawesi ein Komitee gegründet, das die Durchsetzung der *Scharia* auf regionaler Ebene vorbereiten sollte. Dieses Komitee entwarf ein spezielles Autonomiegesetz zur provinzweiten Umsetzung der *Scharia*.[29] Obgleich die Regierung in Jakarta der Provinz Südsulawesi, in dem auch andere Religionsgemeinschaften vertreten sind, keine spezielle Autonomie zusprach, erließen mehrere Distrikte und Städte Verordnungen auf *Scharia*-Basis. Vorreiter war der Distrikt Bulukumba, wo mehrere Regionalbeschlüsse erlassen wurden, die sowohl Männern als auch Frauen islamische Kleidung vorschreiben. Von Männern ist seitdem das islamische Hemd *baju koko* und von Frauen der Schleier zu tragen. Zudem müssen Personen, die eine höhere Bildung anstreben oder heiraten wollen, Korankenntnisse vorweisen. Alkohol, Glücksspiel und Prostitution sind strengstens verboten. Almosen zu spenden (*zakat*) ist nicht mehr freiwillig, sondern eine Pflicht, die von allen Muslimen rechtlich verbindlich als Teil ihrer religiösen Praxis verlangt wird. Die Umsetzung dieser Beschlüsse wurde als Pilotprojekt in zwölf Dörfern des Distrikts Bulukumba begonnen. Inzwischen wurden 78 solcher Verordnungen in 52 der insgesamt 470 Distrikte und städtischen Gemeinden Indonesiens eingeführt, darunter in den west-javanischen Städten Banten, Tasikmalaya, Tangerang und Cianjur, der west-sumatrischen Stadt Padang und anderen west-sumatrischen Distrikten.[30]

Diese Einpassung islamischer Rechtsvorstellungen in indonesische Landesgesetze steht in starkem Kontrast zu den Ergebnissen der indonesischen Parlamentswahlen von 1999, 2004 und 2009. 1999 standen 48 politische Parteien zur Wahl und durften uneingeschränkt Wahlkampf betreiben. Unter ihnen waren pluralistische und sozialdemokratische Parteien, aber auch offen islamistische Parteien, die die Einführung der *Scharia* als Teil des Staatsrechts mit Gültigkeit nur für Muslime forderten. Insgesamt waren 14 der Parteien islamisch in dem Sinne, dass ihr Parteiprogramm explizit auf

---

[28] *H. A. B. Djalil*, a.a.O S. 169–173; *M. B. Hooker*, a.a.O., S. 246–251, 258; *A. Salim*, Challenging the Secular State The Islamization of Law in Modern Indonesia, Honolulu 2008, S. 152, 155, 157–158, 176.

[29] *M. B. Hooker*, a.a.O., S. 259–264.

[30] *R. Bush*, Regional Sharia Regulations in Indonesia. Anomaly or Symptom?, in: *G. Fealy/S. White* (Hg.), Expressing Islam. Religious Life and Politics in Indonesia, Singapore 2008, S. 2–4, 10; *M. B. Hooker*, a.a.O., S. 264–281.

dem Islam basierte (*berasas*). Nur 21 der 48 Parteien errangen Sitze in der Volksvertretung, darunter folgende sieben islamische Parteien: *PPP* (*Partai Persatuan Pembangunan* oder Vereinigungs- und Entwicklungspartei mit einem Stimmanteil von 11,8%), *PBB* (*Partai Bulan Bintang* oder Mond und Sterne Partei mit einem Stimmanteil von 2,6%), *PK* (*Partai Keadilan* oder Gerechtigkeitspartei mit einem Stimmanteil von 1,2%), *PNU* (*Partai Nahdlatul Ummat* oder Partei des Islamischen Erwachens mit einem Stimmanteil von 0,6%), *PKU* (*Partai Kebangkitan Umat* oder Partei zur Wiedererweckung der Islamischen Gemeinde mit einem Stimmanteil von 0,2%), *PSII* (*Partai Syarikat Islam Indonesia* oder Allianz der Indonesischen Islampartei mit einem Stimmanteil von 0,2%) und *PP* (*Partai Persatuan* oder Vereinigungspartei mit einem Stimmanteil von 0,2%). Insgesamt erhielten die islamischen Parteien 16,8% der Stimmen.[31]

Die Anzahl der für die allgemeine Parlamentswahl von 2004 zur Wahl stehenden Parteien war deutlich geringer als noch fünf Jahre zuvor. Dies lag in einer Wahlrechtsänderung begründet, der zufolge von den ursprünglich 48 Parteien nur jene zugelassen waren, die 1999 mindestens mit 2% im Landesparlament, mit 3% in den Parlamenten mindestens der Hälfte aller indonesischen Provinzen oder mit 3% in den Parlamenten mindestens der Hälfte aller indonesischen Bezirke und Städte vertreten waren. Diese Voraussetzung erfüllten nur sechs Parteien; die anderen mussten sich entweder mit anderen Parteien zusammenschließen oder sich ganz neu formieren. Schließlich standen insgesamt nur 24 Parteien zur Wahl. Fünf davon waren islamische Parteien (*PPP* und *PBB*, die von der Wahlrechtsänderung nicht betroffen waren; *PKS* oder *Partai Keadilan* Sejahtera, Partei für Gerechtigkeit und Sozialwesen; *PBR* oder *Partai Bintang Reformasi*, Stern der Reform Partei und *PPNUI* oder *Partai Persatuan Nahdlatul Ummah Indonesia*, Vereinigte Partei zur Wiedererweckung des Indonesischen Islam). Zusammen erreichten die islamischen Parteien 21,2% der Stimmen. Das war deutlich höher als das Ergebnis bei den allgemeinen Parlamentswahlen von 1999, bedrohte aber dennoch nicht den pluralistischen nationalen Konsens der Mehrheit der indonesischen Wähler, die für säkulare Parteien stimmten.[32]

2009 registrierten sich 60 Parteien für die allgemeinen Parlamentswahlen. Allerdings erfüllten nur 38 die notwendigen Voraussetzungen, unter ihnen sieben islamische Parteien (*PKS, PPP, PBB, PKNU* oder *Partai Kebangkitan Nasional Ulama*, National Partei der Wiederauferstehung der Islamlehre, *PBR, PMB* oder *Partai Matahari Bangsa*, die Partei Sonne der Men-

---

[31] *S. Pompe*, De Indonesische Algemene Verkiezingen 1999, Leiden 1999, S. 28–41, 80–82, 85–89, 119–122, 125–129, 151–152.
[32] *A. Ananta/E. N. Arifin/L. Suryadinata*, Emerging Democracy in Indonesia, Singapore 2005, S. 22.

schen, und *PPNUI*). Insgesamt erreichten letztere 18,2% der Stimmen und damit 3% weniger als noch 2004. Es ist jedoch festzuhalten, dass die islamistische und sehr effektiv organisierte *PKS* das beste Ergebnis unter allen islamischen Parteien erzielte. Mit 10,54% errang sie den vierten Platz hinter der Demokratischen Partei von Präsident Yudhoyono (*PD* oder *Partai Demokrasi*), *Golkar* und Megawati Sukarnoputris Demokratischer Partei Indonesiens-Kampf (*PDI-P* oder *Partai Demokrasi Indonesia-Perjuangan*).[33]

Aufgrund der geringen Wahlergebnisse der islamischen Parteien haben einige Forscher die Islamisierung des indonesischen Rechts mit dem Argument heruntergespielt, dass jedwede rechtliche Anpassung an den Islam nur auf der Ebene von Regionalbeschlüssen stattfand. Um die Bedeutung dieses Arguments zu verstehen, ist ein kurzer Exkurs zur Hierarchie der Gesetze im Indonesien nach Suharto hilfreich. Diese Hierarchie wurde im August 2000 vom indonesischen Parlament wie folgt neu festgelegt:[34]

1. Die Indonesische Verfassung von 1945 (*Undang-undang Dasar 1945*)
2. Parlamentsbeschlüsse (*Ketetapan MPR*)
3. Gesetze (*Undang-undang*)
4. Regierungsbeschlüsse zum Ersatz von Gesetzen (*Peraturan Pemerintah Pengganti Undang-undang*)
5. Regierungsverordnungen (*Peraturan Pemerintah*)
6. Präsidiale Dekrete (*Keputusan Presiden*)
7. Regionalbeschlüsse (*Peraturan Daerah*)

Regionalbeschlüsse nehmen in dieser Hierarchie tatsächlich den niedrigsten Rang ein. Die oben erwähnten Forscher betonten außerdem, dass auf der *Scharia* basierende Regionalbeschlüsse ausschließlich in Regionen mit einer überwiegend muslimischen Bevölkerung erlassen worden waren, wo sich seit der Kolonialzeit starke Tendenzen zum politischen Islam gezeigt hatten. Sie argumentierten weiterhin, dass aufgrund der Übertragung gewisser legislativer Befugnisse an die Regionen infolge der 1999 durch B. J. Habibie angestoßenen Autonomie-Gesetze der Erlass von auf der *Scharia* basierenden Regionalbeschlüssen als ein reiner Effekt des Dezentralisierungsprozesses angesehen werden müsse. Diese Beschlüsse hätten das Ziel, der lokalen Identität wieder mehr Gewicht zu verleihen. Robin Bush, Landesvertreterin der *Asia Foundation* bis November 2011, behauptete in einem Artikel von 2008, dass die Flut der auf der *Scharia* basierenden Regio-

---

[33] Siehe: http://mediacenter.kpu.go.id/images/mediacenter/berita/SUARA_KPU/HASIL_-PENGHITUNGAN_SUARA_SAH.pdf, aufgerufen am 3. April 2010.
[34] *N. Hosen*, a.a.O., S. 209–210.

nalbeschlüsse zwischen 2001 und 2003 ihren Höhepunkt erreicht und dann wieder nachgelassen hätte.[35] Bush nannte vier Hauptfaktoren, die ihrer Meinung nach erklärten, warum regionale Politiker und andere Personen des öffentlichen Lebens diese Beschlüsse initiierten:[36]

1. Die Bedeutung von Religion für die Geschichte der lokalen Kultur und Gesellschaft; 50 der 78 Beschlüsse wurden in früheren Hochburgen der sezessionistischen *Darul Islam* Bewegung der 1950er Jahre erlassen (nämlich in Aceh, West-Java und Südsulawesi);
2. Religiöse Regionalbeschlüsse wurde erlassen, um von Korruption abzulenken oder diese zu verschleiern; außerdem würden die auf der Scharia basierenden Beschlüsse den lokalen Beamten zusätzliche Möglichkeiten für Bestechung bieten, da sie nach Empfang von „Geschenken" oder „Gebühren" „Straffreiheit" gewähren könnten;
3. Religiöse Gesetzgebung war auch Teil der lokalen Wahlkampfstrategie, z.B. wenn Politiker, Parlamentarier und Mitglieder der regionalen Exekutive ihre islamische Qualifikation „beweisen" wollten – oder im Falle von Koalitionsverhandlungen beweisen mussten –, indem sie eine vermeintlich populistische Gesetzgebung unterstützten;
4. Religiöse Gesetzgebung war manchmal auch die Folge von mangelnder technischer Kenntnis in der regionalen Regierungsführung aufgrund unzureichender Alphabetisierung und konzeptioneller Fähigkeiten der lokalen Abgeordneten; diese Annahme wird dadurch bestätigt, dass mehr und mehr Mitglieder der regionalen Exekutive wie auch lokale Parteigrößen externe Unterstützung bei der Ausarbeitung neuer Gesetze anfragen und begrüßen.

Die These von Wissenschaftlern wie Bush ist berechtigt, dass die als traditionelle Hochburgen des Islam bekannten Regionen ihre neuen legislativen Befugnisse zum Erlass von auf der *Scharia* basierenden Regionalbeschlüssen nutzten. Allerdings nahm diese Entwicklung 2007 kein Ende. Ein Beispiel ist der Regionalbeschluss Nr. 12/2009 der Stadt Tasikmalaya, der festlegte, dass sich die normative Ordnung der lokalen Bevölkerung auf die Lehren des Islam zu stützen habe. Inzwischen wurde in Tasikmalaya auch eine *Scharia* Polizeieinheit geschaffen, die den Beschluss durchsetzen soll.[37] Im Juni 2012 bereitete die Stadt Tangerang einen Regionalbeschluss

---
[35] R. Bush, a.a.O., S. 178, 191.
[36] Ebd., S. 182–190.
[37] Siehe DPR Pertanyakan Dasar Hukum Pembentukan Polisi Syariah di Tasikmalaya, online verfügbar unter http://berita.plasa.msn.com/nasional/okezone/dpr-pertanyakan-dasar-hukum-pembentukan-polisi-syariah-di-tasikmalaya, aufgerufen am 10. Juni 2012.

vor, der alle Frauen – Muslima und Nicht-Muslima, indonesische Staatsbürgerinnen wie ausländische Touristinnen – zwingen soll, ein Kopftuch zu tragen. Wie ich noch zeigen werde, war zudem die normative und institutionelle Anerkennung des Islam im indonesischen Recht nicht auf die Ebene von Regionalbeschlüssen begrenzt. Ich stimme zu, dass die von Bush genannten Faktoren eine Rolle spielten. Jedoch sehe ich den Hauptgrund für die per Gesetz angestrebte Islamisierung der indonesischen Gesellschaft in dem Bedürfnis eines breiten Teils der indonesischen Gesellschaft, die schleichende anomische Situation wieder rückgängig zu machen. Für viele schien die Religion – wie eben auch diese oder jene ethnische Tradition – eine unkorrumpierbare Quelle von Werten zu sein, auf deren Basis die soziale Ordnung zumindest lokal wiederhergestellt werden kann. Dadurch erklärt sich meines Erachtens sowohl das parallele Aufkommen von auf der *Scharia* basierenden Verordnungen als auch das Wiederaufleben von traditionellem Gewohnheitsrecht und traditionellen Monarchien im heutigen Indonesien.

Es ist unbestritten, dass die Inkorporation der lokalen Gewohnheitsrechtstraditionen in das staatliche Recht einen deutlichen Versuch darstellte, die Wirtschaft wieder in die Kultur und die sozialen Institutionen der lokalen Bevölkerung einzubetten, garantiert sie doch den privilegierten Zugang der lokalen Bevölkerung zu den lokalen Ressourcen. Dies wird unter anderem durch Forschungen zu Westsumatra, Bali, Südsulawesi und Minahasa bestätigt. Untersuchungen zu Bali und Papua zeigten außerdem, dass sowohl die Wiederbelebung von Traditionen lokalen Gewohnheitsrechts unter dem Titel „Hindu Gesetze" in Bali[38] als auch der Versuch, Manukwari in Westpapua durch entsprechende Regionalbeschlüsse (*Perda Injil*) als eine christliche Zone zu etablieren,[39] die durch die zunehmende Islamisierung des indonesischen öffentlichen Raumes zusätzlichen Aufschwung erhalten hatte. Die fortschreitende gesetzliche Verankerung der islamischen Orthopraxie in Regionen, wo der Islam seit Generationen fest verankert ist, drückt meines Erachtens ein ähnliches Bedürfnis aus, die Identität und Moral der lokalen Bevölkerung mittels auf der *Scharia* basierenden Verordnungen angesichts der negativen Folgen der wirtschaftlichen Globalisierung und des Einflusses der modernen westlichen Kultur zu stärken.

Bevor ich darauf zurückkomme, dass die Islamisierung des indonesischen Rechts schon seit geraumer Zeit die nationale Ebene der indonesischen Gesetzeshierarchie erreicht hat, werde ich noch auf die Frage eingehen, warum der Islam nach dem Sturz Suhartos als eine wesentliche Quelle für eine mo-

---

[38] *M. Ramstedt*, a.a.O., 2009, S. 345, 351.
[39] *C. Warta*, Perkembangan Masalah Agama di Papua: Sengketa Antaragama dan Pencegahan Konflik, in: *M. Ramstedt/F. I. Thufail* (Hg.), Kegalauan Identitas. Agama, Etnisitas, dan Kewarganegaraan Pada Masa Pasca-Orde Baru, Jakarta 2011, S. 81–84.

ralische Erneuerung angesehen wurde. Frühe Phasen der Verrechtlichung von Religion kurz nach der Unabhängigkeit hatten bereits den Islam begünstigt. Dies hatte den von der indonesischen Regierung durchaus angestrebten Nebeneffekt, dass die Religion in gewissem Sinne aus der lokalen Kultur entbettet und universalisiert wurde. Befreit von lokalem „Aberglauben", sollte sie so der Modernisierung des Landes Vorschub leisten. Auf der anderen Seite begriffen sich die indonesischen Muslime immer mehr als Teil der modernen islamischen Weltgemeinschaft (*umma'*), was auch die Islamisierung der bürgerlichen Moralvorstellungen in Indonesien ganz allgemein beförderte. Da unter Suharto nur eine moderne Religiosität sowie bis zu einem gewissen Grad die Werte der ethnischen Traditionen als moralische Grundlagen für vorsichtige Kritikäußerungen an den bestehenden Verhältnissen zugelassen waren, konnte der orthodoxe Islam zu einer Plattform für eine breite Opposition der Bevölkerung gegen Suhartos „Neue Ordnung" werden. Nach zwei Jahrzehnten der Unterdrückung des politischen Islam und strenger Kontrolle religiöser Organisationen machte Suharto plötzlich eine Kehrtwende und begann, gerade die neue muslimische Mittelklasse zu umwerben. Zwischen 1990 und 1998 erließ Suhartos Regime neue Gesetze, die von einer zunehmenden normativen und institutionellen Anerkennung des Islam geprägt waren. Die Gesamtheit dieser Entwicklungen ermöglichte schließlich die weitere Islamisierung des Rechts im Indonesien nach Suharto, nicht nur auf regionaler sondern auch auf nationaler sowie auf Verfassungsebene, wenn auch auf letzterer nur indirekt.

Exkurs: Erste Phase der Verrechtlichung von Religion bei und kurz nach der Gründung der Indonesischen Republik

Eine erste Phase der Verrechtlichung von Religion hatte schon stattgefunden, als ab 1945 infolge der „Indonesischen Revolution" gegen die zurückkehrenden Holländer, die ihre frühere Kolonie zurückforderten, die ersten Strukturen eines vereinigten Nationalstaats entstanden. Nach Sukarnos unilateraler Unabhängigkeitserklärung von 1945 und erneut nach der vollständigen internationalen Anerkennung Indonesiens als unabhängiger Einheitsstaat im Jahre 1950 sah sich die indonesische Regierung mit der Aufgabe konfrontiert, ein Grundgesetz (Indonesisch: *Undang-Undang Dasar*) zu entwerfen, welches eine Rechtsgrundlage für weitere Gesetzgebung bieten würde, und mit dessen Hilfe man aus den in dem Inselstaat lebenden 900 größeren und kleineren ethnischen Gruppen eine vereinte Nation formen könnte. Diese verschiedenen ethnischen Gruppen sprachen mehr als 250 lokale Sprachen und noch mehr Dialekte. Ihre Mitglieder gehörten darüber hinaus allen größeren Weltreligionen an. Außerdem befolgte eine Vielzahl von ihnen, teilweise neben ihrer offiziellen Religionspraxis, auch die Gebote einer Fülle von ethnischen, kosmologischen und rituellen Systemen. Während der Islam zwar durchaus der dominante Glaube war, hatte sich die Mehrheit der Bevölkerung nicht unbedingt der muslimischen Orthopraxie unterworfen. Viele meiner javanischen Gesprächspartner, allesamt Mitglieder verschiedener javanischer mystischer Gruppen, mit denen ich mich zwischen 1997 und 2011 in Solo, Klaten, Yogyakarta und Jakarta zu verschiedenen Anlässen traf, meinten, dass zur Zeit der indonesischen Revolution – also während des indonesischen Freiheitskampfes gegen die Holländer zwischen 1945 und 1949 – nur 46% der Bevölkerung Anhänger des orthodoxen Islam waren. Allein auf Java gab es eine große Anzahl von Anhängern des Javanismus. Der „Javanismus" ist ein Sammelbegriff für verschiedene auf Java anzutreffende Formen eines synkretistischen Mystizismus, der sich aus dem Sufismus, alten javanischen hindu-buddhistischen Traditionen und lokalen, sogenannten animistischen Kulten bedient. Außerdem gab es viele Menschen mit kommunistischen Tendenzen, die sich, obwohl sie nicht unbedingt Atheisten waren, nicht zu den orthodoxen Muslimen zählten.

Der Erfolg der indonesischen Verfassung hing von der richtigen Balance zwischen integrativen Maßnahmen und der Ermöglichung von Pluralität ab. Dies war keine leichte Aufgabe, da die Unabhängigkeitsbewegung nicht aus einer homogenen Gruppe von „Revolutionären" bestand, sondern aus drei größeren ideologischen Strömungen: (1) säkularen Nationalisten mit javanistischer (das heißt, dem Javanismus folgender) Ausrichtung und nicht-Javanern mit einem christlichen Hintergrund, (2) Kommunisten und Sozialisten sowie (3) modernistischen Muslimen. Folglich gab es ausgeprägte ideologische Differenzen zwischen den verschiedenen Strömungen. Manche bevorzugten einen einheitlichen säkularen, andere einen pluralistischeren säkularen Rechtskodex, der auch Normen aus den Traditionen des lokalen Gewohnheitsrechts mit aufnehmen würde, und noch andere sprachen sich für eine bedeutende Rolle der *Scharia* in der neuen Verfassung aus.

Nach der japanischen Kapitulation am 2. September 1945 wurde unter Führung des späteren Präsidenten Sukarno der Untersuchungsausschuss zur Vorbereitung der Unabhängigkeit Indonesiens gegründet. Die Mehrheit der Mitglieder befürwortete einen pluralistischen und säkularen Rechtskodex, wenngleich die Verfechter eines islamischen Gottesstaates hitzige Debatten zur Gründung eines islamischen Staates anfachten. Der Entscheidungsmodus des Ausschusses beruhte jedoch auf Einstimmigkeit und nicht auf einer Mehrheitsentscheidung, so dass ein gewisser Grad an normativer Anerkennung des Islam unumgänglich war. Sukarno schlug schließlich fünf einigende Prinzipien als eine Art „Zivilreligion" vor, die das Fundament des unabhängigen Indonesiens bilden sollten: soziale Gerechtigkeit, nationale

Einheit, Demokratie, Glaube an Gott und Humanismus.[40] Das Prinzip des „Glaubens an Gott" erhob einen sehr unbestimmten, daher weit gefassten Monotheismus zu einer der Säulen des zukünftigen indonesischen Staates. Diese prinzipiell sehr offene Form von Monotheismus sollte alle in der jungen indonesischen Republik dominanten Glaubensrichtungen gleichermaßen einbeziehen, nämlich die ganze religiöse Spannbreite der indonesischen Muslime, der javanischen Mystiker und der Christen.

Die Mehrheit der Mitglieder stimmte Sukarnos Vorschlag enthusiastisch zu. Die Verfechter eines islamischen Staates kämpften jedoch weiter für ein größeres verfassungsrechtliches Gewicht des Islam, auch wenn ihnen klar war, dass sie ihr Maximalziel nicht erreichen würden. Schließlich erzielte ein verfassungsvorbereitendes Komitee aus neun Mitgliedern eine Absprache, die als „Jakarta Charta" (*Piagam Jakarta*) bekannt wurde und einen Zusatz zum ersten Prinzip des Glaubens an Gott beinhaltete, wonach alle Muslime verpflichtet werden sollten, die *Scharia* zu befolgen. Als die Verfassung schließlich am 18. August 1945 öffentlich verlesen wurde, hatte man das erste Prinzip, „Glaube an Gott", in „Glaube an den Einen, allmächtigen Gott" umformuliert, was in der Tat eine eindeutige normative Anerkennung des *Tauhid*, des islamischen Prinzips der Einheit Gottes, war. Zudem war es nun zum ersten und damit grundlegendsten Prinzip der fünf (*Pantja Sila*) aufgerückt. Zum Erstaunen vieler wurde die Jakarta Charta bei der Verlesung allerdings ausgelassen, angeblich aufgrund von Gerüchten, dass der östliche Teil des Inselstaates mit seiner überwiegend christlichen Bevölkerung sich keinem islamischen Staat anschließen würde.[41]

Im Anschluss an die internationale Anerkennung der indonesischen Unabhängigkeit und der Schaffung eines einheitlichen Staates im Jahre 1950 wurde eine – ebenfalls vorläufige, weil noch nicht durch allgemeine Wahlen legitimierte – neue Verfassung verabschiedet, die die fünf Grundprinzipien in der Präambel der Verfassung von 1945 in unveränderter Form übernahm. Bei den ersten allgemeinen Parlamentswahlen von 1955 errangen die muslimischen Parteien insgesamt 101 der 260 Parlamentssitze, was die Frage einer neuen Verfassung wieder aktuell werden ließ. 1956 wurde eine verfassungsgebende Versammlung aus Mitgliedern des neuen Parlaments gebildet mit einer proportionalen Repräsentation der politischen Parteien gemäß ihrer Sitze im Parlament. Die Abgeordneten der anti-islamistischen Parteien waren in der Mehrheit säkulare Nationalisten, Christen, Sozialisten und Kommunisten. Als die islamischen Parteien 1959 eine Abstimmung zur Jakarta Charta erwirkten, unterlagen sie erneut mit 201 zu 265 Stimmen.

---

[40] R. N. *Bellah*, Beyond Belief. Essays on Religion in a Post-Traditional World, New York-Evanston-London 1970, S. 168–186.
[41] T. v. d. End/J. S. Aritonang, 1800–2005. A National Overview, in: J. S. Aritonang/K. Steenbring (Hg.), A History of Christianity in Indonesia, Leiden-Boston 2008, S. 187–193.

Sukarno schlug unterdessen vor, die Verfassung von 1945 wieder in Kraft zu setzen, um die von vielen beklagte zunehmende politische und ideologische Fragmentierung des Staates zu beenden, besonders angesichts verschiedener Abspaltungsbewegungen, von denen die *Darul Islam* Rebellion in Aceh, Westjava und Südsulawesi die langlebigste war. Die Parlamentarier lehnten Sukarnos Vorschlag jedoch mehrheitlich ab, so dass Sukarno die verfassungsgebende Versammlung kurzer Hand auflöste und die 1945er Verfassung eigenständig wiedereinsetzte. Gleichzeitig führte er das totalitäre System der „gelenkten Demokratie" ein und ernannte sich selbst zum Präsidenten auf Lebenszeit.[42]

Der vorläufige Charakter der Verfassung von 1945 sowie die Tatsache, dass sie auf vielen Kompromissen basierte, bedingten, dass das Erste Prinzip in der Präambel sehr allgemein gehalten ist. Zudem zeigten sich deutliche Widersprüche zwischen Artikel 18 und Artikel 29, was die Bestimmungen zur Religion betrifft. Diese Widersprüche ziehen bis heute Konflikte zwischen dem indonesischen Staat und den religiösen Gemeinschaften des Landes nach sich und beeinflussen auch das Verhältnis der Religionsgemeinschaften untereinander. Das Erste Prinzip, „Glaube an den Einen, allmächtigen Gott", wurde in Artikel 29 zwar bestätigt.[43] Der Artikel nannte aber keine weiteren theologischen oder philosophischen Kriterien, die in den Augen orthodoxer Muslime sicher stellen würden, dass die pantheistischen Gottesvorstellungen des heterodoxen javanischen Mystizismus, welche orthodoxe Muslime als Häresie (*bid'ah*) betrachten, ausgeschlossen blieben. Damit stellte Artikel 29 eben nicht sicher, dass Glaubensvorstellungen, die nicht mit dem Islam zu vereinbaren sind, aus der Definition des Ersten Prinzips ausgeschlossen werden können. Auch wurde weder in diesem noch in irgendeinem anderen Artikel bestimmt, welche Behörde denn ggf. darüber entscheiden würde, welche Glaubensgemeinschaft als religiös anerkannt werden könne oder nicht. Dieser Aspekt war den Islamisten besonders wichtig, da Absatz zwei des Artikels 29 allen Bürgern die Freiheit garantierte, ihrer Religion gemäß zu leben und sie im Einklang mit deren Regeln auszuüben.[44] Der Absatz implizierte nämlich, dass der Staat kein Recht habe, in das religiöse Leben seiner Bürger einzugreifen. Dies empfanden viele Muslime als zunehmend alarmierend, da es keine Vorschriften gab, welche die Freiheit, andere zu missionieren oder zu konvertieren, ausdrücklich beschränkten; christliche Missionare nutzten diese Freiheit zu jener Zeit sehr erfolgreich aus.

---

[42] Ebd., S. 194–200.
[43] *(HPPURI) Himpunan Peraturan Perundang-Undangan Republik Indonesia Disusun Menurut Sistem Engelbrecht*, Jakarta 1992, S. 1.
[44] Ebd., S. 3.

Artikel 18 erschwerte die Situation zusätzlich, denn er schrieb vor, dass in „Regionen mit besonderem kulturellen Charakter" Gesetze zur regionalen Verwaltung demokratisch unter Berücksichtigung des lokalen Gewohnheitsrechts zu verfassen seien.[45] Diese Vorschrift bestätigte die (wenngleich auch eingeschränkte) Gültigkeit zahlloser lokaler Rechtsbräuche, von denen viele in heiligen Kosmologien wurzelten, die mit Ahnenkult und animistischen und/oder polytheistischen Glaubensformen und Praktiken einhergingen. Artikel 18 stand daher im Widerspruch zu dem vorgeschriebenen „Glauben an den Einen, Allmächtigen Gott", fand aber Unterstützung in Artikel 32 der Verfassung. Letzterem zufolge sollte die Regierung die Entwicklung einer nationalen indonesischen Kultur unterstützen,[46] welche, so der offizielle Kommentar zu Artikel 32, sich aus den besten Anteilen der lokalen Traditionen sowie förderlichen Elementen fremder Kulturen (wie der westlichen oder der japanischen) zusammensetzen würde.

Ein anderer Streitpunkt war die religiöse Zugehörigkeit des indonesischen Präsidenten.[47] Laut Artikel 9 sollten der Präsident und der Vizepräsident ihre Amtseide entweder mit einer religiöser Formel oder aber „in aufrichtiger Weise" ablegen.[48] Islamisten sahen in dem Zusatz „in aufrichtiger Weise" nicht nur eine Handhabe für die Säkularisten, Religion zu umgehen und einen säkularen Eid zu leisten, was ihrer Meinung nach das religiöse Fundament des Staates gefährden würde. Er ließ zudem Raum für die Möglichkeit, dass das oberste Regierungsamt nicht von einem Moslem bekleidet werden könnte. Von einem Nicht-Moslem regiert zu werden, schien ihnen jedoch absolut inakzeptabel.

Diese Mehrdeutigkeiten und Widersprüche in der indonesischen Verfassung wurden von Beschlüssen der verschiedenen Kabinette noch weiter verstärkt. Noch während der „Indonesischen Revolution" gegen die nach 1945 nach Indonesien zurückkehrenden Holländer schaffte die Regierung der noch nicht international anerkannten indonesischen Republik mit ihrem Dekret Nr. 5/1946 ein Ministerium für Religiöse Angelegenheiten. Um die Anhänger des politischen Islam zu besänftigen, ernannte sie mit Haji Mohamad Rasjidi einen Salafisten und Absolventen der berühmten Al-Azhar Universität in Kairo zum Minister für Religiöse Angelegenheiten. Rasjidi brachte das Gesetz Nr. 22/1946 zum Vollzug von Ehe und Scheidung auf den Weg. Obwohl das Gesetz lediglich die Registrierung von Eheschließungen, Scheidungen und Wiederversöhnungen vorsah, enthielt es auch Vorschriften, die Beamte dazu zwangen, relevante Aspekte des islamischen

---

[45] Ebd., S. 2.
[46] Ebd., S. 4.
[47] *A. Salim*, a.a.O., S. 67.
[48] *HPPURI*, a.a.O., S. 2.

Rechts zu berücksichtigen.[49] Rasjidis Initiative war damit einer der ersten (versteckten) Versuche, die normative Anerkennung des Islam zumindest für Verwaltungszwecke weiter voranzutreiben, auch wenn Artikel 29 der Verfassung jede vom Staat beförderte Verbindung von Religion und Regierungsaufgaben verbat.

Infolge der Integration des überwiegend christlich geprägten östlichen Teils Indonesiens und des hinduistischen Bali in den nun international anerkannten vereinten Nationalstaat im Jahre 1950 musste das Ministerium für Religiöse Angelegenheiten – das bis heute unter muslimischer Leitung steht – Zugeständnisse an ein begrenztes Maß an religiösem Pluralismus machen. Das Ministerium verabschiedete allerdings Dekret Nr. 9/1952, das den Interpretationsspielraum des Ersten Prinzips, auf die vor allem Muslime empfindlich reagierten, erheblich einschränkte. Es unterteilte die zahlreichen religiösen Traditionen Indonesiens nämlich in zwei Kategorien:

1. „Echte" Religionen (agama) wie die monotheistischen Weltreligionen. Letztere wurden gemäß eines weiteren Dekrets aus dem Jahre 1959 definiert als monotheistische Glaubenssysteme, die von einem heiligen Propheten in einem heiligen Buch offenbart worden waren;
2. sogenannte „Glaubensströmungen" (*aliran kepercayaan*), die vor allem durch einheimische Konzepte und Praktiken geprägt sind und aufgrund ihrer Nähe zum „Aberglauben" und zur Häresie eindeutig als nicht-religiös eingestuft wurden.

Kurz vor seinem Sturz erließ Sukarno das Präsidialdekret Nr. 1/1965 zur Prävention von Blasphemie und Missbrauch von Religionen. In diesem Dekret wurden schließlich Islam, Protestantismus, Katholizismus, Hinduismus, Buddhismus und Konfuzianismus als „Religionen" definiert. Suharto erkannte übrigens später dem Konfuzianismus den Status einer Religion wieder ab.[50] Darüber hinaus empfahl Sukarno in seinem Dekret den Anhängern des javanischen Mystizismus, zu der Quelle ihres Glaubens, nämlich dem Islam, zurückzukehren. Manche leisteten dieser Empfehlung Folge. Andere wiederum entschieden sich in Opposition zum Islam zu einem Übertritt zu anderen anerkannten Religionsgemeinschaften, vor allem zum Katholizismus und, in weit geringerem Maße, zum Hinduismus und Buddhismus.[51]

---

[49] *A. Salim*, a.a.O., S. 74.

[50] Es ist aufschlussreich, dass sich der Konfuzianismus, als er 2006 wieder als „Religion" rehabilitiert wurde, streng angepasst an die offizielle Definition von „Religion" präsentierte, einschließlich seiner Lehre, Praktiken und Organisation (*H. A. Winarso*, Keimanan dalam Agama Konghucu: Suatu Tinjauan Teologi dan Peribadahannya, Semarang 2008).

[51] *K. Hyung-Jun*, a.a.O., S. 362–364.

Im Anschluss an die Vereitelung des angeblichen Putschversuchs der Kommunisten durch das Militär in der Nacht vom 30. September zum 1. Oktober 1965 löste General Suhartos aggressives Vorgehen gegen tatsächliche und vermeintliche Kommunisten eine Welle neuer Übertritte aus. Denn diejenigen, die nicht Mitglied einer anerkannten Religionsgemeinschaft waren, galten als Atheisten und somit als Kommunisten. Dies betraf nicht nur die sogenannten Javanisten, sondern auch die zahlreichen Anhänger indigener „Glaubensströmungen", die eben nicht als Religion anerkannt waren. Interessanterweise entstammte tatsächlich ein großer Teil der Mitglieder der Kommunistischen Partei Indonesiens (*Partai Komunis Indonesia, PKI*) dem javanistischen Umfeld bzw. ethnischen Gruppierungen außerhalb Javas, die noch keiner anerkannten Religionsgemeinschaft beigetreten waren.[52] Diese politisch verdächtige Zielgruppe konvertierte nun vorrangig zum Christentum und Islam und in weit geringerem Umfang zum Hinduismus und Buddhismus. Nachdem Suharto 1968 offiziell Sukarnos Nachfolge als Präsident angetreten hatte, wandelte er Sukarnos Präsidialdekret Nr. 1/1965 zum Gesetz Nr. 5/1969 um, welches alle Bürger zwang, ihre religiöse Zugehörigkeit offiziell bei den lokalen Behörden registrieren zu lassen. Fortan war die religiöse Zugehörigkeit auch auf dem Ausweisdokument verzeichnet.

Gleichzeitig wurde der politische Islam strikter Reglementierung unterworfen. Die Bestrebungen islamistischer Gruppierungen schlugen fehl, die Jakarta Charta bei der Allgemeinen Parlamentarischen Versammlung im Jahre 1968 zur Abstimmung zu bringen. Weitere Versuche in diese Richtung wurden mittels Einführung eines streng überwachten Drei-Parteien-Systems im Jahre 1973 unterbunden. Dabei wurden die vielschichtigen Stimmen des politischen Islam in die gemäßigt islamische Vereinigte Entwicklungspartei (*Partai Persatuan Pembangunan, PPP*) zwangsintegriert und somit stark abgeschwächt. 1975 gründete die Regierung zudem den Rat Muslimischer Gelehrter Indonesiens (*Majelis Ulama Indonesia* oder *MUI*) mit Außenstellen in fast allen Provinzen und Verwaltungsebenen des Landes. Die Mitglieder des Rates wurden vom Staat bestimmt und rekrutierten sich aus zehn muslimischen Organisationen sowie der islamisch-spirituellen Beamtenschaft und den spirituellen Büros des indonesischen Militärs und der Polizei. Die Aufgabe des *MUI* bestand darin, der internen Entwicklungspolitik der Regierung Legitimität und islamische Unterstützung zu verleihen, z.B. durch die Ausstellung von Fatwas,[53] die allerdings oft im

---

[52] *M. Ramstedt*, a.a.O., 2004, S. 16–17.
[53] Arabisch *fatawa*, das heißt, von einem islamischen Rechtsgelehrten verfasste Gutachten.

Widerspruch zu den in der breiteren muslimischen Gemeinschaft verbreiteten Ansichten standen.[54]

Schon 1967 hatte Suharto den potentiell spaltenden Einfluss jedweder Missionierungsversuche angeprangert. Um die sensible Balance zwischen den Religionen zu wahren, legte die gemeinsame Verordnung Nr. 1/1969 des Ministeriums für Religiöse Angelegenheiten und des Ministeriums des Inneren schließlich fest, dass die Genehmigung für den Bau einer Kirche, eines Tempels, eines Klosters oder einer Moschee nur durch die Regierung erteilt werden könne.[55] Dekret Nr. 70/1978 des Ministeriums für Religiöse Angelegenheiten untersagte neun Jahre später die Missionierung unter Mitgliedern anderer Konfessionen mittels Broschüren, Magazinen, Büchern, Besuchen an der Haustür oder durch das Geben von Geld, Essen, Medizin und Ähnlichem.[56] Als 1978 die Khomeini-Revolution im Iran die islamistische Bewegung in Indonesien wieder anzufachen drohte, besonders unter den Studenten, verabschiedete die Suharto-Regierung das Parlamentsdekret Nr. 2/1978 zur Neubelebung und Anwendung der Fünf Prinzipien (*Pantja Sila*, inzwischen *Pancasila* geschrieben). Es sollte die Beachtung der religiösen Toleranz im öffentlichen Raum stärken. Gleichzeitig verbot Dekret Nr. 77/1978 des Ministeriums für Religiöse Angelegenheiten, dass religiöse Organisationen in Indonesien finanzielle Mittel aus dem Ausland erhielten. Auf diese Weise wurde „Harmonie" wie ein fester Deckel auf den kochenden Topf der interreligiösen Beziehungen gepresst.

Die anti-islamistische Politik wurde 1983 noch verstärkt durch eine Parlamentarische Verordnung, die die Fünf Prinzipien (*Pancasila*) zur einzigen philosophischen Grundlage für alle „sozialen Organisationen" erklärte. Zwei Jahre später wandte Gesetz Nr. 8/1985 den Begriff „soziale Organisationen" auch auf religiöse Gemeinschaften an, die nun ebenfalls die Fünf Prinzipien als ihre „einzige ideologische Grundlage" (*asas tunggal*) annehmen mussten. Die Frustration nicht nur der Islamisten, sondern vieler Moslems mit islamischer Orientierung darüber, dass der Staat versuchte, sie zu zwingen, eine menschengemachte indonesische Zivilreligion als ihrer göttlichen Offenbarung übergeordnet anzusehen, entlud sich in den sogenannten Tanjung Priok Unruhen von 1985, in deren Verlauf hunderte islamische Demonstranten von der Militärpolizei getötet wurden. Das Massaker läutete eine Zeit ein, in der sich die großen islamischen Organisationen Indonesiens aus der Politik zurückzogen und ihre Arbeit eher auf verbesserte religiöse Bildung und persönliche Hingabe konzentrierten.[57]

---

[54] *D. E. Ramage*, Politics in Indonesia. Democracy, Islam and the Ideology of Tolerance, London-New York 1997, S. 29; *M. B. Hooker*, a.a.O., S. 30.
[55] *K. Hyung-Jun*, 1998, S. 366.
[56] Ebd., S. 368–369; *T. v. d. End/J. S. Aritonang*, a.a.O., S. 207–208.
[57] *D. E. Ramage*, a.a.O., S. 37, 54; *N. Hosen*, a.a.O., S. 71–72, 76.

Nur fünf Jahre später leiteten jedoch die zwei zuvor schon erwähnten Gesetze, nämlich Gesetz Nr. 2/1989 zum Nationalen Bildungssystem und Gesetz Nr. 1/1989 zur Religiösen Rechtsprechung, den grundlegenden Wandel in Suhartos Einstellung zum Islam ein. Diesem Wandel waren 1988 Spannungen zwischen Suharto und einer mächtigen Fraktion innerhalb der Militärführung vorausgegangen, die von dem katholischen General Benny Moerdani angeführt wurde. Die Spannungen lagen darin begründet, dass Moerdanis Militärfraktion Suhartos Kandidaten für das Vizepräsidentenamt nicht unterstützten wollte.[58] Jene Spannungen trieben Suharto an, politischen Rückhalt bei der islamischen Mehrheitsbevölkerung zu suchen.

Die in den ersten zwei Dekaden des unabhängigen Indonesiens erfolgte Verrechtlichung von Religion hatte dazu geführt, dass sich alle religiösen Gemeinschaften Indonesiens gemäß der islamischen Konzeption von „Religion" (Arabisch: *Dīn*) zu organisieren hatten, und dass die Zugehörigkeit zu einer anerkannten Religionsgemeinschaft Vorbedingung für die indonesische Staatsbürgerschaft war. Diese Verrechtlichung von Religion bei gleichzeitigem Abbau der politischen Meinungsäußerung in Sukarnos und Suhartos „gelenkter Demokratie" hatte auch dazu geführt, dass Religion nun die einzige institutionelle Grundlage bot, um moralische Empörung öffentlich auszudrücken. Mit der Priorisierung des Islam in der Verrechtlichung von Religion nach 1989 aber wurden die nicht-islamischen Religionen losgekoppelt von der indonesischen Identität und wurden daher als nationale Plattformen für moralische Entrüstungsbezeugungen, die die politische Führung des Landes betrafen, bedeutungslos. Gleichzeitig ebnete Suhartos Wende zum Islam den Weg für eine weitergehende Verrechtlichung des Islam nach seinem Sturz.

Islamisierung der nationalen Gesetzgebung im Indonesien nach Suharto

Wenngleich Habibie mit seinem Aufstieg zum Präsidenten den Vorsitz der *ICMI* abgeben musste, so war er nun in der Position, um die gesetzlichen Schranken, welche Suharto der Religion – sehr zum Ärger der islamischen Gemeinschaft – bis zum Ende seiner Herrschaft aufrecht erhalten hatte, aufzuheben. Habibies Parlamentsdekret Nr. 18/1998, welches Suhartos Parlamentsdekret Nr. 2/1978 zur Neubelebung und Anwendung der Fünf Prinzipien aufhob, befreite alle religiösen Gemeinschaften von dem Zwang, die Fünf Prinzipien als ihre einzige ideologische Grundlage anzuerkennen. Ar-

---

[58] *D. E. Ramage*, a.a.O., S. 42.

tikel 7/1 des von Habibie angestoßenen Gesetzes Nr. 22/1999 zur Regionalen Autonomie stipulierte zwar, dass Religion weiterhin der direkten Gewalt der Zentralregierung und ihrer zuständigen Ministerien unterstehen sollte, und zwar vor allem der Autorität des Ministerium für Religiöse Angelegenheiten. Es gestattete den Regionen aber auch mehr Mitwirkung bei der Entwicklung des lokalen religiösen Lebens. So können sie seitdem entsprechende regionale Vorschriften erlassen, in denen besondere lokale kulturelle und religiöse Traditionen berücksichtigt werden. Artikel 7/1 bildete folglich die rechtliche Grundlage für die oben erwähnten, auf der *Scharia* basierenden Regionalbeschlüsse.

Gleichzeitig – und in Übereinstimmung mit Gesetz Nr. 22/1999 – wurde die Zuständigkeit des Ministeriums für Religiöse Angelegenheiten durch zwei nationale Gesetze in seiner Autorität bestätigt: Gesetz Nr. 17/1999 zur *Hajj* bestätigte das Ministeriums als einzige Institution, die islamische Pilgerreisen nach Mekka organisieren und von allen Pilgern auch Gebühren einziehen darf; Gesetz Nr. 38/1999 zur Verwendung von Almosen (*Zakat*) stipulierte, dass es fortan der Verantwortung des Ministeriums und seiner Regionalbüros oblag, Almosen einer sozialen Verwendung zuzuführen. Dieses Gesetz wurde 2004 noch durch Gesetz Nr. 41/2004 zur Zueignung von Eigentum für religiöse und wohltätige Zwecke (*wakaf*) ergänzt. So wie Gesetz Nr. 38/1999 autorisierte auch Gesetz Nr. 41/2004 das Ministerium für Religiöse Angelegenheiten, das Management von *wakaf* zu übernehmen. Denn mit Hilfe des staatlich gemanagten *zakat* und *wakaf* soll ein effektives, zentralisiertes und landesweites islamisches Wohlfahrtssystem ins Leben gerufen werden, das bis zur Dorfebene reicht.[59] Daher sind nunmehr die Abgabe von *zakat* und *wakaf* für Muslime nicht mehr wie früher freiwillig, sondern gerichtlich einklagbar.

In den Jahren 2000, 2001 und 2002 verlangten Abgeordnete der Vereinigungs- und Entwicklungspartei (*PPP*) sowie der Halbmond-Partei (*PBB*) erneut im Parlament die Inkorporierung der Jakarta Charta in Artikel 29 der indonesischen Verfassung. Aufgrund der geringen Anzahl der Sitze der islamischen Parteien, schlugen jedoch alle ihre Versuche, die Jakarta Charta wieder zu beleben, fehl. Fast 90% der Wählerschaft war gegen die Anerkennung der *Scharia* als eine Gesetzesquelle für muslimische Staatsbürger.[60] Islamische Interessen wurden jedoch durch die Änderung von Artikel 31 der indonesischen Verfassung gewahrt, die 2002 im Rahmen der vierten und bisher letzten Verfassungsänderung durchgeführt wurde. Artikel 31/3 besagt nun, dass der Staat ein nationales Bildungssystem anbieten muss, das

---

[59] *M. B. Hooker*, a.a.O., S. 33–34, 37, 206; *A. Salim*, a.a.O., S. 74, 76, 127ff.
[60] *N. Hosen*, a.a.O., S. 81–83, 85, 93–96, 188, 195–214; *A. Salim*, a.a.O., S. 87ff., 105–107.

den Glauben, die Spiritualität und den moralischen Charakter der Schüler und Schülerinnen gleichermaßen fördert. Dies wurde wiederum zum verfassungsmäßig bekräftigten Bezugspunkt für Gesetz Nr. 20/2003 zur Nationalen Bildung. Die in diesem Gesetz zu findende Bekräftigung des Wertes religiöser Bildung kommt seither vor allem den islamische Schulen zugute. Artikel 12A des Gesetzes Nr. 20/2003 besagt zudem, dass alle Schüler das Recht auf Religionsunterricht durch einen Lehrer ihrer eigenen Religion haben. Damit ist ein lange währender Missstand ausgeräumt, den besonders Muslime, aber auch Hindus und Buddhisten beklagten, nämlich dass nichtchristliche Kinder an katholischen Schulen dem Religionsunterricht durch christliche Lehrer folgen mussten. Katholische Pädagogen wiederum kritisieren, dass die neue Vorschrift der Regierung zu viele Eingriffe in die privaten Schulen erlauben würde.[61]

2008 machten sich indonesische Islamisten für die Auflösung der heterodoxen Ahmadiyya Sekte stark. Während Suhartos Regierungszeit konnte die Sekte ungehindert unter den Muslimen missionieren, wenngleich sie schon 1980 durch eine Fatwa des *MUI* offiziell als abweichend und daher häretisch gebrandmarkt worden war (Ma'ruf Amin et al. 2011: 40–41). Der *MUI* verabschiedete die Fatwa im Jahre 2005 erneut,[62] was wiederum verschiedenen fundamentalistischen Gruppen Rückenwind gab, wie z.B. der *Hizbut Tahrir*, dem Forum der Islamischen Gemeinschaft und der Front der Verteidiger des Islam, um gewaltsam – und ungeahndet von der Staatsmacht – gegen die Ahmadiyya-Gemeinschaft vorzugehen. Diese Entwicklung führte schließlich zur Verabschiedung eines gemeinsamen Dekrets des Ministeriums für Religiöse Angelegenheiten und des Ministeriums des Inneren. Zwar untersagte das Dekret die öffentliche Verbreitung von Ahmadiyya-Lehren, doch die Erwartungen der Islamisten wurden trotzdem enttäuscht, da die Existenz der Ahmadiyya-Gemeinschaft als solche nicht verboten wurde. Das Dekret warnte die Bürger vielmehr, Mitglieder der Ahmadiyya-Gemeinschaft nicht zu Schaden kommen zu lassen. Die Verabschiedung des Dekrets verdeutlicht unterm Strich nichtsdestoweniger eindrucksvoll, dass der Einfluss des *MUI* im heutigen Indonesien enorm angestiegen ist. Der Rat hat im Vergleich zu früher tatsächlich mehr Regierungsunabhängigkeit erlangt. Dabei hat er jedoch seine alte institutionelle Infrastruktur beibehalten. Noch immer ist der *MUI* auf allen Verwaltungsebenen des Landes und in fast allen Regionen vertreten. Nach Suhartos Sturz hat sich sein öffentliches Profil aufgrund zweier prestigeträchtiger Projekte positiv verändert: (1) die Einführung eines *MUI* Halal-Zer-

---

[61] *M. Zuhdi*, a.a.O., S. 425; *T. v. d. End/J. S. Aritonang*, a.a.O., 215; *A. Salim*, a.a.O., 2008, S. 104–105.
[62] *K. H. Ma'ruf Amin et al.*, Himpunan Fatwa. Majelis Ulama Indonesia Sejak 1975, Jakarta 2011, S. 96–100.

tifizierungs- und Halal-Qualitätssicherungssystems, das islamische Verbraucher dahingehend unterstützt, bei ihrem Konsum von Nahrungsmitteln, Medikamenten und Kosmetik keine rituell unreinen Ingredienzen zu sich zu nehmen; und (2) das *MUI Scharia* Büro, welches das islamische Bankwesen kontrolliert.[63]

Im Jahre 2005 gab der *MUI* mehrere Fatwas heraus, die seiner zunehmend fundamentalistischen Ausrichtung Ausdruck gaben: Fatwa Nr. 7/MUNAS VII/MUI/11/2005 gegen Pluralismus, Liberalismus und Säkularisierung von Religion, welche jede Form von pluralistischer oder liberaler Einstellung zur Religion als unislamisch ablehnt[64]; Fatwa Nr. 3/MUNAS VII/MUI/7/2005 gegen das Interreligiöse Gebet, die Muslimen verbietet, mit Mitgliedern anderer Glaubensrichtungen zusammen zu beten[65]; und Fatwa Nr. 4/MUNAS VII/MUI/8/2005 gegen religiöse Mischehen[66]. Im Einklang mit der Fatwa 287/2001 zu Pornographie[67] lenkte der *MUI* im gleichen Jahr die öffentliche Aufmerksamkeit auf einen Gesetzesentwurf, der ursprünglich vom Ministerium für Religiöse Angelegenheiten während Suhartos Regierungszeit verfasst worden war. Er richtete sich gegen „Pornographie und Porno-Aktionen".[68] Als der Entwurf im Jahre 2006 wieder dem Parlament vorgelegt wurde,[69] regte sich sofort landesweiter Widerstand, da die äußerst weit gefasste Definition von Pornographie verschiedene nicht islamische, lokale Bräuche einzuschließen drohte. So lehnte das balinesische Provinzparlament den Entwurf rundweg ab (Entscheidung Nr. 8/2006), mit der Begründung, dass er die Artikel 18, 28, 29 und 32 der geänderten indonesischen Verfassung verletzen würde. Andere Regionen, in denen die Bewegung für die Rechte indigener Völker in Indonesien (*Aliansi Masyarakat Adat Nusantara*, *AMAN*) und verwandte Foren tief verankert waren, legten ebenfalls Protest ein. Diese breite Opposition gegen den Gesetzesentwurf führte unter anderem zur Gründung der Nationalen Allianz für Diversität und Einheit (*Aliansi Nasional Bhineka Tunggal Ika*, *ANB-TI*).[70]

Zwei Jahre später wurde aus dem Entwurf dennoch Gesetz Nr. 44/2008 zu Pornographie. Präsident Susilo Bambang Yudhoyono unterzeichnete das

---

[63] J. Menchik, Illiberal but Not Intolerant. Understanding the Indonesian Council of Ulamas, in: Inside Indonesia 90 (2007), http://www.insideindonesia.org/weekly-articles-90-oct-dec-2007/illiberal-but-not-intolerant-25111594 (aufgerufen am 20. August 2012), S. 1–2.
[64] *K. H. Ma'ruf Amin et al.*, a.a.O., S. 87–92.
[65] Ebd., S. 216–221.
[66] Ebd., S. 477–482.
[67] Ebd., S. 410–418.
[68] *R. Bush*, a.a.O., S. 5.
[69] *K. H. Ma'ruf Amin et al.*, a.a.O., S. 860–861.
[70] Ich hatte in den Jahren 2008 und 2009 die Gelegenheit, die Büros von *AMAN* und *ANB-TI* in Jakarta zu besuchen, um einige Interviews mit den Mitarbeitern durchzuführen.

Gesetz, da er die freie Meinungsäußerung und die Integrität traditioneller Bräuche nicht gefährdet sah. Auch die Ratifizierung dieses Gesetzes bestätigte den Einfluss des *MUI* in der heutigen indonesischen Gesellschaft. Artikel 1/1 des „Pornographie-Gesetzes" besagt, dass die Herstellung, Verbreitung und Verwendung von Pornographie wie auch die Kommerzialisierung von Sex in Form von „Sketchen, Illustrationen, Fotos, Sprache, Ton, Schrift, Filmen, Animationen, Cartoons, Stilisierung, Körperbewegungen oder in jedweder anderer Form" das Leben und die Ordnung der indonesischen Gesellschaft bedrohen würde. Artikel 2 des Gesetzes nimmt Bezug auf das Erste Prinzip der Indonesischen Verfassung sowie die Menschenrechte und bestätigt das Prinzip des Pluralismus. Diese Bezüge belegen, wie sehr der Jargon der Menschenrechtsbewegung längst das Bewusstsein und die öffentlichen Diskurse der indonesischen Gesellschaft prägt, unabhängig von der tatsächlichen Beachtung der Menschenrechte durch die indonesische Regierung. Artikel 3/a-e des Pornographie-Gesetzes fügt hinzu, dass das Gesetz angestammte und religiöse Werte respektiert und sowohl die Moral wie auch islamisches Dekorum (*akhlaq*) aufrechterhält. Die Artikel 4-12 kriminalisieren verschiedene Formen der Mitwirkung an der Herstellung oder Nutzung von Pornographie, während die Artikel 29-38 den Tätern hohe Strafen bzw. Bußgelder androhen.[71]

Mit Bezug auf Artikel 3 behauptete Informationsminister Muhammad Nuh, dass das Gesetz ganz offenkundig traditionelle Riten und Kleidungsformen schütze. Es hätten also weder die Träger der berühmten Penisfutterale (*koteka*) der Dani (eines Stamms in Westpapua) noch die traditionellen *jaipongan* Tänzerinnen in Westjava mit ihren aufreizenden Kostümen und Tanzbewegungen etwas von dem Gesetz zu befürchten. Dennoch löste die Verabschiedung des Gesetzes erneut landesweite Proteste aus. Auch wurden Forderungen nach einer rechtlichen Überprüfung des Gesetzes gestellt, da die Definition von Pornographie sehr vage gehalten und in dem Gesetzestext eben einseitig nur auf islamische Normen und Werte Bezug genommen ist. So unterzeichneten der balinesische Gouverneur und das balinesische Provinzparlament eine offizielle Erklärung, dass sie das Gesetz in der Provinz nicht vollstrecken würden. Mit Blick auf die kulturell sehr unterschiedlichen Standards in der multikulturellen und multiethnischen indonesischen Gesellschaft und die sehr weit gefasste Definition von „Pornographie" in dem Gesetzestext äußerten die Balinesen die Sorge, dass religiöse Darstellungen der vollbusigen hinduistischen Göttin Durga oder des nackten Acintya (männliche Verkörperung des Absoluten) dem Gesetz

---

[71] *UUPDP*: Undang-Undang Pornografi dan Penjelasannya Dilengkapi Pendapat-pendapat Pro-Kontra, Yogyakarta 2008, S. 8, 10–19, 36–42; *UURI*: Undang-Undang Republik Indonesia Nomor 44 Tahun 2008 Tentang Pornografi Dilengkapi Dengan: Pendapat-pendapat Pro dan Kontra. Yogyakarta 2008, S. 3–10; 21–26.

zum Opfer fallen könnten, ganz abgesehen von den vielen ausländischen Touristinnen in ihren knappen Bikinis und der so gar nicht prüden balinesischen Kunst. Die Allianz der Völker der Westlichen Kleinen Sundainseln kritisierte, dass das Gesetz Aspekte der lokalen Tradition kriminalisiere. Und die Regierung der Provinz Nordsulawesi lehnte das Gesetz mit der Begründung ab, dass es im Widerspruch zur lokalen Kultur stünde. Die Allianz der Christlichen Kirchen sowie der Parlamentsvorsitzende der Provinz Westpapua lehnten das Gesetz nicht nur ab, sondern drohten auch mit der Abspaltung Westpapuas von Indonesien, sollte das Gesetz nicht zurückgezogen werden.[72]

Schließlich gingen mehrere schriftliche Anfechtungen des Gesetzes Nr. 44/2008 beim Obersten Gerichtshof ein. Die Gemeinschaft Protestantischer Kirchen in Indonesien (*Gereja Protestan Indonesia, GPI*) wandte zusammen mit verschiedenen NGOs ein, dass das Gesetz in Widerspruch zu der in der Verfassung garantierten Anerkennung kultureller Diversität stünde. Im Laufe der Verhandlung am 23. März 2009 wiesen die *GPI*-Vertreter erneut auf die sehr weit gefasste Definition von Pornographie in Artikel 1/1 hin und erklärten, dass „die Prinzipien des Gesetzes klar und einfach zu verstehen und umzusetzen sein müssen". Die drei vorsitzenden Richter entschieden, den Antrag der *GPI* zusammen mit jenem zu verhandeln, der von einem Dutzend christlicher und kultureller Gruppen aus Nordsulawesi eingereicht worden war und sich ebenso gezielt gegen die weit gefasste Definition von Pornographie in Artikel 1 wandte.[73] Am 7. Mai 2009 wurde eine dritte Anfechtung verhandelt.[74] Zu den Antragstellern gehörte die Stiftung der indonesischen Organisation für Rechtshilfe, das Institut für Rechtsbeistand für indonesische Frauenverbände als Vertreter einer Reihe von Frauenorganisationen, die Traditionelle Gesellschaft der Kawanu (eine ethnische Gruppe aus Nordsulawesi) und Vertreter von zwei Regierungsinstitutionen, die den Antrag unterstützten, nämlich die Nationale Kommission zu Gewalt gegen Frauen und die Nationale Kommission für den Schutz von Kindern. Während der Anhörung betonte die Verteidigung, dass die Einhaltung der Moral das zentrale Thema des Gesetzes sei und dass die in-

---

[72] *UUPDP*, a.a.O., 2008, S. 57–59, 67–70, 73–74; *UURI*, a.a.O., S. 52–56, 73, 80–81.
[73] Siehe http://www.ucanews.com/2009/04/03/christians-ngos-seek-judicial-review-of-pornography-law/ (aufgerufen am 24. November 2009);
http://www.indonesiamatters.com/2869/judicial-review/ (aufgerufen am 24. November 2009);
http://www.thejakartapost.com/news/2009/05/07/porn-law-discussed-judicial-review.html?1 (aufgerufen am 23. November 2009).
[74] Die folgenden Details gehen auf eine ausführliche Email-Kommunikation zwischen *Sulistyowati Irianto* (Professorin für Rechtsanthropologie an der juristischen Fakultät der Universitas Indonesia in Jakarta und indonesische Menschenrechtsaktivistin) und *Franz* und *Keebet von Benda-Beckmann* (ehemals Leiter der Abteilung „Rechtspluralismus" am Max-Planck-Institut für ethnologische Forschung in Halle/Saale) zurück, welche sie mir freundlicherweise zur Verfügung gestellt haben.

donesische Variante der Menschenrechte sich von der des Westens unterscheide. Am 4. Juli 2009 folgte eine weitere Anhörung, und am 25. März 2010 urteilte das Verfassungsgericht schließlich, das Gesetz Nr. 44/2008 unverändert beizubehalten. Mittlerweile wurden schon mehrere Personen auf Basis dieses Gesetzes verurteilt, vor allem erotische Tänzerinnen. Die größte Aufmerksamkeit erregte jedoch der Fall eines Sexvideos mit dem Leadsänger der indonesischen Popgruppe Peterpan, genannt "Peter Porn" alias Nazril Irham, und einer Anzahl Frauen.[75]

Ein weiterer Meilenstein im Islamisierungsprozess war Gesetz Nr. 3/2006 zur Religiösen Gerichtsbarkeit. Wegen der Pornographie-Kontroverse fand es weniger Beachtung, aber es erweiterte und stärkte die Befugnisse der islamischen Gerichte im Land auf zweierlei Weise: erstens, indem es ihre Zuständigkeit auch auf Streitfälle bei wirtschaftlichen Transaktionen zwischen Muslimen und auf das islamische Bankwesen ausdehnte, und zweitens, indem es muslimische Streitparteien dazu verpflichtete, ihren Rechtsstreit künftig nur noch vor islamischen Gerichten zu führen (Hooker 2008: 39). Dies kam im Wesentlichen einer Durchsetzung der Jakarta Charta gleich, ohne den Vorgang so zu benennen.[76]

Im April 2010 bestätigte das indonesische Verfassungsgericht die Gültigkeit von Artikel 156A des indonesischen Strafgesetzbuches. Dieser Artikel war 1965 von Sukarno per Präsidialverordnung eingeführt worden, um den Missbrauch, die Verunglimpfung oder Herabwürdigung einer der in Indonesien anerkannten Religionen strafbar zu machen. Im Oktober 2009 beantragte eine von der indonesischen Stiftung zur Rechtshilfe angeführte Koalition von NGOs die rechtliche Überprüfung des sogenannten „Blasphemie-Gesetzes". Sie argumentierte, dass das Gesetz dem Recht auf individuelle Meinungsfreiheit widerspräche, welches in der indonesischen Verfassung (Artikel 28/E-2) garantiert sei. Insgesamt waren 120 Personen (in 47 Verfahren) bereits belangt worden, die im Geiste der allgemeinen Demokratisierung der indonesischen Gesellschaft nach Suharto ihren heterodoxen Überzeugungen Ausdruck verliehen hatten und prompt wegen Blasphemie vor Gericht gestellt und verurteilt worden waren. Das Gesetz ist besonders für Anhänger des javanischen Mystizismus eine Gefahr. So wurde z.B. Andreas Guntur, der Kopf der mystischen Gruppe „Das Mandat, die Charakteristiken der Größe Gottes zu tragen" (*Amanat Keagungan Ilahi* or *AKI*) am 14. März 2012 wegen Blasphemie zu vier Jahren Gefängnis verurteilt. Bereits 2009 hatte der *MUI* eine Fatwa gegen *AKI* erlassen, weil sich

---

[75] Siehe zum Beispiel *Leksana, Puji*. 2010. Ariel Peter Pan Sleeps with 32 Beautiful Famous Actress And Sex Video Taped; http://www.bukisa.com/articles/315561_ariel-peter-pan-sleeps-with-32-beautiful-famous-actress-and-sex-video-taped, (aufgerufen am 6. August 2011).

[76] T. Lindsey, a.a.O., S. 41.

die Gruppe geweigert hatte, die konventionellen islamischen Religionspraktiken auszuüben.[77] Am 7. Mai 2009 hatte das Selong Distriktgericht in Lombok auch den 70-jährigen Bakri Abdullah zu einem Jahr Gefängnis verurteilt, weil er behauptet hatte, ein Prophet zu sein, der schon zweimal zum Himmel aufgestiegen war.[78]

Schlussfolgerungen

Die normative Anerkennung entscheidender Elemente des Islam (wie des *Tauhid*, das heißt, der Einheit Gottes) in der indonesischen Verfassung legte den Grundstein dafür, dass sich jeder indonesische Bürger, jede indonesische Bürgerin als Mitglied einer anerkannten Religionsgemeinschaft ausweisen muss. Das Ministerium für Religiöse Angelegenheiten und der *MUI* fungierten dann als Triebkräfte für die weitere normative Anerkennung und eine vorsichtige institutionelle Anerkennung des Islam, zum Nachteil anderer religiöser und philosophischer Strömungen in der indonesischen Gesellschaft. Die rechtlich vorgeschriebene, individuelle Identifikation mit einer der anerkannten Religionsgemeinschaften in Indonesien war das entscheidende Mittel, um auf offizieller Ebene eine muslimische Mehrheit herzustellen, da die Möglichkeit verschwand, sich als atheistisch oder agnostisch zu identifizieren, oder als jemand, dem Religion gänzlich unwichtig ist, als Anhänger eines ethnischen Glaubenssystems, einer javanischen mystischen Gruppe, oder als jemand, der mit verschiedenen religiösen Traditionen experimentiert oder gar sein eigenes Glaubenssystem entworfen hat.

Zudem gibt es noch immer eine große Dunkelziffer von Menschen, die bei den entsprechenden Ämtern Schwierigkeiten haben, sich unter einer selbst gewählten, nicht-islamischen Religionszugehörigkeit registrieren zu lassen, da sie sich Bürokraten gegenüber sehen, die ihnen die offizielle Registrierung ihrer tatsächlichen Religionszugehörigkeit verweigern oder aber für eine Registrierung ihrer wahren Zugehörigkeit horrende Summen an Bestechungsgeldern fordern. Nach der Wiederanerkennung des Konfuzianismus als Religion im Jahre 2006 ergab die Volkszählung 2010 einen Anteil von 0,05% Anhängern des Konfuzianismus an der Gesamtbevölkerung von 237,641,326 Menschen, neben 87,18% Muslimen, 6,96% Protestanten,

---

[77] Siehe zum Beispiel Jihad Watch Indonesia. n.d. „Spiritual group leader gets four years in jail for „blasphemy". http://www.jihadwatch.org/2012/03/indonesia-spiritual-group-leader-gets-4-years-in-jail-for-blasphemy.html (aufgerufen am 1. Juni 2012).

[78] Siehe zum Beispiel United States Department of State. July-December, 2010 International Religious Freedom Report – Indonesia; http://www.unhcr.org/refworld/docid/4e734c-9282.html (aufgerufen am 24. Januar 2012).

2,91% Katholiken, 1,69% Hindus und 0,72% Buddhisten.[79] Diese Zahlen sind jedoch aufgrund der genannten Umstände nicht vertrauenswürdig. Niemand weiß, wie viele „echte" Muslime, Christen, Hindus, Buddhisten oder Anhänger des Konfuzianismus es zu irgendeinem Zeitpunkt in der Geschichte des unabhängigen Indonesiens gab, da weder die Echtheit ihres Glaubens überprüft werden kann noch sich ermitteln lässt, wie viele Menschen falsch registriert wurden. Die Religionspolitik des Landes stellte jedoch sicher, dass alle Indonesier die Wichtigkeit von Religion für die indonesische Gesellschaft in irgendeiner Form anerkennen. Für viele stellte sie sich zunehmend als einziger Garant der öffentlichen Moral dar bzw. als das stärkste Mittel, um den anomischen Tendenzen in der indonesischen Gesellschaft entgegenzuwirken. Diese weit verbreitete Einstellung wurde von den radikalen Kräften innerhalb des indonesischen Islam geschickt genutzt, um die Islamisierung des indonesischen Rechts zu fördern. Trotz der Demokratisierung und der Inkorporierung einiger Menschenrechte in die indonesische Verfassung nach dem Sturz von Suharto begann die zunehmende Islamisierung des indonesischen Rechts wichtige individuelle Rechte einzuschränken, besonders aber die der indonesischen Muslime. Dieser Trend droht sich zu beschleunigen und damit die liberal-demokratische Entwicklung nach Suharto wieder rückgängig zu machen.

Die rezente nationale Gesetzgebung zu Religion hat dem Islam eine feste institutionelle Basis (Gerichte und Schulen) verschafft. Diese wiederum fördert den orthodoxen Islam als Quelle moralischer Neuorientierung im heutigen Indonesien. Die Islamisierung per Gesetz war daher eine erfolgreiche Strategie, in einer anomischen Zeit wachsender wirtschaftlicher und kultureller Globalisierung eine klare moralische Orientierung bieten zu können. Aufgrund der anhaltenden Korruption in der indonesischen Politik, Verwaltung und Gerichtsbarkeit scheint inzwischen wieder eine gewisse politische Apathie eingesetzt zu haben, die den anfänglichen Enthusiasmus für politische Partizipation durch Wahlen nach Suhartos Abdankung dämpft.[80] Vielleicht liegt auch hier ein Grund für die Verschiebung politischer Streitigkeiten auf die Ebene der Gesetzgebung (Comaroffs These des „lawfare"). Polanyis Beobachtung der Rolle der Gesetzgebung bei der Bekämpfung gesellschaftlicher Anomie-Tendenzen legt diese Schlussfolgerung meines Erachtens nahe. Fest steht jedenfalls, dass zu keiner Zeit in der Geschichte des modernen Indonesiens eine islamische Mehrheit sich im Zuge von Wahlen an die politische Spitze des Landes bringen konnte.[81]

---

[79] Siehe *Penduduk Menurut Wilayah dan Agama Yang Dianut,* in: Sensus Penduduk 2010, hg. von dem Zentralbüro für Statistik (Badan Pusat Statistik); http://sp2010.bps.go.id/index.php/site/tabel?tid=321&wid=0 (aufgerufen am 3. Mai 2012).
[80] Siehe auch *Y. Wahyu,* Antusiasme Publik Terus Turun, in: Kompas (July 9, 2012), S. 5.
[81] Siehe auch *J. Lee,* a.a.O., S. 87.

Die allgemeine Identifikation von Religion als eine moralische Kraft im Kampf gegen die anomischen Tendenzen in der indonesischen Gesellschaft, und eben nicht als politische Plattform, wird meiner Meinung nach besonders verdeutlicht durch das Schicksal einiger islamischer Führer, die in der indonesischen Öffentlichkeit Pop Star-ähnliche Beliebtheit erlangten, diese aber wieder verloren, als man von ihren moralischen Fehltritten erfuhr. Hier wäre zu allererst der „Starprediger" und „moderne Medien-*Ulama*", Aa Gym, zu nennen, dessen frühere Beliebtheit unter Millionen von Indonesiern auf seine unterhaltsamen Predigten, seinen charakteristischen Turban und seine Selbsthilfe-Ratschläge zum „Management des Herzens" zurückgeht. Im Jahre 2006 versuchten angeblich mehrere politische Parteien, Aa Gym als ihren Vizepräsidentschaftskandidaten für die Allgemeinen Parlamentswahlen für das Jahr 2009 zu gewinnen. Als der Prediger jedoch eine zweite Frau ehelichte, waren seine Anhänger so empört – Umfragen zeigen, dass die Mehrheit der Indonesier Polygamie ablehnen –, dass das öffentliche Ansehen Aa Gyms in Infotainment-Sendungen und Klatschmagazinen in kürzester Zeit auf dem Nullpunkt angelangt war.[82] Ein anderes Beispiel ist Syekh Puji, der ehemals populäre Leiter eines islamischen Internats in Semarang, Zentraljava. Seine Eheschließung mit einer 12-Jährigen erregte nicht nur großes Medieninteresse. Seine Heirat wurde schließlich als ein Verstoß gegen das Gesetz Nr. 23/2002 zum Kindesschutz angesehen, ein Vergehen für das Syekh Puji im Jahre 2010[83] zu einer vierjährigen Haftstrafe und einem Bußgeld von 60 Millionen IDR[84] verurteilt wurde. Die Beispiele von Aa Gym und Syekh Puji zeigen, dass der allgemeine Rückgriff auf Religion als moralische Kraft kein blinder Rückfall in die Vormoderne ist, sondern dass die Moralität, welche die „Religion" verteidigen soll, manchmal mehr von globalen, modernen Standards beeinflusst wird als von sogenannten islamischen „Traditionen". Dies macht den Islam aber als symbolischen Wegbereiter einer moralischen Erneuerung nicht weniger wichtig.

Abschließend ist zu verzeichnen, dass die normative und institutionelle Anerkennung des Islam auf verschiedenen Ebenen des indonesischen Rechts dazu beigetragen hat, den rechtspluralistischen Charakter des indonesischen Rechtssystems zu verstärken. Daraus ergibt sich die Frage nach dem interlegalen Konfliktpotential zwischen den inkompatiblen Rechtsvorstellungen des indonesischen Rechtspluralismus. Ich kann dieser großen Frage hier natürlich nicht gerecht werden. Ich möchte deshalb nur kurz

---

[82] Siehe auch *J. B. Hoesterey*, The Rise, Fall, and Rebranding of a Celebrity Preacher, in: Inside Indonesia 90 (2007), S. 1–7.
[83] Siehe *Kontroversi: Nikahi Ulfa, Syekh Puji Ajukan Izin Poligami*; http://www.seputar-indonesia.com/edisicetak/content/view/462090/ (aufgerufen am 13. Februar 2012).
[84] 60 Millionen IDR (Indonesische Rupiah) etwa 6.500 US$.

stellvertretend auf eine Kontroverse eingehen, die im Zuge des von der Bezirksregierung der westjavanischen Stadt Tasikmalaya verabschiedeten Regionalbeschlusses Nr. 12/2009 zum Aufbau einer auf dem Islam beruhenden sozialen Werteordnung ausgelöst wurde. Gegner des Beschlusses, wie der indonesische Innenminister Gamawan Fauzi, verweisen auf die Tatsache, dass der Beschluss die nicht-islamischen Bürger der Stadt Tasikmalaya diskriminieren würde, was Kapitel 10A, Artikel 28I/2, der geänderten indonesischen Verfassung widerspräche.[85] Diese in der Hierarchie der indonesischen Gesetze höher stehende Rechtsnorm würde den besagten Regionalbeschluss außer Kraft setzen.[86] Die islamischen Befürworter des Beschlusses, wie beispielsweise Habib Muhammad Rizeq Syihab, der Führer der Front der Verteidiger des Islam, betonen dagegen, dass den Regionen mit den Autonomiegesetzen das Recht verliehen wurde, solche Beschlüsse zu erlassen. Außerdem sei das Argument von Gamawan Fauzi zurückzuweisen, der Regionalbeschluss konfligiere mit den in der nationalen Verfassung verankerten Menschenrechten. Denn der für alle Indonesier verpflichtende Glaube an den Einen, Allmächtigen Gott, der in der Präambel der Verfassung enthalten ist, garantiere ja jedem Bürger die Freiheit, seine Religion auszuüben. Der Regionalbeschluss von Tasikmalaya stimme mit dieser Freiheit überein und sei gerade durch das oberste der indonesischen Gesetze, das Erste Prinzip, legitimiert.[87]

Wie viel Pluralismus verträgt also das indonesische Recht? Oder, um mit H. Patrick Glenn zu sprechen, wie viel nachhaltige Diversität verträgt es?[88] Auf jeden Fall ist eine höhere Rechtsunsicherheit eingetreten. Dies wiederum erhöht die Möglichkeit für indonesische Beamte, Richter und Staatsanwälte, als Gegenleistung für „günstige" Urteile Geld oder Geschenke zu erpressen, was schlussendlich die korrupten Tendenzen verstärkt, die nach wie vor in der indonesischen Verwaltung und im Rechtswesen zu finden sind. Eine Evaluation seitens der Mitarbeiter der Weltbank in Jakarta konstatierte, dass die Korruption nach der Implementierung der Autonomiegesetze nicht abgenommen habe, sondern nur vom Zentrum in die Regionen

---

[85] *A. Guza*, UUD 1945 (Setelah Amandemen), Jakarta 2007, S. 22.
[86] Siehe z.B. *E. Setyabudi*, 2012, Kontroversi Perda Syariat Islam di Tasikmalaya; http://news.liputan6.com/read/410602/kontroversi-perda-syariat-islam-di-tasikmalaya (aufgerufen am 10. März 2013).
[87] Siehe z.B. *Bilal*, 2012, Habib Rizieq: Perda Syariah Tasikmalaya konstitusional, yang menentang diskriminatif dan kriminal; http://www.arrahmah.com/read/2012/06/07/20773-habib-rizieq-perda-syariah-tasikmalaya-konstitusional-yang-menentang-diskriminatif-dan-kriminal.html (aufgerufen am 10. März 2013).
[88] Siehe *H. P. Glenn*, Sustainable Diversity in Law, in: *B. Z. Tamanaha/C. Sage/M. Woolcock* (Hg.), Legal Pluralism and Development. Scholars and Practitioners in Dialogue, Cambridge 2012, S. 107.

verlagert sei.[89] Zwar gibt es seit 2002 eine Anti-Korruptionskommission in Indonesien,[90] die auch erste Erfolge gezeitigt hat. Doch aufgrund der genannten systemischen Schwächen in der indonesischen Staatsführung lässt sich die Korruption in absehbarer Zeit nur schwer eindämmen. Damit verstärkt der zunehmende Rechtspluralismus ungewollt die anomischen Tendenzen in der indonesischen Gesellschaft.

Literaturverzeichnis

Ananta, Aris/Arifin, Evi Nurvidya/Suryadinata, Leo: Emerging Democracy in Indonesia, Singapore 2005.
Aspinall, Edward: Opposing Suharto. Compromise, Resistance, and Regime Change in Indonesia, Stanford 2005.
Bellah, Robert N.: Beyond Belief. Essays on Religion in a Post-Traditional World, New York-Evanston-London 1970.
Blichner, Lars Ch./Molander, Anders: What is Juridification?, in: Centre for European Studies Working Paper No. 14, Oslo 2005.
Bruinessen, Martin van: Genealogies of Islamic Radicalism in Post-Suharto Indonesia, in: South East Asia Research 10/2 (2002), S. 117–154.
Bush, Robin: Regional Sharia Regulations in Indonesia. Anomaly or Symptom?, in: *Greg Fealy/Sally White* (Hg.), Expressing Islam. Religious Life and Politics in Indonesia, Singapore 2008, S. 174–191.
Comaroff, John L./Comaroff, Jean: Reflection on the Anthropology of Law, Governance and Sovereignty, in: *Franz von Benda-Beckmann/Keebet von Benda-Beckmann/Julia Eckert* (Hg.), Rules of Law and Laws of Ruling. On the Governance of Law, Farnham-Burlington 2009, S. 31–59.
Djalil, H. A. Basiq: Peradilan Agama di Indonesia. Jakarta 2006.
Durkheim, Emile: De la division du travail sociale, Paris 1998 [1930].
End, Theo van den/Aritonang, Jan Sihar: 1800–2005: A National Overview, in: *Jan Sihar Aritonang/Karel Steenbring* (Hg.), A History of Christianity in Indonesia, Leiden-Boston 2008, S. 137–228.
Glenn, H. Patrick: Sustainable Diversity in Law, in: *Brian Z. Tamanaha/Caroline Sage/Michael Woolcock* (Hg.), Legal Pluralism and Development: Scholars and Practitioners in Dialogue, Cambridge 2012, S. 95–111.
Guza, Afnil: UUD 1945 (Setelah Amandemen), Jakarta 2007.
(HPPURI) Himpunan Peraturan Perundang-Undangan Republik Indonesia Disusun Menurut Sistem Engelbrecht, Jakarta 1992.
Hoesterey, James B.: The Rise, Fall, and Rebranding of a Celebrity Preacher, in: Inside Indonesia 90, 2007, S. 1–7.
Hofman, Bert/Kaiser, Kai/Schulze, Günther G.: Corruption and Decentralization, in: *Coen J. G. Holtzappel/Martin Ramstedt* (Hg.), Decentralization and Regional

---

[89] Siehe *B. Hofman/K. Kaiser/G. G. Schulze*, Corruption and Decentralization, in: *C. J. G. Holtzappel/M. Ramstedt* (Hg.), a.a.O., S. 110.
[90] Siehe auch KPK: The Corruption Eradication Commission in Indonesia; http://www.icac.org.hk/newsl/issue22eng/button3.htm; aufgerufen am 11. November 2012.

Autonomy in Indonesia: Implementation and Challenges, Singapore 2009, S. 99–113.
Hooker, M. B.: Indonesian Scharia. Defining a National School of Islamic law, Singapore 2008.
Hosen, Nadirsyah: Scharia & Constitutional Reform in Indonesia, Singapore 2007.
Hyung-Jun, Kim: The Changing Interpretation of Religious Freedom in Indonesia, in: Journal of Southeast Asian Studies 29/2 (1998), S. 357–373.
Lee, Jeff: The Failure of Political Islam in Indonesia: A Historical Narrative, in: Stanford Journal of East Asian Affairs 4/1 (2004), S. 85–104.
Lev, Daniel S.: Legal Evolution and Political Authority in Indonesia: Selected Essays. Den Haag-Cambridge/MA 2000.
Li, Tania Murray, The Law of the Project. Government and 'Good Governance' at the World Bank in Indonesia, in: *Franz von Benda-Beckmann/Keebet von Benda-Beckmann/Julia Eckert* (Hg.), Rules of Law and Laws of Ruling. On the Governance of Law, Farnham-Burlington 2009, S. 237–256.
Liddle, R. William: The Islamic Turn in Indonesia. A Political Explanation, in: The Journal of Asian Studies 55/4 (1996), S. 613–634.
Lie, John: Embedding Polanyi's Market Society, in: Sociological Perspectives 34/2 (1991), S. 219–235.
Lindsey, Tim: Constitutional Reform in Indonesia. Muddling towards Democracy, in: ders., Indonesia. Law and Society, Annandale-Leichhardt 2008, S. 23–47.
Lindsey, Tim/Santosa, Mas Achmad: The Trajectory of Law Reform in Indonesia. A Short Overview of Legal Systems and Change in Indonesia, in: *Tim Lindsey* (Hg.), Indonesia. Law and Society, Annandale-Leichhardt 2008, S. 2–22.
Ma'ruf Amin, K. H. et al.: Himpunan Fatwa: Majelis Ulama Indonesia Sejak 1975, Jakarta 2011.
Menchik, Jeremy: Illiberal but Not Intolerant. Understanding the Indonesian Council of Ulamas, in: Inside Indonesia 90 (2007) http://www.insideindonesia.org/weekly-articles-90-oct-dec-2007/illiberal-but-not-intolerant-25111594 (aufgerufen am 20. August 2012).
Mulya Lubis, T./Santosa, Mas Achmad: Economic Regulation, Good Governance and the Environment. An Agenda for Law Reform in Indonesia, in: *Arif Budieman/Barbara Hatley/Damien Kingsbury* (Hg.), Crisis and Change in Indonesia, Clayton 1999, S. 343–361.
Olson, Mancur: The Rise and Decline of Nations. Economic Growth, Stagflation, and Social Rigidities, New Haven-London 1982.
Orru, Marco: The Ethics of Anomie: Jean Marie Guyau and Émile Durkheim, in: The British Journal of Sociology 34/4 (1983), S. 499–518.
Polanyi, Karl: The Great Transformation. The Political and Economic Origins of Our Time, Boston 1944/2001.
Pompe, Sebastian: De Indonesische Algemene Verkiezingen 1999, Leiden 1999.
Ramage, Douglas E.: Politics in Indonesia. Democracy, Islam and the Ideology of Tolerance, London-New York 1997.
Ramstedt, Martin: Introduction. Negotiating Iidentities – Indonesian 'Hindus' between Local, National, and Global Interests, in: ders. (Hg.), Hinduism in Modern Indonesia. A Minority Religion between Local, National, and Global Interests, London-New York 2004, S. 1–34.
Ders.: Regional Autonomie and its Discontents. The Case of Post-New Order Bali, in: *Coen J. G. Holtzappel/Martin Ramstedt* (Hg.), Decentralization and Regional Autonomy in Indonesia. Implementation and Challenges, Singapore 2009, S. 329–379.

Ders.: Processes of Disembedding and Displacement. Anomie and the Juridification of Religio-ethnic Identity in Post-New Order Bali, in: *Martin Ramstedt/Fadjar Ibnu Thufail* (Hg.), Asian Ethnicity 13/4 (2012), S. 323–339, Themenband Law and the Juridification of Religio-Ethnicity in Post-New Order Indonesia.

Sadli, Mohammad: Regional Autonomy, Regulatory Reform, and the Business Climate, in: *Coen J.G. Holtzappel/Martin Ramstedt* (Hg.), Decentralization and Regional Autonomy in Indonesia. Implementation and Challenges, Singapore 2009, S. 145–149.

Salim, Arskal: Challenging the Secular State. The Islamization of Law in Modern Indonesia, Honolulu 2008.

Stiglitz, Joseph E.: Foreword, in: Karl Polanyi. The Great Transformation. The Political and Economic Origins of Our Time, Boston 2001, S. vii–xvii.

Tamanaha, Brian Z.: The Rule of Law and Legal Pluralism in Development, in: *Brian Z. Tamanaha/Caroline Sage/Michael Woolcock* (Hg.), Legal Pluralism and Development: Scholars and Practitioners in Dialogue, Cambridge 2012, S. 34–49.

UUPDP: Undang-Undang Pornografi dan Penjelasannya Dilengkapi Pendapat-pendapat Pro-Kontra, Yogyakarta 2008.

UURI: Undang-Undang Republik Indonesia Nomor 44 Tahun 2008 Tentang Pornografi Dilengkapi Dengan: Pendapat-pendapat Pro dan Kontra. Yogyakarta 2008.

Wahyu, Yohan, Antusiasme Publik Terus Turun, in: Kompas July 9 (2012), S. 5.

Warta, Christian: Perkembangan Masalah Agama di Papua: Sengketa Antaragama dan Pencegahan Konflik, in: *Martin Ramstedt/Fadjar Ibnu Thufail* (Hg.), Kegalauan Identitas: Agama, Etnisitas, dan Kewarganegaraan Pada Masa Pasca-Orde Baru, Jakarta 2011, S. 72–95.

Winarso, Hendrik Agus: Keimanan dalam Agama Konghucu: Suatu Tinjauan Teologi dan Peribadahannya, Semarang 2008.

Woodman, Gordon R.: The Development „Problem" of Legal Pluralism: An Analysis and Steps toward Solutions, in: *Brian Z. Tamanaha/Caroline Sage/Michael Woolcock* (Hg.), Legal Pluralism and Development. Scholars and Practitioners in Dialogue, Cambridge 2012, S. 129–144.

Zuhdi, Muhammad: Modernization of Indonesian Islamic Schools' Curricula, 1945–2003, in: International Journal of Inclusive Education 10/4–5 (2006), S. 415–427.

Michael Moxter

Immanenz und Transzendenz des Rechts. Theologische Perspektiven

Was es bedeuten kann, in den Blick der Anderen zu geraten, dürfen wir uns – auch bei einem feierlichen Anlass wie diesem Symposium – nicht nur freundlich und konfliktfrei vorstellen. Jean-Paul Sartre hat sowohl literarisch in *Der Ekel* (*La nausée*) als auch in einer phänomenologischen Analyse der Fremdsubjektivität in *Das Sein und das Nichts* die Desintegration und Dezentrierung beschrieben, die einem autonomen Subjekt widerfährt, wenn es sich dem Blick der Anderen ausgesetzt sieht. Es bilde sich in der wohlgeordneten Welt dann ein „kleiner Riß",[1] der bei Sartre freilich alsbald zu einem „Abflußloch"[2] wird: Das *prima facie* souveräne Wahrnehmungssubjekt, das Verweisungszusammenhänge aufbaut und sein Universum durch Orientierungen organisiert, die alle auf es selbst zulaufen, sieht sich mit einer Lage konfrontiert, in der sich seine Welt verflüssigt und verläuft.[3] Im Blick des Anderen entdeckt das Für-sich-Sein zunächst seine eigene Sichtbarkeit, in dieser aber sein eigenes Objektsein, sich selbst im Modus bloßen Seins.[4] Das führt nicht etwa zum Zugewinn einer weiteren Perspektive, sondern zum Verlust der Souveränität: „Mit dem Blick des Andern entgeht mir die ‚Situation', oder, um einen banalen, aber unsern Gedanken gut wiedergebenden Ausdruck zu benutzen: *ich bin nicht mehr Herr der Situation*. Oder genauer, ich bleibe zwar ihr Herr, aber sie hat eine reale Dimension, durch die sie mir entgeht, [...] die [...] sie anders *sein* [lässt], als sie für mich erscheint".[5] Dies ist nicht nur das Ende des Monopols, die Situation zu bestimmen und zu beherrschen, sondern verändert die Weise, in der das Bewusstsein sich selbst erschlossen ist: Es „bedeutet, daß ich mit einem Schlag Bewußtsein von mir habe, insofern ich mir entgehe, nicht insofern ich der Grund meines eigenen Nichts bin, sondern insofern ich mei-

---

[1] *J.-P. Sartre*, Sein und Nichts, Neuausgabe, 17. Aufl., Reinbek 2012, S. 463.
[2] A.a.O., S. 462.
[3] Vgl. a.a.O., S. 459ff.
[4] Vgl. a.a.O., S. 463. Zur Bedeutung der Kategorien Für-sich-Sein und An-sich-Sein vgl. *K. Hartmann*, Grundzüge der Ontologie Sartres in ihrem Verhältnis zu Hegels Logik, Berlin, 1963.
[5] *J.-P. Sartre*, Sein, S. 478.

nen Grund außerhalb von mir habe".⁶ Sartres Diagnose zielt nicht allein auf das Phänomen der Scham und auch nicht auf psychologische Probleme im Verhältnis des Bewusstseins zur eigenen Körperlichkeit, es geht ihr grundlegender um die Einheit von Transzendenz und Faktizität, die die menschliche Freiheit kennzeichnet. Letztere ist zunächst Überschreitung, durch die sich das Für-sich-Sein gegen die gegebene Welt behauptet, um dann im Blick des Anderen mit „Entfremdung" konfrontiert zu sein: Es wird seiner „transzendierte[n] Transzendenz"⁷ ansichtig und erfährt an ihr seine Faktizität: Das Subjekt muss das sein, wozu es sich in Freiheit gemacht hat. Gerade am Ort selbsteigener Wahl deckt der Blick des Anderen die Endlichkeit unserer Freiheit (Faktizität) auf und lässt daher die Imagination nicht mehr zu, immer noch mehr und immer noch anders sein zu können. Der produktive Effekt, den die Entdeckung dieser Kehrseite der Freiheit haben wird, vermittelt sich über das Unbehagen, Durchbeobachtet werden ‚mitten ins Herz getroffen' zu sein.

Es bedürfte der Bemerkung Sartres: „Gott ist [...] nur der bis zur Grenze getriebene Begriff des Andern"⁸ im Grunde nicht, um auf die Irritationen aufmerksam zu werden, die entstehen, wenn das Recht in den Blick der Theologie gerät. Auch die interdisziplinäre Begegnung hat ja zunächst mit dem schlichten Faktum zu rechnen, dass es andere Perspektiven gibt und diese das eigene Selbstverständnis transzendieren. Das Recht greift eben nicht nur in die Lebenswelt ein, mit der es die Religion zu tun hat, es bestimmt nicht nur den Rahmen, in dem Religion in Freiheit ausgeübt, in dem kirchliches Handeln geordnet und in dem wissenschaftliche Theologie an der Universität betrieben wird, sondern es wird selbst von der Religion, von den Kirchen und eben auch von der wissenschaftlichen Theologie beobachtet. Ob diese Perspektive des Anderen für das Selbstverständnis des Rechts eine produktive Bedeutung erlangt, steht nicht a priori (und schon gar nicht am Anfang eines Vortrages) fest. Aber man muss die Entfremdungseffekte zumindest nicht fürchten, die mit dem Blick der Theologie entstehen. Denn man darf erwarten, dass auch im interdisziplinären Verhältnis die eintretende Irritation auf eine Dialektik zurückführt, die dem Recht nicht äußerlich bleibt. Verdeutlichen wir uns also die Chancen und Probleme interdisziplinärer Perspektivendifferenz unter den Leitbegriffen von Immanenz und Transzendenz.

---

[6] A.a.O., S. 470.
[7] Vgl. a.a.O., S. 474.
[8] A.a.O., S. 479.

I. Immanenz und Transzendenz

Man könnte zunächst meinen, es sei die Eigentümlichkeit der Theologie, das Recht aus der Perspektive von Transzendenz zu betrachten. Begreift etwa protestantische Theologie das Recht im Horizont der Aufgabe, die „noch nicht erlöste Welt [...] nach dem Maß menschlicher Einsicht und menschlichen Vermögens"[9] so zu ordnen und zu gestalten, dass der Freiheitsgebrauch unterschiedlicher Subjekte zusammen bestehen kann, so unterscheidet sie das auf diese Weise gewürdigte *ius humanum* von derjenigen Gerechtigkeit, die Gott allein setzt. Gemäß der Unterscheidung ‚*immanent/transzendent*' pflegt dann das weltliche bzw. das später sogenannte säkulare Recht, das Menschen in Wahrnehmung ihrer Verantwortung setzen, der *iustitia Dei* gegenübergestellt zu werden. Letztere bleibt transzendent, weil sie nicht durch menschliches Handeln konstituiert werden kann, und weil dem Rechtsstaat die Suggestion noch nie bekommen ist, er könne mit seinen Mitteln ein Reich wahrer Sittlichkeit oder vollkommener Freiheit errichten. Zugleich wirkt diese transzendente Gerechtigkeit gegenüber der humanen Rechtsordnung als Anreiz, dem sie auf eigene Weise immerhin entsprechen kann, so dass zwar keine Gleichung von göttlichem und menschlichem Recht, aber zumindest ein Gleichnis des Reiches Gottes infrage kommt.[10] Gedacht ist dann, dass eine Ausrichtung am *letzten* (und insofern transzendenten) Ziel im Bereich des *Vorletzten* (und also im Immanenten) ein realistischeres, enttäuschungsresistenteres und zugleich hoffnungsvolleres Verhältnis zur Realität, aber auch zum Möglichen, also Wirklichkeits- und Möglichkeitssinn zugleich, stiftet.[11] Man könnte diesbezüglich von ‚gläubigem Realismus' sprechen.[12] Gerät die Theologie stärker in den Sog der Postmoderne, so kann sie die Transzendenz göttlicher Gerechtigkeit als unendlichen Überschuss über die Faktizität institutionalisierter Gleichheitsverhältnisse begreifen: Kein auf Ausgleich, Tausch und wechselseitige Ersetzbarkeit ausgerichtetes Recht der bürgerlichen Gesellschaft kann dem konkreten Rechtssubjekt in seiner prinzipiellen Individualität ganz gerecht werden, so dass Gerechtigkeit dem Recht transzendent bleibt.

---

[9] Vgl. These V der Barmer Theologischen Erklärung [1934], hg. v. *A. Burgsmüller/R. Weth*, Neukirchen 1983, S. 38.
[10] Vgl. *K. Barth*, Rechtfertigung und Recht. Christengemeinde und Bürgergemeinde, Zürich 1970; und dazu: *E. Jüngel*, Indikative der Gnade – Imperative der Freiheit, Tübingen 2000.
[11] Zur Unterscheidung von Letztem und Vorletztem vgl. *D. Bonhoeffer*, Ethik, in: *ders.*, Werke Bd. 6, München 1992, S. 137–162.
[12] Vgl. *P. Tillich*, Gläubiger Realismus (1927), Über gläubigen Realismus (1928), in: *ders.*, Main Works Bd. 4, hg. von *J. Clayton*, Berlin/New York 1987, S. 183–211.

Die katholische Theologie dagegen ordnet in unterschiedlichen Dosierungen dem von Menschen gesetzten Recht das Naturrecht als einen transzendenten Maßstab vor, an dessen Beachtung sich die Güte der Rechtsordnung entscheide. Das positive Recht bleibt immanent, insofern es von Menschen gegeben wird, es enthält aber auch Transzendentes, insofern es das Naturrecht in sich abbilde, lautet dann die Überzeugung.

Wer weder biblisch-reformatorisch mit der Offenbarung der Gerechtigkeit Gottes noch altprotestantisch mit der göttlichen Schöpfungsordnung noch katholisch mit dem Naturrecht argumentieren möchte, findet einen weiteren Kandidaten für Transzendenz in der Liebe oder gar in der Gnade.[13] Beide erscheinen als Überbietungsformen, die den Formalismus des Rechts und dessen Zwangsbewehrtheit hinter sich lassen und als schöpferische Mächte das humane Handeln *ab extra* beleben und ‚beseligen'. Und schließlich lässt sich in unserer Gegenwart nicht übersehen, dass der Begriff der ‚Menschenwürde' zu einem ausgezeichneten Platzhalter für Transzendentes geworden ist und als eine letztverbindliche ethische Norm erscheint, die dem Recht implementiert sei. Man kann das mit höchstrichterlicher Unterstützung auf die Formel bringen, das Grundgesetz der Bundesrepublik setze ein spezifisches Bild des Menschen voraus, und hinzufügen, dass dieses Voraussetzungsverhältnis zwar begründungsoffen an unterschiedliche Religionen und Weltanschauungen angeschlossen, aber vom Recht selbst nicht garantiert werden könne.[14] In jeder dieser Wendungen bleibt das der Religion, Gott oder der Theologie Zugeschriebene dem humanen Recht transzendent.

Doch der Anspruch der Theologie auf Zuständigkeit fürs Transzendente führt, zumindest wenn es um ihr Verhältnis zum Recht geht, auf ein Problem. Dieses besteht nicht darin, dass die Rechtswissenschaft oder ihre Vertreter den Blick der Theologie ignorieren könnten, sondern darin, dass sich das Recht selbst gegen Transzendenzanmutungen sperrt – und das aus gutem Grund. Normative Ansprüche theologischer oder kirchlicher Provenienz haben zunächst einmal einen meta-rechtlichen Charakter, es handelt sich um ‚politisch-sittliche' Überzeugungen, um Vertretung partikularer Interessen, die – mit welcher inhaltlichen Berechtigung auch immer ausge-

---

[13] Vgl. *W. Pannenberg*, Zur Theologie des Rechts, in: *ders.*, Ethik und Ekklesiologie, 11–40, Göttingen 1977, S. 37ff.

[14] Vgl. zur Begründungsoffenheit *W. Huber*, Gerechtigkeit und Recht. Grundlinien christlicher Rechtsethik, Gütersloh 1996, S. 233, 246ff.; *W. Vögele*, Menschenrechte zwischen Recht und Theologie. Begründungen von Menschenrechten in der Perspektive öffentlicher Theologie, Gütersloh 2000, S. 487ff.; sowie zur Grenze rechtlicher Garantierbarkeit *E.-W. Böckenförde*, Die Entstehung des Staates als Vorgang der Säkularisierung, in: *ders.*, Recht, Staat, Freiheit: Studien zur Rechtsphilosophie, Staatstheorie und Verfassungsgeschichte, 2. Aufl., Frankfurt a.M. 1992, S. 92–114, S. 112.

stattet – zur Umwelt des Rechts gehören.[15] In ihnen manifestiert sich zwar selbst ein Recht, nämlich das Recht aller Bürger, gesellschaftlicher Gruppen und eben auch der Kirchen, Vorschläge zur Willensbildung des Gesetzgebers zu machen und für diese Mehrheiten zu suchen. Dass dabei auch mit vor- oder außerrechtlichen Überzeugungen geworben wird, ist selbstverständlich legitim. Nur geht solche Transzendenz das Recht selbst unmittelbar nichts an. Denn ob etwas Recht ist, entscheidet sich allein an innerrechtlichen Kriterien, also an immanenten Testfragen, für die das Auftreten transzendenter Perspektiven unmaßgeblich ist. Was Recht ist, kann nur durch immanente Rechtsbetrachtung ermittelt werden. Darauf muss bestanden werden, weil es sonst überhaupt kein Recht gäbe, sondern nur die Willkür normativer Erwartungen.

Dieser Sachverhalt wird nicht dadurch infrage gestellt, dass das Recht in Gestalt überlappender Konsense mit spezifischen sittlichen und ethischen Überzeugungen der Gesellschaft und auch der Kirchen verbunden ist. Denn entscheidend ist allein, an welchem Kriterium Recht als Recht erkannt werden kann. Die Immanenz des Rechts entsteht dadurch, dass dies im Recht geregelt ist. Entscheidungen über Recht oder Unrecht können also immer nur rechtsförmig getroffen werden, d. h. unter Bedingungen einer Eigenrationalität des Rechts, die sich gegenüber externen Einflüssen abschirmt. Transzendentes muss sich daher erst mit Immanentem verbinden, um ‚im Recht' auffällig zu werden. Insofern ist der selbstverständliche und m. E. auch unverzichtbare Bezug der Theologie auf Transzendentes nicht die Pointe und Lösung, sondern eher das Problem ihrer Annäherung an das Recht.

Odo Marquard hat die Anforderungen autonomer Rationalität mit denen deutscher Bierbraukunst verglichen: Für beide gelte ein Reinheitsgebot.[16] In Sachen Recht hat Hans Kelsen diese Anforderung prägnant artikuliert und darum seine *Reine Rechtslehre*[17] als Kritik aller suprarechtlichen Ansprüche entfaltet. Rein wird die Rechtslehre, indem sie externe Größen herausfiltert und sich auf den Eigensinn des Rechts konzentriert.

Dies ist nun allerdings eine Operation bzw. eine Grundbestimmung, die zumindest die evangelische Theologie gut nach- und mitvollziehen kann. Unter Titeln wie ‚Autonomie der Religion' oder ‚Ausrichtung an der ihr eigentümlichen Sache' hat sie in divergierenden Schulrichtungen und gegenläufigen Akzentsetzungen, hinsichtlich der in Anspruch genommenen Selb-

---

[15] Die an Luhmann angelehnte Formulierung ist hier nicht als Präjudiz einer systemtheoretischen Perspektive zu verstehen.
[16] Vgl. *O. Marquard*, Skepsis als Philosophie der Endlichkeit, in: *ders.*, Zukunft braucht Herkunft. Philosophische Essays, Stuttgart 2003, S. 281–290, S. 289.
[17] *H. Kelsen*, Reine Rechtslehre. Einleitung in die rechtswissenschaftliche Problematik [1934], Studienausgabe, hg. v. *M. Jestaedt*, Tübingen 2008.

ständigkeit jedoch einhellig, für sich gefordert, was sie als Eigensinn- und Selbstbestimmtheitsanspruch anderer Kulturgebiete nicht überraschen kann. Wer für den Glauben oder die Theologie Autonomie begehrt, wird sich an der des Rechts nicht stören. Vor allem aber lässt sich bei Kelsen, der die Selbständigkeit der Rechtswissenschaft durch Abwehr jeder Metaphysik sichern und eine kritische Rechtsdogmatik entfalten will,[18] ein Gestus erkennen, der der evangelischen Theologie aus ihren eigenen nachkantischen Gestalten bei Schleiermacher, Albrecht Ritschl und übrigens auch bei Karl Barth bestens vertraut ist. Auch die evangelische Dogmatik unterlässt es, unmittelbar auf Transzendentes rekurrieren zu wollen und versteht sich – jedenfalls auf der von Schleiermacher ausgehenden Linie – als Kritik des Supranaturalismus. Insofern besteht eine Familienähnlichkeit zwischen der *nach*kantischen Theologie und der *neu*kantianisch geprägten Rechtslehre Kelsens. Behält man diese im Blick, dann sollte auch gegenüber der Kritik, der Rechtspositivismus Kelsenscher Prägung habe die Wehrhaftigkeit der Rechtsgelehrten unterminiert, Zurückhaltung geübt werden – und erst recht gegen den Versuch, das vermeintliche Defizit durch eine theologische Rechtsbegründung ausgleichen zu wollen. Jede die Autonomie ausdifferenzierter Sinnsphären infragestellende Operation geht zu Lasten des theologischen Selbstverständnisses.

Die Nachbarschaft zwischen Theologie und Rechtslehre und damit auch die Chance, beide produktiv aufeinander zu beziehen, ergeben sich aus dem Umstand, dass es hier wie dort in spezifischer Weise um Setzung und Kritik, um Positivität und einen reflektierten Umgang mit ihr geht. Statt ihre wechselseitige Beziehung durch die Unterscheidung von Immanenz und Transzendenz zu organisieren oder die Rechtsordnung an ein Transzendenzbewusstsein der Religion anzuschließen, soll gefragt werden, wie hier und dort, hüben und drüben, unter der Voraussetzung immanenter Setzung Kritikfähigkeit und Überschreitung gewonnen und also Transzendenz eröffnet werden kann. Man könnte im Anschluss an Habermas Simmelinterpretation diesbezüglich die Redefigur ‚Transzendenz von innen' bemühen.[19] Sie zielt bekanntlich auf ein Transzendenzphänomen, das nicht nach Maßgabe externer Referenz gedacht ist und darum nicht unter Heteronomieverdacht steht. Das Anliegen wird – so hoffe ich – durch einige Beobachtungen deutlicher werden, die das Verhältnis von Immanenz und Transzendenz im Recht betreffen.

---

[18] *H. Kelsen*, Gott und Staat, in: Logos. Zeitschrift für Philosophie der Kultur 11 (1923), S. 261–281.
[19] *J. Habermas*, Exkurs: Transzendenz von innen, Transzendenz ins Diesseits, in: *ders.*, Texte und Kontexte, Frankfurt a.M. 1991, S. 127–156.

II. Immanenz und Transzendenz in der Reinen Rechtslehre Kelsens

In den 1950er Jahren fasst Kelsen sein Verständnis der Rechtswissenschaft noch einmal programmatisch zusammen: „Indem die Reine Rechtslehre das Recht aus dem metaphysischen Nebel heraushebt, in den die Naturrechtslehre dieses Recht als etwas seinem Ursprung oder seiner Idee nach Heiliges einhüllt, will sie es ganz realistisch als eine spezifische soziale Technik begreifen".[20] Das Zitat darf als ein Prisma dienen, in dem sich die Pointen und Probleme seiner Rechtslehre auffächern und erkennen lassen. Es betont zunächst den zentralen Gegensatz zwischen Positivismus und Naturrecht und markiert noch einmal, dass erst deren Verabschiedung die Rechtslehre ‚rein' werden lässt, das Recht also ganz auf sich selbst stellt. Mit der rhetorischen Opposition von Nebel und Realität bzw. von vernebelnder Einhüllung und Vertreibung der die Sicht behindernden Schwaden beschwört Kelsen den klassischen Anspruch der Aufklärung, provoziert aber auch die Rückfrage, ob Aufklärung wirklich darin zu ihrem Ziel gelangt, dass sie Metaphysik durch Technik ersetzt. Spätestens diese Alternative wird den programmatischen Anspruch der Verwissenschaftlichung des eigenen Fachs dem Einwand aussetzen, dass ein Szientismus, der positives Wissen mit Sozialtechnologie kombiniert, ebenso viele Fragen aufwirft, wie er handstreichartig aus der Welt zu schaffen verspricht. Die Ablösung der Metaphysik durch Positivismus und Technik ist nur die Ersetzung der traditionellen Metaphysik durch eine andere, unbemerkt bleibende. Bekanntlich ist solches Wissenschaftspathos unter Denktiteln wie Lebenswelt, Sinn oder Praxis leicht als korrekturbedürftige Einseitigkeit darzustellen – und darauf haben an Fragen der Rechtstheorie interessierte Phänomenologen (gerade auch solche in Nachbar- und Schülerschaft Kelsens)[21] immer wieder aufmerksam gemacht. Aber auch die Selbstverständlichkeit, mit der Kelsen seine Absage an die Metaphysik als Abrogation der Idee des Heiligen inszeniert, wird sich nicht so gradlinig durchhalten lassen, wie es der Autor suggeriert. Längst ist erkannt, dass die Rede vom ‚Unverfügbaren im Recht' innerhalb der Grenzen der reinen Rechtsvernunft verbleiben kann[22] und darum nicht notwendigerweise naturrechtlich gemeint sein muss, sofern sie nämlich als rechtsimmanente Sperre gegen die Spielräume des Gesetzgebers funktioniert. Ob solche Auflösungssperren ihre symbolische Darstel-

---

[20] H. *Kelsen*, „Was ist die reine Rechtslehre?" [1953], zit. n. S. *Loidolt*, Einführung in die Rechtsphänomenologie, Tübingen 2010, S. 133.
[21] Sophie Loidolt hat das (siehe Anm. 20) kürzlich in Erinnerung gerufen.
[22] Um ein höchstrichterliches Urteil zu zitieren: BVerfG, 1 BvL 1/09 vom 9.2.2010, Absatz-Nr. 2; vgl. W. *Hassemer*, Unverfügbares im Strafprozess, in: Rechtsstaat und Menschenwürde, FS Maihofer, hg. v. *A. Kaufmann*, Frankfurt a.M. 1988, S. 183–204.

lung in Anlehnung an die Sprache der Religion finden – wie im Begriff der ‚Ewigkeitsklausel' – steht auf einem anderen Blatt, aber jedenfalls nicht unmittelbar unter dem Verdacht, die kategorialen Leitunterscheidungen des rationalen Rechts aufzulösen und durch Referenz auf ein dem Recht Externes zu ersetzen.

Schließlich gibt aber auch die Metapher des metaphysischen Nebels zu denken. Sie stammt bekanntlich aus dem dritten Hauptstück der Transzendentalen Analytik der *Kritik der reinen Vernunft*, in dem Kant *Von dem Grunde der Unterscheidung aller Gegenstände überhaupt in Phaenomena und Noumena* handelt. Kant imaginiert in diesem Abschnitt seine Leser als Reisegefährten, die den allein noch offen kritischen Weg trotz aller inhaltlichen Beschwerlichkeiten zurückgelegt haben („Wir haben jetzt das Land des reinen Verstandes [...] durchreiset") und über das in aufwendigen Analysen Erreichte einer zusammenfassenden Vergewisserung bedürfen: „Dieses Land aber ist eine Insel, und durch die Natur selbst in unveränderliche Grenzen eingeschlossen. Es ist das Land der Wahrheit [...], umgeben von einem weiten und stürmischen Ozeane, dem eigentlichen Sitze des Scheins, wo manche Nebelbank, und manches bald wegschmelzende Eis neue Länder lügt[23]." Schon die Metapher selbst hat deutlich anglophile Grundzüge und suggeriert deshalb leichthin, dass der Rückblick auf Kants Analytik zum Ausblick auf eine Verbindung von Empirismus und Begriffsanalyse bzw. von Sinnesdaten und Logik und letzten Endes auch die Rechtslehre zu einer Form jener *insularity* führt, für die jenseits des eigenen Landes nur Metaphysik und bloßer Schein regieren. Doch so einfach ist es bekanntlich nicht. Kants Kritik war nie nur Verabschiedung der Metaphysik, wie es im neunzehnten Jahrhundert Vertretern des Neukantianismus und des Positivismus erschien. Sie war immer auch von dem Interesse bestimmt zu erklären, wie es zur Metaphysik kommen konnte, und in welche Form deren Wahrheitsmomente heute zu transformieren seien.[24] Kant wollte über die Legitimität der Motive aufklären, die aus Gründen der Vernunft Seefahrer immer wieder aufs offene Meer locken, und insofern sprach für ihn die Unzulänglichkeit der metaphysischen Antworten nicht gegen die Unverzichtbarkeit metaphysischer Fragen.[25]

---

[23] Kritik der reinen Vernunft, A 235 (=AA 294f.).

[24] Die Debatte zwischen Cassirer und Heidegger hatte das zu einem zentralen Thema, vgl. jetzt: *P. E. Gordon*, Continental divide: Heidegger, Cassirer, Davos. Cambridge/Mass., 2010, S. 129ff.

[25] „Die menschliche Vernunft hat das besondere Schicksal in einer Gattung ihrer Erkenntnisse: daß sie durch Fragen belästigt wird, die sie nicht abweisen kann, denn sie sind ihr durch die Natur der Vernunft selbst aufgegeben, die sie aber auch nicht beantworten kann, denn sie übersteigen alles Vermögen der menschlichen Vernunft" lautet der erste Satz des Vorwortes (Kritik der reinen Vernunft, A VII; = AA 7).

Ruft man sich das in Erinnerung, so wird unübersehbar, dass Kelsens Kantianismus – ganz der zeitgenössischen Interpretation verhaftet – das kantische Programm halbiert, wenn er die folgende Parallele konstruiert: „So wie Kant fragt: wie ist eine von aller Metaphysik freie Deutung der unseren Sinnen gegebenen Tatsachen [...] möglich, so fragt die Reine Rechtslehre: wie ist eine nicht auf meta-rechtliche Autoritäten wie Gott oder Natur zurückgreifende Deutung des subjektiven Sinns [...] objektiv gültiger Rechtsnormen möglich?"[26] Diese Analogiebildung bzw. wissenschaftshistorische Selbstverortung hat ein gewisses Recht, insofern der Versuch, die Immanenz des Rechts durch Ausschluss meta-rechtlicher Instanzen zu konstituieren, sein Vorbild in Kants Absicht finden kann, die Immanenz wissenschaftlicher Erkenntnis der Welt von Debatten um transzendente Gegenstände der bloßen Vernunft abzulösen. Metaphysik als Existenz setzende und also Hypostasierung von Idealen betreibende Denktradition blockiert den Fortschritt der Wissenschaften. Aber die Dialektik zwischen internem Gebrauch und transzendierendem Missbrauch ist bei Kant komplexer angelegt: Es gibt rationale Gründe, welche die Vernunft Einheits- und Abschlussgedanken fordern lassen, die das Denken über das bloß Positive hinausführen. Mit der Reduktion auf bloße Fakten kann sich das Interesse der Vernunft nicht abspeisen lassen.

Entsprechend kann man die kantische Philosophie nicht für die Vollständigkeit der Disjunktion von Tatsachen und Deutungen, von empirisch deskriptiven und wertenden Urteilen in Anspruch nehmen, die Kelsen oft selbstverständlich voraussetzt. Im Gegenteil wird man die für Kant zentrale Bemühung, in den Dichotomien der kritischen Philosophie zugleich die Einheit der Vernunft zur Geltung zu bringen und insofern die *Kritik der reinen Vernunft* und die *Kritik der praktischen Vernunft* in einer *Kritik der Urteilskraft* fortzusetzen oder gar zu vollenden, als Einladung verstehen dürfen, auch denjenigen Begriff umsichtiger zu interpretieren, der für Kelsens Rechtslehre fundamental ist, aber nach Maßgabe eines kruden Positivismus der Tatsachen nicht angemessen zu rekonstruieren ist: den Sinnbegriff.

Kelsens Rechtspositivismus darf – so meine ich – nicht im Horizont einer Rechtstatsachenlehre oder eines Rechtsrealismus interpretiert werden. Vielmehr muss jede angemessene Interpretation ihren Ausgang bei der Überzeugung Kelsens nehmen, die Rechtslehre sei als geisteswissenschaftliche Disziplin grundsätzlich anders orientiert als etwa die zeitgenössische Rechtssoziologie. Es geht ihr nämlich um Rekonstruktion des Sinns des Rechts, der zwar als immanenter Sinn gedacht ist, aber als Sinn nicht im

---

[26] *H. Kelsen*, Reine Rechtslehre [Nachdruck der Aufl. 1960], Wien 2000, zit. n. *S. Loidolt*, Einführung in die Rechtsphänomenologie, Tübingen 2010, S. 135.

Medium bloß äußerer Beobachtung von Rechtstatsachen ermittelt werden kann. Da es zu verstehen gilt, was die Eigenart und Prägnanz des Rechts ausmacht, ist der Rechtspositivismus nicht einfach auf Tatsachen, sondern auf diese im Zusammenhang mit einem spezifischen Deutungsschema bezogen. Es gibt also einen Zwischenbereich, der weder dem Realismus bloßer Fakten noch dem metaphysischen Nebel bloß gedachter Hypostasierung zuzuschlagen ist, der vielmehr vorausgesetzt werden muss, um das Recht *immanent* zu behandeln.

Das zeigt sich auch, wenn Kelsen immer wieder betont, dass sich die Rechtsordnung von einer bloßen Zwangsordnung unterscheidet. Der Unterschied resultiert aus der Sinnformel bzw. dem unterstellten spezifischen Deutungsschema, durch die das Recht überhaupt erst *als Recht* erkennbar wird. Betont man nun, dass der Rechtspositivismus Kelsenscher Prägung der einer demokratischen Gesellschaft ist, die sich in diesem auf spezifische Weise reflektiert, dann entstehen Rückkopplungen zwischen der Deutungsformel des Rechts und dem vom Recht unterstellten und angesonnenen Selbstverständnis der Rechtssubjekte. Denn es wird vorausgesetzt, dass das Recht darum keine bloße Zwangsordnung ist, weil es dem Menschen eben nicht nur äußerlich angetan wird. Dass das Recht eines demokratischen Rechtsstaats als eine Ordnung verstanden werden kann, an deren Konstitution sich die dem Recht Unterworfenen selbst beteiligen, dass das Recht nicht nur äußerer Rahmen ihres Handelns, sondern konstitutive Bedingung ihrer eigenen Freiheit ist, findet dann Beachtung und führt über bloße Verfahrensregeln der Rechtsetzung hinaus. Man kann darüber streiten, ob Deutungen dieser Art zu derjenigen Selbstdeutung gehören, um die es Kelsen geht; jedoch will bedacht sein, dass es auch bei restriktiver Interpretation in solcher Deutung nie um irgendwelche Werturteile, die durch beliebige andere ersetzbar wären, geht, sondern um denjenigen Sinn, der eine Normenordnung überhaupt erst als Recht erschließt. Wenn man von ‚Deutung' spricht, würde der Zusatz ‚bloße Deutung' die Eigenart der spezifischen Sinnkonstitution bereits unterminieren. Das Recht immanent zu betrachten heißt nicht, es ausschließlich als empirische Tatsache bzw. als positives Faktum aufzufassen. Vielmehr bedarf es, um gegebene Normen als *Rechts*normen zu begreifen, einer Operation, die Gegebenes als Gedeutetes und Gedeutetes als Gegebenes behandelt. Dies ist etwas anderes, als Fakten mit Werturteilen zu kombinieren. Recht lässt sich nur begreiflich machen, indem man die Differenz zwischen Tatsachen und Werten überschreitet. Allerdings fällt *Transzendenz im Sinn* mit dem Übergang in eine Existenz setzende Ontologie nicht zusammen.

Wir können einen Rechtspositivismus, der sich der höherstufigen Operation prägnanter Sinnsetzung bewusst ist, einen reflektierten Rechtspositivismus nennen. Er unterscheidet sich von einem naiven Positivismus vermeintlich gegebener basaler Sinnesdaten oder Protokollsätze durch die Einsicht, dass ‚mehr' vorausgesetzt sein muss, um Recht als Recht zu identifizieren. Freilich verbindet beide Formen des Positivismus die Überzeugung, dass kein Sinnüberschuss dieser oder vergleichbarer Art die traditionelle Metaphysik mit ihrer Hypostasierung von Gegenständen legitimiert.

Wie also ordnen sich unter dieser Perspektive Transzendenz und Immanenz? Es scheint, dass der Bereich einer reinen Immanenz des Rechts genau dadurch *eröffnet* wird, dass man über den Bereich bloßer Rechtstatsachen hinausgeht. Denn im Horizont sozialer Tatsachen kommt das Recht als es selbst noch gar nicht in den Blick. Gerhart Husserl hat zum Zwecke der methodischen Kennzeichnung dieses Umstands gelegentlich von der Transzendenz des Rechts bzw. einem „Transzendentsein[ ]"[27] des Rechts gesprochen und damit gemeint, dass das Recht methodisch unerreichbar bleibt, solange sich das Bewusstsein nicht auf *Sinn*, sondern allein auf das *Sein* objektiver Gegenstände richtet.

Soll also die Immanenz des Rechts erfasst werden, so ist der Bereich empirischer Tatsachen zu überschreiten, ohne dass man solche immanente Transzendenz mit einem Schritt zu demjenigen Transzendenten verwechseln dürfte, das externe Referenzgrößen wie ein ewiges Naturrecht, eine supranaturale Ordnung oder den Willen eines göttlichen Gesetzgebers voraussetzt. Mag eine nachkantische Situation durch den Abschied von einer Metaphysik gekennzeichnet sein, die transmundane Gegenstandssetzungen vollzieht, so bleibt doch von diesem Verwerfungsurteil diejenige Reflexionsfigur unberührt, die danach fragt, wann das Recht als Recht bestimmt ist. Nirgendwo dürfte die Differenz beider Denkbemühungen deutlicher werden als an Kelsens Unterscheidung zwischen Recht und Staat.

III. Die Unterscheidung von Recht und Staat bei Kelsen

Die Staatslehre ist für Kelsen überhaupt nichts anderes als Staats*rechts*lehre, die daher zu verdeutlichen hat, dass und inwiefern die staatliche Ordnung mit der Rechtsordnung zusammenfällt. Der Staat ist wesentlich Rechtsstaat und kann sich abgesehen von der Funktion, die er in der Etablierung, Durchsetzung und gegebenenfalls Wiederherstellung des Rechts hat, nicht mit höheren Weihen ausstatten wollen. Seine Bestimmung substantiell zu fassen, ihn etwa als *Macht*staat, als höchste *Autorität* oder als Repräsentanten der Souveränität Gottes zu verstehen, liefe auf Formen ei-

---

[27] *G. Husserl*, Recht und Welt. Rechtsphilosophische Abhandlungen, Frankfurt a.M. 1964, S. 77.

ner Staatsmetaphysik hinaus, die zurückgewiesen werden. Mit Cassirers neukantianischer Losung gesprochen geht es auch in der Staatslehre um den Abstieg vom Substanz- zum Funktionsbegriff,[28] der sich in ihr darin vollzieht, dass der Staat von seiner Aufgabe der Rechtssetzung und -durchsetzung aus begriffen wird. Das Recht bleibt ihm insofern kategorial vorgeordnet, wenn es durch ihn gesetzt wird – eine Gegenläufigkeit, die sich im Verfassungsrecht entfaltet. Alle anderen Zuordnungen von Recht und Staat gehören einem Souveränitätsparadigma an, das als Chance zur beliebigen Außerkraftsetzung jedes Rechts erscheinen muss und früher oder später auch genau diese Effekte zeitigt. An dieser Stelle gibt es folglich keine Kompromisse: Carl Schmitt *oder* Hans Kelsen, Souveränitäts- *oder* Legitimitätsparadigma, Machtdemonstration *oder* Rechtsfunktion, *tertium non datur*. Hinsichtlich dieser Alternative sind sich beide Opponenten einig.

Die politische und die antimetaphysische Grundüberzeugung Kelsens hängen dabei eng zusammen. Kelsen hält wenig von dem Vorschlag, in Anlehnung an den faktischen Verlauf der deutschen Verfassungsrechtsgeschichte die Einbindung fürstlicher Macht in die Verfassung auch rechtssystematisch als Form einer freiwilligen Selbstbeschränkung der Macht zu denken. Denn wie defensiv und begrenzt auch immer die Macht des Staates gefasst wird – solange sie als eine rechtstranszendente Größe entworfen wird, als *potentia absoluta* jenseits und oberhalb des Rechts, die erst sekundär verrechtlicht wird, öffnet man der Möglichkeit Tür und Tor, jeden beliebigen Machtwillen als Rechtsetzungsakt auszugeben. Gerade dies will die *Reine Rechtslehre* ausschließen, und darum weist sie jeden Dualismus von Staat und Recht zurück. Dieser beruht auf der Hypostasierung der staatlichen Funktion zum Supersubjekt des Machtstaates und zugleich auf einem metaphysischen Chorismos. Anders als bei Platon öffnet sich dieser nicht zwischen Erscheinung und Sein, zwischen Vielheit und Einheit, sondern in einer Abständigkeit zwischen Gegebenem (dem bestehenden Recht) und der allein als wirklich gedachten Staatsmacht. Solche Metaphysik zweier Welten ist „die Quelle" eines permanenten „rechtlich-politischen Missbrauchs". Sie verhelfe „rein politischen Postulaten gegen das positive Recht zum Durchbruch[29]." Wir könnten auch sagen: Die Metaphysik hypostasierter Staatlichkeit macht die Rechtsgelehrten wehrlos – freilich im Unterschied zu Radbruchs Diagnose[30] nicht deshalb, weil oberhalb des positiven Rechts keine transzendenten Normen zugelassen würden, sondern gerade weil mit

---

[28] *E. Cassirer*, Substanzbegriff und Funktionsbegriff. Untersuchungen über die Grundfragen der Erkenntniskritik, Berlin 1920.
[29] *H. Kelsen*, Gott und Staat, Tübingen, S. 277.
[30] Vgl. *G. Radbruch*, Gesetzliches Unrecht und übergesetzliches Recht, in: Süddeutsche Juristenzeitung 1 (1946), S. 105–108; wiederabgedruckt in: *ders.*, GA 3, in: *A. Kaufmann* (Hg.), Rechtsphilosophie Bd. 3, S. 83–93.

ihr die Immanenz des Rechts nicht hinreichend reflektiert und durchgehalten wird.

Vor diesem Hintergrund ergibt sich der Zusammenhang zwischen Theologie und Rechtswissenschaft, wie Kelsen ihn sieht und wie er ihn klar gegenüber der Behauptung Schmitts abgrenzt, alle prägnanten Begriffe der modernen Staatslehre seien säkularisierte theologische Begriffe.[31] Dass es Analogien zwischen Theologie und Jurisprudenz, zwischen Gottes- und Staatslehre gibt, ist also zwischen beiden Autoren unstrittig – und darf auch hier als so selbstverständlich gelten, dass Beispiele nicht aufgezählt werden müssen. Die Frage ist allerdings, wie diese Analogien zu interpretieren sind und was aus Nachbarschaften, wie sie gegenwärtig etwa von Ulrich Haltern dargelegt werden,[32] für das Selbstverständnis beider Wissenschaften eigentlich folgt. Für Kelsen jedenfalls sind Analogien keine Indizien eines Begründungsgefälles, das von der Theologie zur Staatslehre führte, und auch nicht Residuen eines historischen Transformations- und Säkularisierungsprozesses, sondern solche Analogien sind Ausdruck verwandter „Problem- oder Scheinproblemlage[n]."[33]

Wie bei anderen Autoren auch führt der seit dem Wiener Kreis berühmt-berüchtigte Terminus ‚Scheinproblem' Kelsens Diagnose dazu, in der Polemik prägnant, in der Wahrnehmung der Probleme und vor allem in der Einschätzung der Theologie aber oberflächlich zu sein. Zwar kann Kelsen seiner gegen die Staatsmetaphysik gerichteten These größere Reichweite geben, indem er behauptet, die Vorordnung des Staates vor das Recht entspreche dem „Grunddogma aller Theologie", nämlich ihrem Festhalten „an der Existenz eines supranaturalen, d. h. überweltlichen Gottes".[34] Aber ob das erzeugte Bild der Theologie der zeitgenössischen Debatte auch nur von ferne gerecht wird oder nur auf eigenen Imaginationen beruht, wird gar nicht erst gefragt.

Darum ist noch einmal daran zu erinnern, dass zumindest die protestantische Theologie seit Schleiermacher ihren Sinn für Transzendenz und ihre Unterscheidung zwischen Welt und Gott nicht mehr in den Bahnen einer supranaturalistischen Metaphysik entfaltet, sondern dieser gegenüber auf nachkantischen Abstand geht. Dass Kelsen das nicht sieht, wird man genau-

---

[31] Vgl. *C. Schmitt*, Politische Theologie. Vier Kapitel zur Lehre von der Souveränität [1922], 8. Aufl., Berlin 2004, S. 43.
[32] Vgl. *U. Haltern*, Unserer protestantische Menschenwürde, in: *P. Bahr/H. M. Heinig* (Hg.), Menschenwürde in der säkularen Verfassungsordnung. Rechtswissenschaftliche und theologische Perspektiven, Tübingen 2006, S. 93–126, S. 101ff.; *ders.*, Recht als kulturelle Existenz, in: *E. Jayme* (Hg.), Internationales Privatrecht und kulturelle Identität, hg. v., Göttingen 2002.
[33] *H. Kelsen*, Gott und Staat, S. 271.
[34] Ebd.; vgl. *H. Kelsen*, Das Verhältnis von Staat und Recht im Lichte der Erkenntniskritik, in: *ders.*, Der soziologische und juristische Staatsbegriff [1921], S. 96ff.

so wenig hinnehmen können wie seine Behauptung, die einzige theologische Alternative zum Supranaturalismus sei Pantheismus als Fall einer Theologie ohne Gott,[35] oder seine Einschätzung, die Reine Rechtslehre als Staatslehre ohne Staat trete allererst „aus dem Niveau der Theologie in die Linie der modernen Wissenschaft vor".[36]

So kann das sehen, wer es so sehen will. Nur blendet die Festlegung der Theologie auf Theismus sämtliche Stimmen der protestantischen Theologie aus, die das geleistet haben, was Kelsen als „Absorption des supranaturalen Gottesbegriffes"[37] anstrebt. In der evangelischen Theologie vollzieht sich die Entfaltung eines nachmetaphysischen Gottesgedankens auf einer Linie, die man als reflektierten Umgang mit den symbolischen und metaphorischen Redeformen beschreiben kann, und auf der die der humanen Erfahrung eingeschriebene Transzendenz und Unbedingtheit aufgenommen und gegen naive Gottesvorstellungen oder gegen einen metaphysischen Realismus zur Geltung gebracht werden. Die theologische Arbeit am Gottesgedanken folgt dabei einer Einsicht Kants, die auch Kelsen aufgreift, nämlich der Überzeugung, dass die Vernunft die Idee der Einheit (beispielsweise auch die Idee der Einheit des Rechts) notwendigerweise voraussetzt, ohne sie freilich zum gegebenen Einen vergegenständlichen zu dürfen.[38] Der auf diese Weise vorausgesetzte Grenzbegriff wird dann in symbolischen Formen repräsentiert oder in Kontingenzformeln[39] entfaltet.

Die Analogien zwischen Theologie und Rechtswissenschaft, die Kelsen in kritischer Absicht identifiziert und die sich durch eine rein rationale Rechtslehre erledigen sollen, stellen sich deshalb auch zwischen kritischer Rechtstheorie und kritischer Theologie erneut ein. Wie man begreifen kann, warum von Gott zu reden und warum solche Rede in vielfältigen Symbolisierungsformen darzustellen ist, ohne dass man damit konkrete Gottesvorstellungen gegenüber Kritik immunisieren müsste, so kann man auch einsehen, warum das Recht Einheit voraussetzt, obwohl diese jede gegebene Rechtsordnung transzendiert, ohne dass man damit ein rechtsexternes Transzendentes in Anspruch nehmen müsste.

Aber auch unabhängig von dieser Nachbarschaft zwischen einem reflektierten Rechtspositivismus und einer reflektierten Theologie sollte man jedenfalls nicht übersehen, dass zum Recht Symbolisierungsleistungen gehören, die mit Kelsens Perspektivierung auf Techniken der Rechtssetzung, Rechtsdurchsetzung und Rechtssprechung zu schnell aus dem Blick gera-

---

[35] A.a.O., S. 284.
[36] A.a.O., S. 283.
[37] A.a.O., S. 284.
[38] Vgl. *U. Barth*, Gott als Grenzbegriff der Vernunft. Kants Destruktion des vorkritisch-ontologischen Theismus, in: *ders.*, Gott als Projekt der Vernunft, Tübingen 2005, S. 235–262.
[39] Vgl. *N. Luhmann*, Das Recht der Gesellschaft, Frankfurt a.M. 1995, S. 214ff.

ten. Diese sind keineswegs nur zufällige Randerscheinungen oder eine zirkushafte Seite des Rechts – etwa als Inszenierung höchst richterlicher Urteile in Öffentlichkeit und Medienwelt.[40] M.E. ist die kulturelle Einbettung des Rechts,[41] also etwa die Präsenz von Symbolen und Bildern, von ritualisierten Sprachformen und Talaren, oder die spezifische Architektur von Gerichtsräumen nicht als rechtstranszendente Äußerlichkeit zu begreifen, die das Recht selbst nichts angehe. Zu diskutieren wäre, ob nicht auch eine Reine Rechtslehre, ob nicht auch ein reflektierter Rechtspositivismus der Rechtsästhetik einen systematischen Ort geben könnte. Es sei daran erinnert, dass Hans Blumenberg das Säkularisierungstheorem Schmitts nicht als einen Debattenbeitrag zur Geschichte der Neuzeit, sondern als Ausdruck eines beim Souveränitätstheoretiker selbst entstandenen Bedarfs an Rhetorik und an symbolisch prägnanten Bildern verstanden hat, über den der reine Dezisionismus Schmitts Anschluss an Sinnresourcen suche, die sein strukturelles Legitimitätsdefizit ausgleichen sollen.[42] ‚Säkularisierung' wäre demnach bei Schmitt nur ein im Gewand historischer Dependenzen auftretendes Erfüllungsbild für einen Sakralisierungsbedarf, den sein eigenes Rechtsverständnis aufwerfe. Vor diesem Hintergrund wäre zu prüfen, ob der vom Rechtspositivismus Kelsens in Anspruch genommene ‚Sinn des Rechts' nicht vergleichbare – wenn auch inhaltlich in andere Richtungen weisende – Symbolisierungspotentiale suchen muss. Eine wechselseitige Beobachtung zwischen Theologie und Rechtswissenschaft wäre in der Lage, diese Frage zu bearbeiten, wenn sie sich von der doch recht schlichten Alternative Kelsens zwischen Positivismus und Metaphysik nicht länger blenden ließe.

IV. Das Gegebene

Was der Blick des Theologen am Rechtspositivismus Kelsens zutage fördert, hat indes mit dem bisher Dargelegten nur indirekt zu tun. Wichtiger erscheint mir nämlich die Beobachtung, wie viel an Überschuss ein Autor freilegt, der angekündigt und versprochen hatte, bei dem zu bleiben, was ‚gegeben' ist. Offenbar lässt sich das Programm des Rechtspositivismus nur in einem ersten Schritt durch den Hinweis auf Fakten bekräftigen. Bei einiger Reflexion bzw. in der Durchführung des Programms aber zeigt sich, dass schon die angemessene ‚Auffassung' der Rechtstatsachen *mehr* vor-

---

[40] So *G. Roellecke* in einem Zeitungsartikel: FAZ vom 1. März 2004, S. 37.
[41] Vgl. *W. Gephart*, Recht als Kultur. Zur kultursoziologischen Analyse des Rechts, Frankfurt a.M. 2006.
[42] *H. Blumenberg*, Säkularisierung und Selbstbehauptung, Frankfurt a.M. 1974, S. 113.

aussetzt, als eine szientistische Engführung des Positivismus zulässt. Das Verhältnis von Immanenz und Transzendenz des Rechts ist daher jetzt unter dem Gesichtspunkt zu betrachten, dass beim Gegebenen nur bleibt, wer über es hinausgeht. Solange es um Rechtssinn und um eine dem Recht immanente Deutung geht, ist das unvermeidbar.

Schon die Rechtstatsachen, die der Kelsenschüler Felix Kaufmann zum Gegenstand der Rechtswissenschaft erklärt,[43] lassen sich nur im Zusammenhang der ‚Rechtstheorie' begreifen. Feststellungen über sie sind keine Basissätze empirischer Beobachtung, sondern haben Tatsachen in spezifischer Gegebenheitsweise zu erfassen. Wenn Kaufmann eine solche Rechtstheorie „Wesenslehre vom Recht" nennt, so im Sinne eines Wesensbegriffs, der gegenüber metaphysischen Instanzen vom Typ platonischer Ideen oder gegenüber Konzeptionen einer vorrechtlichen Gerechtigkeit Abstand hält. Worum es einer solchen Wesenslehre allein gehen kann, ist eine Bedeutungstheorie des Rechts, die den Sinn darstellt, der konstitutiv zum Rechtsbegriff gehört. ‚Gegeben' ist für sie darum nicht allein ein bestimmter Rechtssatz, nicht nur eine bestimmte inhaltliche Norm, sondern diese im Zusammenhang einer spezifischen Deutung. Letztere erlaubt es allererst, eine rechtliche Norm von anderen Sollenssätzen zu unterscheiden oder spezifische Regeln als Angelegenheit des Rechts zu identifizieren. Die Identifikation von Tatsachen des Rechts hat daher die Struktur eines *hermeneutischen Als*: Mit der Feststellung der Rechtstatsachen wird „*Etwas als etwas*"[44], eine Norm als Rechtsnorm, begriffen.

Zum Kontext des Gegebenseins gehört dabei die Überzeugung, dass Rechtsnormen nur im Zusammenhang mit Normensetzungs- und – wichtiger noch – mit Normenänderungsverfahren gegeben sind. Eine Norm *als Rechtsnorm* zu begreifen heißt daher: zu wissen, wie sie geändert werden kann. Jedenfalls gilt dies für einen reflektierten Rechtspositivismus, der Positivität nicht im Gegebensein atomisierter Einzelnormen, sondern im Gegebensein von Gesetzgebungsverfahren verankert.

Macht man sich diese raffiniertere Fassung von Positivität, die mit einem Sinnbegriff und mit Transformationsregeln verbunden ist, klar, dann sieht man, warum das von allen Spielarten natur- und vernunftrechtlicher oder theologischer Rechtsbegründung immer wieder vorgetragene Argument, der Rechtspositivismus liefere sich der kritiklosen Gewalt des Faktisch-Bestehenden aus, ins Leere läuft. Ein reflektierter Rechtspositivismus begreift das Gegebene als Veränderbares und gründet insofern, wie man in

---

[43] *F. Kaufmann*, Logik und Rechtswissenschaft: Grundriss eines Systems der reinen Rechtslehre [1922], Neudruck 1966, S. 47.
[44] Zur Als-Struktur des Verstehens vgl. *M. Heidegger*, Sein und Zeit [1927], 12. Aufl., Tübingen 1972, S. 149 (Hervorhebung im Original).

Anschluss an Luhmann⁴⁵ sagen könnte, die Legitimität des Rechts in der Chance, es zu reformieren. Insofern rekurriert er nicht auf das Gegebene als eine fixierte Größe (Faktum), sondern transzendiert bloße Fakten im Blick auf Verfahren der Rechtsänderung. Gegeben ist immer auch die rationale Form der Überschreitung des Gegebenen. Von einer rationalen Form ist insofern zu sprechen, als Gründe in den Blick kommen, die Entscheidungen über Rechtsänderungen selbst in Rechtswege einbinden und damit eine willkürliche Relativierung von Rechtsnormen ausschließen. Dagegen sind höherstufige Änderungen, die mit rechtsinternen Sperren gegenüber Freiheit minimierenden Ansinnen verbunden sein können, zugelassen und ein deutliches Indiz, dass es in solchem Positivismus nicht ums bloß Faktische geht. ‚Positivität' des Rechts ist eine reichhaltigere Bestimmung als naive szientistische Selbstbeschreibungen und die auf sie reagierenden moralistischen Rechtsauffassungen erkennen lassen.

Der Rechtsdiskurs der zwanziger Jahre, als Kelsen und Kaufmann ihre Rechtslehren entfalten, ist durch Alligationen zwischen Rechtspositivismus und Kantianismus bestimmt. Darum entfalten beide Autoren ihr Verständnis der Positivität des Rechts im Horizont der kantischen Doppelüberzeugung, dass einerseits alle unsere Erkenntnis beim Gegebenen beginne – oder in kantischer Terminologie: „mit der Erfahrung anfange" –, dass sie aber andererseits „darum doch nicht eben alle *aus* der Erfahrung [...] entspringt".⁴⁶ Wie Kant zwischen Apriorismus und Empirismus hindurchzukommen sucht, so achtet auch der Rechtspositivismus beider Autoren im Blick auf das gegebene Recht auf kritischen Abstand gegenüber einer Position, die im Gegebenen keine Unterscheidungen erkennt und es darum als ein Sammelsurium von Fakten missversteht. Die Reform des Rechts folgt einem Sinn, der zum Recht selbst gehört.

Man kann am Neukantianismus Hermann Cohens studieren, dass ein kritischer Begriff des Gegebenen für diesen leitend ist und wie er zustande kommt. Vom Kantianismus älterer Bauart unterscheidet sich Cohens Philosophie durch die Radikalität, mit der sie die Zweistämme-Theorie der Erkenntnis und die realistische Unterstellung eines Dings-an-sich aufgibt.⁴⁷ Nichts soll als gegeben vorausgesetzt werden denn allein die Einheitlichkeit der Methode, also die Verfahren der Kritik. Darum ist für den Neukantianismus Cohens das Gegebene immer schon *auf spezifische Weise erzeugt*. ‚Gegeben' sind folglich nie irgendwelche Fakten, die man hinnehmen müsste, sondern – nach dem Vorbilde der Euklidischen Geometrie – die

---

⁴⁵ Vgl. *N. Luhmann*, Ausdifferenzierung des Rechts, Frankfurt a.M. 1981, S. 145.
⁴⁶ Kritik der reinen Vernunft, B 1 (= AA III, 27).
⁴⁷ Eine entsprechende Flurbereinigung richtet sich gegen die kantische Vermögenspsychologie.

Bedingungen der Konstruktion.[48] Das, was jeweils gegeben ist, ist folglich mit Bezug auf spezifische Handlungen gegeben, und deren Sinn und Eigenart bzw. die für sie konstitutive symbolische Prägnanz[49] müssen im Blick sein, woran man mit ihm ist.

Ein solch kritischer Begriff des Gegebenen, in den Horizont des Rechtspositivismus eingespeist, erkennt Rechtstatsachen im Horizont dessen, was in ihnen *mitgesetzt* ist. Gegeben sind also nicht allein Rechtssetzungen, sondern Verfahren, in denen über Setzungen entschieden und in denen darum Setzungen zum Gegenstand von weiterem Handeln werden können. Ein Rechtspositivismus, der das aufnimmt, kann reflektierter Rechtspositivismus genannt werden, weil er nicht allein auf Positivität, sondern auf die Einheit von Positivität und Negativität hinauswill, also den inneren Zusammenhang von positivem und veränderlichem Recht in Anschlag bringt. Er setzt also auf *Transzendenz* im Recht, wenn er von *Faktizität* des Rechts spricht. Man könnte auch sagen: Mit einem reflektierten Rechtspositivismus Kelsenscher Prägung entsteht die Aufgabe einer Rekonstruktion, die erfassen muss, was mit dem Recht und in ihm ‚gegeben' ist, und die darum über das hinausgreift, was durch die Aufzählung von Rechtstatbeständen angegeben werden kann.

V. Abschließende Andeutung rechtstheologischer Aufgaben

Wie also betrachtet die protestantische Theologie das Recht? Durchaus nicht mit der Brille einer Übernormativität, die im direkten Zugriff auf die göttliche Gerechtigkeit, eine Ontologie der Natur oder die Christusoffenbarung mit deduktiver Klarheit zu sagen wüsste, was richtiges Recht oder wie Gottes heiliger Wille im menschlichen Recht umzusetzen (zu positivieren) sei. Deutlich ist aber, dass sie den immanenten Sinn rechtlicher Ordnungen und also die Autonomie des Rechts begreift und anerkennt. Dabei gehört zu ihrer Erkenntnis des *ius humanum* auch die Wahrnehmung der Kontingenz und Endlichkeit des Rechts, die sie auch gegen überzogene Erwartungen an das Recht in Erinnerung ruft. Wenn sie sich mitunter in rechtspolitische und auch rechtswissenschaftliche Interpretationen einmischt und Rechtsinterpretationen widerspricht, dann setzt sie voraus, dass die Rechtswissenschaft für sich selbst nicht dieselbe Autonomie beanspruchen kann wie für das

---

[48] *H. Cohen*, Logik der reinen Erkenntnis [1914], in: *ders.*, Werke, hg. v. *H. Holzhey*, 2. Aufl., Hildesheim 1977, Bd. 6/1, S. 28f.
[49] Zu der Bedeutung, die Cassirers Begriff im Rechtsdiskurs hat, vgl. *M. Moxter*, Recht als symbolische Form?, in: *B. Recki* (Hg.), Philosophie der Kultur – Kultur des Philosophierens. Ernst Cassirer im 20. und 21. Jahrhundert, Hamburg 2012, S. 623–646.

Recht, so wenig wie die Autonomie der Religion den Diskurs der Theologie gegenüber Einwänden immunisiert. Sie operiert also keineswegs nur als Kulturhermeneutik des Rechts, sondern durchaus als Rechtsethik und darin vor allem als güterethische Entfaltung der Institution des Rechts.

Aber sie versteht sich dabei nicht als Platzanweiserin, die im Namen des Naturrechts letzte Normen dekretiert, sondern als Platzhalterin eines kritischen Selbstverhältnisses humanen Rechts.[50] Dabei lässt sie sich von unterschiedlichen Perspektiven leiten. Im Horizont des Schöpfungsglaubens buchstabiert die Theologie beispielsweise aus, mit welch überreichen Voraussetzungen der Mensch es zu tun bekommt, wenn er zu sagen unternimmt, was ihm gegeben ist. Zugleich betont sie im Rahmen ihrer Schöpfungstheologie mit dem Hinweis auf die Endlichkeit menschlichen Lebens auch die Aufgabe, ein realistisches Verständnis des Rechts zu gewinnen. Dieses ist als positives und also gegebenes Recht Bedingung der Freiheit und zählt insofern auch dann zu den guten Gaben Gottes, wenn jede naive Vorstellung meta-rechtlicher göttlicher Gesetzgebung ausgeschlossen bleibt. Das positive Recht ‚gut' zu nennen impliziert durchaus Anforderungen an ein ‚besseres Recht', und Hoffnung auf Gerechtigkeit kann zur Unruhe beitragen, die in der Anwendung von Recht auf Recht die Gesetzgebung voranbringt. Im Horizont der Versöhnung schließlich bildet die Theologie schon deshalb ein Bewusstsein für die Grenzen des Rechts aus, weil sie als *theologia crucis* ein Justizopfer als Repräsentation Gottes begreift, aber auch weil in ihrem Verständnis von Versöhnung die Erwartungen und Enttäuschungen, die sich an die Rechtsprechung knüpfen, bearbeitet werden. So bleibt ihr Blick aufs Recht von ihren eigenen normativen Gehalten bestimmt und darin genauso ‚schräg' wie die Sache des evangelischen Glaubens nun einmal ist. Aber auch schräge Blicke können den Sinn für das Recht stärken und darum das Interesse (oder gar die Lust) vermehren, es rationaler, effizienter und freier zu machen.

Literaturverzeichnis

Barth, Karl: Rechtfertigung und Recht. Christengemeinde und Bürgergemeinde, Zürich 1970.
Barth, Ulrich: Gott als Grenzbegriff der Vernunft. Kants Destruktion des vorkritisch-ontologischen Theismus, in: *ders.*, Gott als Projekt der Vernunft, Tübingen 2005, S. 235–262.
Blumenberg, Hans: Säkularisierung und Selbstbehauptung, Frankfurt a.M. 1974.

---

[50] Die Unterscheidung zwischen Platzanweiser und Platzhalter hat *J. Habermas*, Die Philosophie als Platzhalter und Interpret, in: *ders.*, Moralbewusstsein und kommunikatives Handeln, 5. Aufl., Frankfurt a.M. 1992, S. 9–28, eingeführt.

Böckenförde, Ernst-Wolfgang: Die Entstehung des Staates als Vorgang der Säkularisierung, in: *ders.*, Recht, Staat, Freiheit: Studien zur Rechtsphilosophie, Staatstheorie und Verfassungsgeschichte, 2. Aufl., Frankfurt a.M. 1992, S. 92–114.
Bonhoeffer, Dietrich: Ethik, in: *ders.*, Werke Bd. 6, München 1992, S. 137–162.
Bundesverfassungsgericht (BVerfG): 1 BvL 1/09 vom 9.2.2010, Absatz-Nr. 2.
Burgsmüller, Alfred/Weth, Rudolf (Hg.): These V der Barmer Theologischen Erklärung [1934], Neukirchen 1983.
Cassirer, Ernst: Substanzbegriff und Funktionsbegriff. Untersuchungen über die Grundfragen der Erkenntniskritik, Berlin 1920.
Cohen, Hermann: Logik der reinen Erkenntnis [1914], in: *ders.*, Werke, hg. v. *Helmut Holzhey*, 2. Aufl., Hildesheim 1977, Bd. 6/1, S. 28f.
Gephart, Werner: Recht als Kultur. Zur kultursoziologischen Analyse des Rechts, Frankfurt a.M. 2006.
Gordon, Peter E.: Continental divide: Heidegger, Cassirer, Davos. Cambridge/Mass. 2010.
Habermas, Jürgen: Exkurs: Transzendenz von innen, Transzendenz ins Diesseits, in: *ders.*, Texte und Kontexte, Frankfurt a.M. 1991, S. 127–156.
Ders.: Die Philosophie als Platzhalter und Interpret, in: *ders.*, Moralbewusstsein und kommunikatives Handeln, 5. Aufl., Frankfurt a.M. 1992, S. 9–28.
Haltern, Ulrich: Unsere protestantische Menschenwürde, in: *P. Bahr/H. M. Heinig* (Hg.), Menschenwürde in der säkularen Verfassungsordnung. Rechtswissenschaftliche und theologische Perspektiven, Tübingen 2006, S. 93–126.
Hartmann, Klaus: Grundzüge der Ontologie Sartres in ihrem Verhältnis zu Hegels Logik, Berlin, 1963.
Hassemer, Winfried: Unverfügbares im Strafprozess, in: *A. Kaufmann* (Hg.), Rechtsstaat und Menschenwürde, FS Maihofer, Frankfurt a.M. 1988, S. 183–204.
Heidegger, Martin: Sein und Zeit [1927], 12. Aufl., Tübingen 1972.
Huber, Wolfgang: Gerechtigkeit und Recht. Grundlinien christlicher Rechtsethik, Gütersloh 1996.
Husserl, Gerhart: Recht und Welt. Rechtsphilosophische Abhandlungen, Frankfurt a.M. 1964.
Jüngel, Eberhard: Indikative der Gnade – Imperative der Freiheit, Tübingen 2000.
Kant, Immanuel: Kritik der reinen Vernunft, A 235 (=AA 294f.).
Kaufmann, Felix: Logik und Rechtswissenschaft: Grundriss eines Systems der reinen Rechtslehre [1922], Neudruck Aalen 1966.
Kelsen, Hans: Das Verhältnis von Staat und Recht im Lichte der Erkenntniskritik, in: *ders.*, Der soziologische und juristische Staatsbegriff [1921], S. 96ff.
Ders.: Reine Rechtslehre. Einleitung in die rechtswissenschaftliche Problematik [1934], Studienausgabe, hg. v. *Matthias Jestaedt*, Tübingen 2008.
Ders.: Gott und Staat, in: Logos. Zeitschrift für Philosophie der Kultur 11 (1923), S. 261–281.
Ders.: „Was ist die reine Rechtslehre?" [1953], zit. n. *Sophie Loidolt*, Einführung in die Rechtsphänomenologie, Tübingen 2010, S. 133.
Ders.: Reine Rechtslehre [Nachdruck der Aufl. 1960], Wien 2000, zit. n. *Sophie Loidolt*, Einführung in die Rechtsphänomenologie, Tübingen 2010, S. 135.
Ders.: Gott und Staat, Tübingen 1968.
Luhmann, Niklas: Ausdifferenzierung des Rechts, Frankfurt a.M. 1981.
Ders.: Das Recht der Gesellschaft, Frankfurt a.M. 1995.
Marquard, Odo: Skepsis als Philosophie der Endlichkeit, in: *ders.*, Zukunft braucht Herkunft. Philosophische Essays, Stuttgart 2003, S. 281–290.

Moxter, Michael: Recht als symbolische Form?, in: *Birgit Recki* (Hg.), Philosophie der Kultur – Kultur des Philosophierens. Ernst Cassirer im 20. und 21. Jahrhundert, Hamburg 2012, S. 623–646.

Pannenberg, Wolfhart: Zur Theologie des Rechts, in: *ders.*, Ethik und Ekklesiologie, 11–40, Göttingen 1977, S. 37ff.

Radbruch, Gustav: Gesetzliches Unrecht und übergesetzliches Recht, in: Süddeutsche Juristenzeitung 1 (1946), S. 105–108; wiederabgedruckt in: *ders.*, GA 3, Rechtsphilosophie III, hg. v. *Arthur Kaufmann*, S. 83–93.

Roellecke, Gerd: in einem Zeitungsartikel: FAZ vom 1. März 2004, S. 37.

Sartre, Jean-Paul: Sein und Nichts, Neuausgabe, 17. Aufl., Reinbek 2012.

Schmitt, Carl: Politische Theologie. Vier Kapitel zur Lehre von der Souveränität [1922], 8. Aufl., Berlin 2004.

Ders.: Recht als kulturelle Existenz, in: *Erik Jayme* (Hg.), Internationales Privatrecht und kulturelle Identität, Göttingen 2002.

Tillich, Paul: Gläubiger Realismus (1927), in: *ders.*, Main Works Bd. 4, hg. von *John Clayton*, Berlin/New York 1987, S. 183–192.

Ders.: Über gläubigen Realismus (1928), in: *ders.*, Main Works Bd. 4, hg. von *John Clayton*, Berlin/New York 1987, S. 193–212.

Vögele, Wolfgang: Menschenrechte zwischen Recht und Theologie. Begründungen von Menschenrechten in der Perspektive öffentlicher Theologie, Gütersloh 2000.

Bernhard Nagel

Recht und Ökonomie als Lehr- und Forschungsgegenstand

1. Einführung

Mitte der 1980er Jahre kam es in Kassel zu einer Reihe von interdisziplinären Lehrveranstaltungen und Forschungsprojekten zu rechtlichen und ökonomischen Grundlagenthemen wie Norm und Markt, Effizienz und Gerechtigkeit, aber auch spezieller zu Fragen der Delikts- und Gefährdungshaftung, des Tarifvertrages und der Mitbestimmung, zum Umweltrecht und zur Umweltökonomie, zur Effizienz und Gerechtigkeit von Vertragstypen und Vertragsgestaltungen. Jedes Semester veranstaltete ich wöchentlich ein Colloquium „Recht und Ökonomie", in dem jeder über das Thema sprechen konnte, was ihn zur Zeit am meisten interessierte. Das Colloquium wird noch heute veranstaltet. Es ist meist schon zu Semesterbeginn „ausgebucht", obwohl es dafür keine Scheine und keinerlei materielle Gratifikationen gibt. Inzwischen existiert auch ein Studiengang Wirtschaftsrecht, der gemeinsam von Juristen und Ökonomen getragen wird. Einige Lehrende besitzen eine Doppelqualifikation als Juristen und Ökonomen. Sie können auf beiden Klavieren spielen.

2. Von den Verständigungsproblemen zwischen Juristen und Ökonomen

Die Schwierigkeiten zwischen Ökonomen und Juristen beginnen schon bei den jeweiligen Fachsprachen. Viele Ökonomen reduzieren ihre Aussagen zu sehr auf mathematische Formeln, die von Juristen kaum verstanden werden. Sie tun sich schwer damit, die Formeln ins Deutsche zu übersetzen. Demgegenüber ziehen Juristen sich gerne auf ihre Fachsprache zurück, von der sie fälschlich annehmen, dass sie jeder verstehen müsse. Ein Freund benannte das Problem auf einer Konferenz mit den Worten, wenn das so weitergehe, müsse man bald separate Veranstaltungen „Law and Economics for Lawyers" und „Law and Economics for Economists" abhalten.

Ein noch größeres Problem besteht in der Herangehensweise. Juristen fragen: Wie entscheide ich den (abgeschlossenen) Fall richtig? Ökonomen fragen: Welche Auswirkungen und Verhaltensanreize entstehen, wenn ich den Fall entschieden habe, in der Zukunft? Juristen fragen rückblickend: Was ist gerecht? Ökonomen fragen vorausblickend: Was kostet die Gerechtigkeit? Juristen bewerten Rechtfragen aus der Teilnehmerperspektive, Ökonomen aus der Beobachterperspektive. Während die Juristen innerhalb ihres Normengerüsts als Teilnehmer mit dem Ziel argumentieren, zu einer Entscheidung der Rechtsfrage oder des Falles zu kommen, kaprizieren sich die Ökonomen aus der Beobachterperspektive gerne auf Effizienzargumente. Sie kritisieren dann eine Entscheidung mit dem Argument, diese führe zu gesamtwirtschaftlich ineffizienten Verhaltensanreizen. Diese Kritik kann Juristen zu durchaus unfreundlichen Kommentaren veranlassen, die dann an den Ökonomen abprallen, weil sie nicht auf deren Effizienzargumente eingehen. Nach der Ansicht vieler Juristen hat wiederum Effizienz nichts mit Gerechtigkeit zu tun.

Der Erfolg jahrelanger Diskussionen im erwähnten Colloquium lag meines Erachtens darin, dass sich die beiden Disziplinen aneinander abgearbeitet haben. Der Austausch ist für Juristen wie Ökonomen nützlich. Ich möchte dies an drei Themenbeispielen verdeutlichen: der *Tragedy of the Commons*, deutsch der Tragödie der Allmende, der Theorie vom effizienten Vertragsbruch und der Auseinandersetzung um Tarifvertrag und Mitbestimmung.

3. Die „Tragedy of the Commons"

Der Begriff „Tragedy of the Commons" wurde von Garrett Hardin geprägt.[1] Er ist auf den Sachverhalt gemünzt, dass ein unbegrenzter Zugang zu natürlichen Ressourcen tendenziell zu einer Übernutzung dieser Ressourcen führt, also z.B. zur Überweidung, Überfischung oder zum Raubbau an Wäldern. Es geht hierbei nicht um die angebliche Tragödie des Gemeineigentums, wie Allmende oft ungenau übersetzt wird, sondern darum, dass überhaupt keine Eigentums- bzw. Zugangsrechte an diesen Ressourcen festgelegt sind.[2] Der Anreiz zur Übernutzung ist darauf zurückzuführen, dass die Erträge einer intensiveren Nutzung von den entsprechenden Nut-

---

[1] *G. Hardin*, The Tragedy of the Commons, in: Science 1968, S. 1243–1248.
[2] Vgl. *B. Nagel/Th. Eger*, Wirtschaftsrecht II, 4. Aufl., München 2003, S. 36–38, Fn. 22.

zern privatisiert werden können, während sich die Kosten auf alle potentiellen Nutzer verteilen. Ökonomen versuchen, dies anhand eines einfachen Modells aufzuzeigen.

Man kann sich das Anreizproblem anhand eines einfachen n-Personen Gefangenendilemma-Spiels verdeutlichen. Nehmen wir an, ein großer See dient 101 Fischern als Nahrungsmittelreservoir. Nehmen wir weiterhin an, alle Fischer sind bezüglich ihrer Präferenzen und bezüglich ihrer Ausgangsausstattung mit Ressourcen identisch und verfügen jeweils über zwei Handlungsmöglichkeiten, eine kooperative Strategie C (schonende Fischfangmethode durch Einsatz kleiner Boote, Verwendung breitmaschiger Netze etc.) und eine defekte Strategie D (intensive Fischfangmethode durch größere Boote, engmaschigere Netze, Einsatz von Dynamit etc.). Der Bruttoertrag jedes Fischers soll bei der schonenden Methode einem Wert von 50 €, bei der intensiven Methode einem Wert von 120 € entsprechen. Darüber hinaus entstehen aber jedem Fischer Kosten aus reduzierten zukünftigen Erträgen, die umso höher sind, je mehr Fischer sich heute für die intensive Fangmethode entscheiden. Der Gegenwartswert dieser Kosten kann für jeden Fischer durch die Funktion $K(n) = 100 - n$ beschrieben werden, wobei n die Anzahl der jeweils anderen Fischer bezeichnet, die sich der schonenden Fangmethode bedienen.

Der Nettoertrag jedes Fischers beträgt somit
- bei kooperativer Strategie C: $NE^C = 50 - 100 + n$,
- bei defekter Strategie D: $NE^D = 120 - 100 + n$.

Die Nettoerträge der beiden Strategien lassen sich für jeden beliebigen Fischer als Funktion der Anzahl der jeweils anderen Fischer, die kooperativ spielen, graphisch darstellen:[3]

---

[3] Zu dieser Form der Darstellung vgl. *Th. Schelling*, Micromotives and Macrobehavior, New York/London 1978, S. 216 ff.

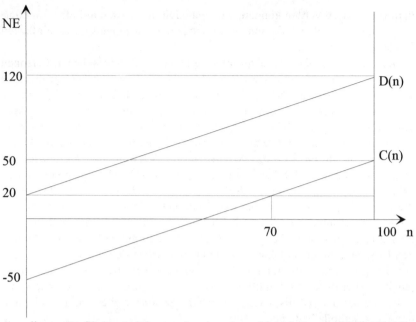

Aus dieser Grafik lässt sich nun das Anreizproblem bei mangelnder Exklusivität des Eigentums an den Fischgründen unmittelbar ablesen. Für jeden einzelnen Fischer ist es in jedem Fall am günstigsten, intensiv zu fischen – unabhängig davon, wie sich die jeweils anderen verhalten. D ist für jeden Fischer die dominante Strategie, die D-Funktion liegt bei jedem n oberhalb der C-Funktion. Wählen aber *alle* die D-Strategie (d. h. n = 0), dann ist die Auszahlung für jeden einzelnen geringer, als wenn alle (bzw. mindestens 70) C wählen würden. Der See wird „überfischt", d. h. er wird aufgrund falscher Anreize stärker genutzt, als es den Präferenzen der beteiligten Fischer entspricht.[4]

Diese Darstellung ist zwar in sich schlüssig. Was folgt aber daraus für den Juristen? Soll er die Allmende aufgeben und individuelle, private Eigentumsrechte an allen Teichen, Seen, Wäldern und sonstigen frei zugänglichen Flächen einrichten, damit die Übernutzung vermieden wird? Kaum ein Jurist wird diese Antwort geben wollen. Er erwartet vom Ökonomen vielmehr die Antwort, wie eine Übernutzung vermieden werden kann, ohne dass das Gemeineigentum bzw. die gemeinschaftliche Nutzung durch die Berechtigten aufgegeben wird.

Die Antwort darauf wurde gegeben. Elinor Ostrom erhielt 2009 den Nobelpreis für Wirtschaftswissenschaft vor allem dafür, dass sie zeigen konn-

---

[4] Vgl. fast wörtlich *B. Nagel/Th. Eger*, Wirtschaftsrecht II, a.a.O., S. 36–38.

te, wie gemeinschaftliches Eigentum von Nutzerorganisationen erfolgreich verwaltet werden kann. In ihrem Buch „The Evolution of Institutions for Collective Action" kommt sie 1990 auf Grund vieler empirischer Studien zu dem Ergebnis, dass für eine angemessene und nachhaltige Bewirtschaftung von lokalen Allmenderessourcen oft eine institutionalisierte, lokale Kooperation der Betroffenen sowohl staatlicher Kontrolle als auch Privatisierungen überlegen sei.[5] Im Schweizer Wallis hat z.B. die Gemeinde Törbel 1483 zur Nutzung der Almen und Wälder vereinbart, dass sich einmal jährlich alle Viehbesitzer des Ortes treffen und einen Bevollmächtigten wählen, der Sanktionen bei einer Überbeanspruchung der Viehweiden verhängt und sich um die Instandsetzung der Wege und Wetterschutzhütten kümmert. Jeder Bauer muss mithelfen. Das funktioniert bis heute. In Huerta, einer selbstorganisierten Bewässerungsanlage im spanischen Castellón, wurden bei 2.500 Gelegenheiten zum Wasserdiebstahl nur 200 milde Strafen verhängt, zwei Drittel der Diebe wurden nicht rückfällig. Das ist, auch wenn man eine Dunkelziffer einrechnet, eindrucksvoll. In den Zanjeras in den Philippinen leistet jeder Bauer, der an einer Bewässerungsanlage beteiligt ist, jährlich 53 Tage unentgeltliche Arbeit. Anhand von vielen Beispielen zeigt Ostrom, dass die Bereitstellung und Nutzung von Allmenderessourcen ohne eine zentralstaatlich von oben angeordnete Lösung und ohne Privatisierung befriedigend gelöst werden kann. Sie spricht sich für Lösungen durch die Betroffenen aus, die flexibel an die Probleme angepasst werden und durchaus komplex sein können.

Als Resümee ihrer Forschung lassen sich Ostroms Anforderungen an die Beteiligten wie folgt zusammenfassen:

1. Definiert die Grenzen klar und schließt externe Nichtberechtigte wirksam aus!
2. Passt die Regeln zur Bereitstellung und Nutzung der Allmenderessourcen den lokalen Bedingungen an!
3. Lasst die Nutzer an den Vereinbarungen zur Änderung der Regeln teilnehmen!
4. Überwacht die Einhaltung der Regeln!
5. Schafft abgestufte Sanktionsmöglichkeiten bei Regelverstößen!
6. Schafft Mechanismen zur Konfliktlösung!

Zu diesen Anforderungen an die Beteiligten und gleichzeitig lokal Betroffenen kommt eine Anforderung Ostroms an die übergeordneten Regierungsstellen, welche die Selbstbestimmung der Gemeinde bzw. der Betroffenen anerkennen müssen.

---

[5] *E. Ostrom*, Die Verfassung der Allmende, Tübingen 1999.

Garrett Hardin hat später zugegeben, dass er seinen Artikel besser mit „The Tragedy of the Unmanaged Commons" benannt hätte. Sein mathematisch geschlossenes und die menschlichen Handlungsmöglichkeiten ausklammerndes Modell führt zu falschen Schlüssen. Durch Kooperation der Betroffenen kann, wie Ostrom gezeigt hat, die Tragödie verhindert werden. Die von Ostrom angestoßene Diskussion hat praktische Folgen. Sie führt zu einem Bruch mit den Privatisierungsbestrebungen der letzten Jahrzehnte, die gerade auch von Ökonomen aggressiv unterstützt worden waren. Die Skepsis vieler Juristen war berechtigt. Argumentationshilfe kam vor allem von Ostrom, aber auch von anderen Ökonomen.[6] Man kann aus dieser Diskussion lernen, dass man z.B. die Dominanz der großen Energieversorgungskonzerne bei Strom und Gas nicht als unveränderlich hinnehmen muss, sondern auf kommunaler Ebene die Netzträgerschaft erhalten oder das Netzrückkaufsrecht nutzen kann. Als Alternative zur Privatisierung bietet sich die Einbeziehung der Bürger durch Ausgabe von Bürgeraktien oder Genossenschaftsanteilen an. In Wolfhagen bei Kassel ist dies kürzlich gelungen. So können auch Stadtwerke in solchen Kommunen errichtet werden, denen dies bisher zu kompliziert oder zu teuer erschien.[7]

4. Der effiziente Vertragsbruch

Viel Raum nimmt bei Ökonomen die Diskussion der Möglichkeiten und Grenzen des effizienten Vertragsbruchs ein. Es geht um die Frage, unter welchen Voraussetzungen der Bruch eines gültigen Vertrages durch eine der Vertragsparteien aus wohlfahrtsökonomischer Sicht effizient ist. Zu fragen ist nach einem Zustand, der aus der Sicht eines außen stehenden Beobachters objektiv eine Verbesserung darstellt. Nach dem Pareto-Kriterium stellt eine Veränderung des Status quo eine Verbesserung dar, wenn wenigstens ein Gesellschaftsmitglied den neuen Zustand höher und kein Gesellschaftsmitglied ihn niedriger bewertet als den alten. Nach Kaldor-Hicks reicht es schon, dass die Gewinner die Veränderung ihrer Gewinne höher bewerten als die Verlierer ihre Verluste.[8] Der naive Beobachter würde sagen, ein Vertragsbruch ist dann effizient, wenn der Verlierer nicht entschädigt werden muss, etwa, weil der „Gewinner" sich ins Ausland absetzt und für die Rechtsordnung nicht mehr erreichbar ist. Diese Fallgestaltung inter-

---

[6] Vgl. *M. Casari/Ch. Plott*, Decentralized Management of Common Property Resources, in: Journal of Economic Behavior and Organization 51, 2003, S. 217–247.

[7] Vgl. *B. Nagel,* Nachhaltige Strom- und Gasversorgung im Lichte des Wettbewerbsrechts, Berlin 2010, S. 62 f. m.w.N.

[8] Vgl. *B. Nagel/Th. Eger*, Wirtschaftsrecht II, a.a.O., S. 42 m. w. N.

essiert die Ökonomen aber nicht. Der Gewinner muss für den Verlierer nicht nur erreichbar sein. Das geltende Recht muss im Prozess auch durchsetzbar sein. Nun hat der Gläubiger nach dem BGB bei einer Vertragsverletzung des Schuldners – etwa beim Kauf eines Gemäldes – nicht nur den Erfüllungsanspruch (§ 433 Abs. 1 BGB), sondern kann bei Erfüllungsverweigerung Schadensersatz statt der Leistung (§§ 280 Abs. 1, 281 Abs. 1 BGB) oder alternativ dazu Herausgabe des auf Grund der Erfüllungsverweigerung erlangten Ersatzes oder Ersatzanspruchs (§ 285 BGB) verlangen. Der Käufer kann also, wenn der Verkäufer das zuvor an ihn für 5.000 Euro verkaufte Bild nicht ausliefert, sondern nachträglich an einen anderen für 10.000 Euro verkauft und ausgeliefert hat, von diesem die erhaltenen 10.000 Euro verlangen. Vertragsbruch lohnt sich für den Verkäufer nicht. Die Rechtsordnung entmutigt den Vertragsbruch des Verkäufers dadurch, dass sie dem Erstkäufer den Ersatz nach § 285 BGB zuspricht. Ist dem Käufer das Bild allerdings mehr als 10.000 Euro wert, so muss er versuchen, es dem Zweitkäufer für mehr als 10.000 Euro abzukaufen. Dieser ist auf Grund des zweiten Kaufvertrages mit der Übereignung berechtigterweise Eigentümer des Bildes geworden. Der Verkäufer hat kann sich von einem Interessenten dafür bezahlen lassen, dass er ihm den Zweitkäufer und jetzigen Eigentümer des Bildes benennt und ihm dadurch die Möglichkeit einräumt, mit diesem über den Kauf des Bildes zu verhandeln. Effizient ist diese Lösung insofern, als das Bild schließlich bei dem landen kann, dem es am meisten wert ist.

In den USA gibt es in jedem Bundesstaat ein eigenes Vertragsrecht, dieses Recht ist nicht kodifiziert, sondern leitet sich jeweils aus den vorangegangenen Entscheidungen (Präjudizien) der Gerichte ab, die für nachfolgende Gerichtsentscheidungen bindend sind (*stare decisis*). Es gibt dort keinen § 285 BGB. Der Erstkäufer erhält meist nur den gezahlten Kaufpreis zurück, nicht alternativ das vom Verkäufer ersatzweise Erlangte. Insofern besteht ein Anreiz dafür, dass der Verkäufer den über 5.000 Euro abgeschlossenen Kaufvertrag bricht, wenn ihm vor Auslieferung des Bildes ein anderer 10.000 Euro bietet. Und schon diskutieren die Ökonomen, unter welchen Voraussetzungen ein Vertragsbruch effizient ist. Eine interessante Beobachtung des Juristen besteht nun darin, dass diese Diskussion der Ökonomen keineswegs endet, wenn er auf die Existenz von § 285 BGB in Deutschland hinweist. Die Ökonomen setzen ihre Effizienzdiskussion fort, indem sie fragen, ob man den Vertragsbruch nicht doch nach US-amerikanischem Vorbild zulassen sollte, wenn die Kosten für die Verhandlung des Zweitkäufers mit dem Erstkäufer hoch sind. Hier fragt sich der Jurist, ob die Ökonomen nicht vor lauter Effizienzbetrachtungen mit dem Ziel, die Kaufsache zu dem zu lenken, der ihr den höchsten Wert beimisst, den normativen Gedanken der Rechtssicherheit und der materiellen Gerechtigkeit „pacta sunt servanda" des § 285 BGB aus den Augen verloren haben, der für die Rechtswissenschaft maßgeblich bleiben muss. Der Jurist verlangt, in die Sprache des Ökonomen übersetzt, dass dieser eine bestimmte Ausgangsausstattung der Menschen beachtet, zu der nicht nur die Grund- und Menschenrechte, sondern in kontinentaleuropäischen Ländern wie Deutschland auch das Recht auf Herausgabe des Ersatzes oder Ersatzanspruchs (§ 285 BGB) gehören.

5. *Tarifvertrag und Mitbestimmung*

Viele Angelsachsen betrachten staunend die deutsche Arbeits- und Wirtschaftsverfassung, insbesondere die Ausprägung des Systems der Tarifverträge und der Mitbestimmung. Viele Ökonomen sind davon überzeugt, dass beides ineffizient sei. Demnach sind Tarifverträge als kollektive Verträge über Löhne und Arbeitsbedingungen ineffizient, weil sie zu Ergebnissen führen, die bei einer freien Konkurrenz der Arbeitssuchenden um die Arbeitsplätze und der Arbeitgeber um die Arbeitskräfte nicht zustande gekommen wären. Oder platt gesagt: Die Löhne sind zu hoch. Die Beschäftigten beuten die Arbeitslosen aus. Wegen der zu hohen Löhne sind die Produktionskosten und damit die Preise zu hoch, es werden auch die Konsumenten durch die Produzenten ausgebeutet. Wenn Juristen darauf hinweisen, dass die Tarifautonomie in einem jahrhundertelangen Kampf durchgesetzt werden musste und dem Schutz der auf dem Arbeitsmarkt strukturell schwächeren Arbeitnehmerseite dient, wird das zum Teil als rückwärtsgewandte Sozialromantik abgetan. Die Juristen können in der Diskussion erst punkten, wenn sie von den Gerechtigkeits- zu den Effizienzargumenten übergehen. Hier hilft ein Rückgriff auf die Habilitationsschrift von Stützel.[9] Stützel zeigt auf, dass Arbeiterfamilien, die am Rande des Existenzminimums leben, unter bestimmten Voraussetzungen auf sinkende Lohnsätze mit einer Erhöhung ihres Arbeitsangebots reagieren, um die Armutsgrenze nicht zu unterschreiten. Dieses individuell rationale Anpassungsverhalten führt zu dem kollektiv irrationalen Ergebnis, dass ein gegebenes Familieneinkommen mit immer mehr Arbeitsstunden erarbeitet werden muss. Kollektive Lohnverhandlungen und Tarifverträge – verbunden mit einer Beschränkung der Arbeitszeit und einem Verbot der Kinderarbeit – führen hingegen zu dem gesamtwirtschaftlich rationalen Ergebnis, dass die Unterbietungskonkurrenz der Arbeiterfamilien gebremst wird; die Arbeitgeber

---

[9] *W. Stützel* Paradoxa der Geld- und Konkurrenzwirtschaft, Aalen 1979 Nachdruck von 1953, S. 375 ff.; siehe auch *ders.* Marktpreis und Menschenwürde, Stuttgart 1985, S. 75 ff.

werden von dem Zwang „befreit", ihr eigenes Überleben am Markt durch Konkurrenz zu Lasten der Arbeitnehmer zu sichern.[10] In einer Zeit, in der die sozialen Sicherungssysteme brüchig werden, kann man ein derartiges Szenario nicht als rückwärtsgewandt abtun.

Etwas schwieriger ist es, Ökonomen, denen Gerechtigkeitsargumente nicht einleuchten wollen, die Effizienz der Mitbestimmung nahezubringen. Den mathematischen „Beweis" einer derartigen Effizienz gibt es nicht. Die relative Stabilität der deutschen Wirtschaft in der Folge der Finanz- und Wirtschaftskrise von 2008 allein überzeugt viele Ökonomen noch nicht von der Effizienz der Mitbestimmung. Schließlich beeinträchtigt Mitbestimmung im Betrieb und Unternehmen nicht nur allgemein das Eigentum der shareholder, sondern auch konkret die Weisungsrechte des Arbeitgebers im Betrieb. Er kann nicht mehr uneingeschränkt eine Anpassung der Arbeitsinhalte an veränderte Anforderungen mit Hilfe seines Direktionsrechts durchsetzen, sondern muss im Konfliktfall seine Betriebsräte konsultieren oder sogar ihre Mitbestimmungsrechte beachten. Das bedeutet nicht nur Machtverlust, sondern kostet auch Zeit. Aus seiner Sicht ist das ineffizient. Hierbei wird allerdings übersehen, dass bei einer Anpassung der Arbeitsinhalte oder einer Kündigung der Arbeitnehmer oft benachteiligt ist. Eine Abwanderung zu einem anderen Arbeitgeber ist für ihn in der Regel mit hohen Kosten verbunden. Er verliert seine innerbetrieblichen Aufstiegsmöglichkeiten, seine betriebsspezifischen Qualifikationen werden entwertet, seine informellen Kontakte zu Kolleginnen und Kollegen fallen weg, er muss einen neuen Arbeitsplatz suchen und unter Umständen umziehen. Der Arbeitgeber kann diese Abwanderungskosten umso leichter ausbeuten, je leichter es ihm fällt, Ersatzarbeitskräfte einzustellen. Andererseits können die innerbetrieblichen Qualifikationen der Arbeitnehmer zum Vorteil des Arbeitgebers gereichen, weil sie einen Anreiz zu einer langfristigen Kooperation bieten und das Unternehmen stabilisieren. Die Wege der Anpassung an veränderte Marktbedingungen verlagern sich von der Entlassung der Arbeitnehmer auf die innerbetriebliche Weiterbildung, bei geringerem Arbeitsanfall auf Kurzarbeit und bei erhöhtem Arbeitsanfall auf Überstunden. Mitbestimmung und Kündigungsschutz können effizient sein.

Ein besonderer Vorteil der deutschen Arbeits- und Wirtschaftsbeziehungen liegt m.E. in der Verzahnung von Tarifvertrag und Mitbestimmung. Eine betriebsnahe Tarifpolitik kann die Tarifverträge, die entsprechende Öffnungsklauseln enthalten, mit Betriebsvereinbarungen verknüpfen, die auf die jeweiligen betrieblichen Besonderheiten eingehen. Auch können den Betriebsräten durch Tarifvertrag zusätzliche Mitbestimmungsrechte übertragen werden. Für den Arbeitgeber ergibt sich der Vorteil, dass im Rahmen

---

[10] Vgl. *B. Nagel/Th. Eger* a.a.O., S. 214f.

der Betriebsverfassung nicht gestreikt wird. Für die Betriebsräte liegt ihr Vorteil darin, dass die Rechte der gesetzlichen Betriebsverfassung nicht bei jeder tariflichen Auseinandersetzung neu erkämpft werden müssen.[11] Man kann hoffen, dass sich die Ablehnungsfront angelsächsischer Ökonomen gegenüber derartigen Effizienzargumenten angesichts der gegenwärtigen Wirtschaftskrise auflockert. Die lange Zeit als antiquiert und immobil kritisierte Arbeits- und Wirtschaftsordnung der Bundesrepublik Deutschland hat sich in den letzten Jahren als – für einige erstaunlich – robust erwiesen. M. E. ist das auch auf die Regeln zum Tarifvertrag und zur Mitbestimmung zurückzuführen.

6. Denkanstöße für Juristen

Ökonomen vergleichen gerne aktuelle Rechtsnormen mit möglichen besseren, d. h. effizienteren. Bei ihren Effizienzanalysen verharren sie in der Beobachterperspektive. Juristen sind mehr daran interessiert, entstandene Rechtsfälle nach den Normen des Rechts gerecht zu lösen. Sie untersuchen die Fälle aus der Teilnehmerperspektive. Ihre Theorien, die sie zur Entscheidung der Fälle entwickeln, lassen sich nicht mit naturwissenschaftlichen Theorien vergleichen. Sie sind Kunstregeln in einem normativen Gebäude. Diese können, wenn sie zu ungerechten Fallentscheidungen führen, angepasst werden. Welche Denkanstöße vermitteln die Effizienzbetrachtungen der Ökonomen für Juristen? Führen diese zu einer Veränderung ihrer Kunstregeln?

Zuerst muss die Pareto-Effizienz von der Kaldor-Hicks-Effizienz unterschieden werden. Das Konstrukt der Pareto-Effizienz eignet sich gut für ökonomische Modellbildungen, in der Praxis gibt es aber kaum Fälle, in denen sich bei einer Veränderung kein Gesellschaftsmitglied verschlechtert. Es wird bei der Rechtssetzung und der Rechtsanwendung kaum Paretoeffiziente Lösungen geben können. Kaldor-Hicks-effiziente Lösungen sind die Regel. Die Gewinner könnten die Verlierer entschädigen, entschädigen sie aber nicht wirklich (dann wäre die Lösung ja Pareto-effizient). Derartige Lösungen sind nicht konsensfähig, auch wenn die Vorteile, die der Gesetzgeber oder die Rechtsprechung den Gewinnern verschaffen, größer sind als die Nachteile der Verlierer. Es entsteht zu Lasten der Verlierer ein Gerechtigkeitsproblem. Nur ist damit das Problem für den Juristen nicht ausgestanden. Wenn der Ökonom dessen Gerechtigkeitspostulat hinterfragt,

---

[11] B. Nagel/H. Nutzinger, Zum Verhältnis von gesetzlicher und vertraglich vereinbarter Mitbestimmung, in: Homo oeconomicus XVI (3) 2000, S. 301–332 m.w.N.

kommt der Jurist in Schwierigkeiten. Was ist gerecht? Es bleibt ihm u.a. der Rückzug auf Aristoteles und dessen nikomachische Ethik[12] mit austeilender und ausgleichender Gerechtigkeit oder auf John Rawls.[13] Nach dem sogenannten Differenzprinzip von Rawls sind gesellschaftliche und wirtschaftliche Ungleichheiten nur zulässig, wenn sie auch dem den größtmöglichen Vorteil bringen, der am wenigsten begünstigt wird. Rawls arbeitet mit einem Modell, wonach die Menschen in einer fiktiven Situation einen Gesellschaftsvertrag abschließen, in der sie unter dem Schleier des Nichtwissens (*veil of ignorance*) entscheiden müssen, unter dem sie weder ihr Geschlecht noch ihre Rasse, ihr Alter oder ihren gesellschaftlichen Status kennen. Sie werden sich, so Rawls, für Freiheit, Chancengleichheit und das erwähnte Differenzprinzip entscheiden. Dem Ökonomen helfen derartige Konstrukte nur wenig, weil er bei seinen Effizienzbetrachtungen vermeiden will, dass eine ineffiziente Situation entsteht, in der zwar die Gerechtigkeit von Rawls oder Aristoteles verwirklicht wird, aber die Wirtschaft zusammenbricht, weil die Verhaltensanreize ein aktives wirtschaftliches Verhalten entmutigen. Ein völlig ineffizienter Gesellschaftszustand, in dem z.B. Verträge nicht mehr zustande kommen, kann nicht gerecht sein. Wenn sich alle verschlechtern, ist die Lösung sowohl ineffizient als auch ungerecht. Das muss der Jurist schließlich einsehen.

Welcher Ausblick ergibt sich für die Zukunft? Es ist zu beobachten, dass sich jüngere Ökonomen mit neuen Themen beschäftigen, die weniger mit Theorie und Modellbildung als mit empirischer, experimenteller Wirtschaftsforschung zu tun haben. Die Rechtsordnung wird hier keineswegs ausgeklammert. Die Ergebnisse der juristischen Fachdiskussion werden aus der Beobachterperspektive des Ökonomen reflektiert. Vor allem aber werden die ökonomischen Nachbarwissenschaften, etwa die Soziologie und die Psychologie, aufmerksamer zur Kenntnis genommen. Die Teildisziplin der Behavioural Economics zeigt auf, dass die Menschen relativ häufig vom egoistischen Eigeninteresse abweichen, auch wenn sie keine Sanktionen zu befürchten haben. Die experimentelle Ökonomie zeigt, dass Vertragsangebote, die für unfair gehalten werden, häufig nicht angenommen werden, auch wenn dies zu Nachteilen für die andere Seite führt. Das Gerechtigkeitsempfinden der Menschen beeinflusst die ökonomische Praxis.

Eine experimentelle Studie und Umfrage eines Kollegen ergab, dass sogenannte Sprechklauseln der Handelsketten gegenüber ihren Lieferanten auch dann zu echten Verhandlungen führten, wenn von vornherein vertraglich geklärt wurde, dass die Handelsketten im Konfliktfall den Verhand-

---

[12] Auszüge bei *B. Nagel*, Recht und Gerechtigkeit im gesellschaftlichen Wandel, 2006, S. 8–12.
[13] *J. Rawls*, Eine Theorie der Gerechtigkeit, 7. Aufl., Frankfurt a.M. 1993, S. 336f.

lungspunkt alleine entscheiden können. Anknüpfungspunkte für dennoch erzielte Verhandlungserfolge des nach der Papierform unterlegenen Lieferanten sind gemeinsame Interessen beider Parteien, wozu auch das Interesse der Handelskette an stabilen Lieferbeziehungen gehört. Für Mitbestimmungsforscher, die gegenüber bloßen Informations- und Konsultationsrechten betrieblicher Interessenvertretungen skeptisch sind, ergeben sich gedankliche Anknüpfungspunkte und Transfermöglichkeiten. Konsultation ist mehr als bloße Entgegennahme von Informationen. Das Ergebnis der Studie zu den Handelsketten könnte auch ganz oder teilweise auf Konsultationsrechte der betrieblichen Interessenvertretungen übertragen werden. Die Einschätzung der Juristen zur praktischen Wirksamkeit von Information, Konsultation und Mitbestimmung kann sich ändern.

Fazit: Interdisziplinäre Diskussion, Forschung und Lehre sind nützlich und beeinflussen das Selbstverständnis von Juristen und Ökonomen. Es bleibt abzuwarten, welche weiteren Nutzanwendungen sich aus der Kooperation von Juristen und Ökonomen in Zukunft ergeben.

Literaturverzeichnis

Casari, Mario/Plott, Charles R.: Decentralized Management of Common Property Resources, in: Journal of Economic Behavior and Organization 51, 2003, S. 217–247.
Hardin, Garrett: The Tragedy of the Commons, in: Science 13, 1968, S. 1243–1248.
Nagel, Bernhard: Nachhaltige Strom- und Gasversorgung im Lichte des Wettbewerbsrechts, Berlin 2010.
Ders.: Wie effizient sind Tarifvertrag und Mitbestimmung?, in: Gewerkschaftliche Monatshefte 2/1996 S. 97–111, 102f.
Ders.: Recht und Gerechtigkeit im gesellschaftlichen Wandel, 2006, S. 8–12.
Ders./Eger, Thomas: Wirtschaftsrecht II, 4. Aufl., München 2003.
Ders./Nutzinger, Hans: Zum Verhältnis von gesetzlicher und vertraglich vereinbarter Mitbestimmung, in: Homo oeconomicus XVI (3) 2000, S. 301–332 m. w. N.
Ostrom, Elinor: Die Verfassung der Allmende, Tübingen 1999.
Rawls, John: Eine Theorie der Gerechtigkeit, 7. Aufl., Frankfurt a.M. 1993.
Schelling, Thomas: Micromotives and Macrobehavior, New York/London 1978, S. 216ff.
Stützel, Wolfgang: Paradoxa der Geld- und Konkurrenzwirtschaft, Aalen 1979, Nachdruck von 1953.
Ders.: Marktpreis und Menschenwürde, Stuttgart 1985.

Christoph Möllers

Ausblick aus der Perspektive der Rechtswissenschaft

Im Namen gleich der gesamten eigenen Disziplin sollte man das Wort besser nicht ergreifen – oder, wenn man diese Wahl nicht hat, sogleich kenntlich machen, welchen Idiosynkrasien die eigene Perspektive notwendigerweise unterworfen ist. Wenn im folgenden Beitrag also der mitunter irritierte Blick anderer Disziplinen auf die Rechtswissenschaften durch einen rechtswissenschaftlichen Blick auf diesen Blick auf die Rechtswissenschaften ergänzt werden soll, so bedarf dies zweier einleitender Relativierungen:

Es ist zum Ersten zu erwähnen, welch große Divergenzen der Sicht auf das eigene Fach selbst innerhalb der vermeintlich so geschlossenen Disziplin der Jurisprudenz bestehen – so in der Orientierung von Privatrechtlern an ökonomischen und Öffentlich-Rechtlern an politischen oder administrativen Zugängen[1] oder im kontinentaleuropäischen Bezug auf das Gesetz als Norm im Gegensatz zur angelsächsischen Erkundung des Falles als normativem Ereignis. Die Welten, die zwischen solchen Ausgangspunkten liegen, werden kleiner, wenn man sie aus größerer Entfernung beobachtet – insoweit ist der Blick der anderen eben immer auch ein guter Anlass für eine Ent-Provinzialisierung der eigenen Perspektive. Lerngewinne sind solcherart vor allem indirekt durch Irritation und Information, weniger dagegen unmittelbar durch den Transport von weiterverwendbarem Wissen zu erwarten. In jedem Fall bleibt zu betonen, wie wenig einheitlich eben auch in der rechtswissenschaftlichen Disziplin geforscht und gedacht wird.

Zudem ist ein Wort zum Verhältnis von Recht und Rechts*wissenschaften* zu sagen. Denn die Unterscheidung zwischen der wissenschaftlichen Disziplin und ihrem Gegenstand ist für die Rechtswissenschaften nicht so selbstverständlich wie für andere Fächer. Deren Vertreter irritiert es nicht wenig, wie umstandslos die deutschen Rechtswissenschaften sich mit dem Rechtssystem identifizieren, um sich dadurch selbst zu einer Art Rechtsquelle zu

---

[1] Man vergleiche nur die eklatant unterschiedlichen Zugänge allein für das deutsche Recht in: *C. Engel/W. Schön* (Hg.), Das Proprium der Rechtswissenschaft, Tübingen 2007.

stilisieren.² Historisch und kulturell unterschiedlich wird diese Grenze jedoch zuweilen schärfer und zuweilen weniger scharf gezogen.³ Rechtswissenschaftler sehen sich auch in anderen Rechtsordnungen als Rechtsquelle, und wiewohl dieser Anspruch sowohl methodische als auch politischlegitimatorische Probleme aufweist, ist er im Ergebnis nicht immer unberechtigt. Der vorliegende Beitrag wird sich vornehmlich mit den Rechts*wissenschaften*, nicht mit dem Recht auseinandersetzen, aber das ungewisse Verhältnis zwischen beiden an verschiedenen Momenten der Darstellung reflektieren müssen. Will man sich fürs Erste mit einer semantischen Lösung des – praktisch kaum lösbaren – Problems zufrieden geben, so erscheint es angemessen, von einer notwendigen Unterscheidung, aber nicht von einer Trennung beider zu sprechen.

Der Beitrag wird in zwei Schritten die Erträge der Diskussion aufnehmen, die sich in diesem Band dokumentiert finden. In einem ersten, eher rückschauenden Durchgang soll die Vielfalt der Beiträge aus juristischer Sicht auf einige Grundfragen zurückgeführt werden, die diese bei aller Unterschiedlichkeit verbindet (II.), in einem zweiten, konstruktiven Schritt soll der Versuch unternommen werden, für die Rechtswissenschaften vier Paradigmen ihres Selbstverständnisses herauszuarbeiten, die ihre eigenen Methoden und ihre je eigenen Beziehungen zu anderen Disziplinen bestimmen (III.). Dies gestattet eine kurze abschließende Bilanz (IV.).

I. Fragen an die Rechtwissenschaft

1. Was ist Recht?

Die Frage, was Recht „ist", hat die Beiträge des vorliegenden Bandes begleitet, explizit und implizit. Auf den ersten Blick erscheint sie für einen Rechtswissenschaftler kaum von Belang. Denn den Inbegriff ihres eigenen Forschungsgegenstandes thematisieren viele Disziplinen so gut wie nie: Bei manchen wird es selten notwendig, ihn zu definieren wie in der Physik oder der Chemie, bei anderen scheint eine Definition die Disziplingrenzen zu

---

[2] Ein besonders irritierendes Beispiel ist der Versuch, Fragen guter wissenschaftlicher Praxis auf Probleme des Urheberrechts zu reduzieren und damit letztlich wissenschaftsextern, dafür aber rechtssystemintern zu diskutieren. Hier zeigt sich eine erschreckende Unfähigkeit von Teilen der Rechtswissenschaft, überhaupt eine selbstständige wissenschaftsimmanente Position zu beziehen.

[3] Vgl. etwa *R. v. Caenegem*, Judges, Legislators & Professors, Cambridge 1987; *J. P. Dawson*, The Oracles of the Law, Ann Arbor 1968.

sprengen wie bei der Biologie.⁴ Für andere aber ist der Begriff geradezu ein Problem: So erscheint es in der Soziologie keinesfalls immer angemessen, soziale Beziehungen unter dem Begriff der „Gesellschaft" zusammenzufassen.

Den Begriff des Rechts abstrakt zu definieren, ist für Rechtsordnungen gleichfalls selten notwendig. Keine Rechtsordnung definiert ausdrücklich, was Recht ist. Allerdings gehört es zu den Besonderheiten des Rechts, sich selbst nicht nur Grenzen zu ziehen, sondern diese mitunter auch ausdrücklich machen zu müssen: sei es im Verhältnis zu einem moralischen Versprechen, zur folgenlosen Äußerung eines Beamten oder zur angemaßten hoheitlichen Gewalt einer Privatperson. In solchen besonderen Fällen expliziert die Rechtsordnung, was nicht zu ihr gehört. Selbst wenn solche Explikationen in aller Regel fragmentarisch bleiben und auf einen sehr konkreten Problemzusammenhang beschränkt sind, selbst wenn sich die juristische Problemlösung lieber nicht in den unsicheren Bereich des Fundamentalen begeben möchte, kann sie dies nicht immer vermeiden. Die Antworten, die sie dabei gibt, sind allerdings oftmals in legitimer Weise funktionalistisch gefasst. Nur ein Beispiel: Handelte es sich beim Schießbefehl an der deutsch-deutschen Grenze um Recht? Man mag dies aus vielerlei Gründen bestreiten, und für einen ganzen Zweig der Rechtsphilosophie ergab sich mit dieser Frage die seltene Gelegenheit, endlich einmal praktisch relevant zu werden.⁵ Aber wenn man die Frage aus ihrer Grundsätzlichkeit löst und zu einer praktischen Vorfrage unserer eigenen Rechtsordnung macht, dürfte die Antwort auf der Hand liegen: Die Täter in der DDR konnten zur Zeit der Tat damit rechnen, nicht für Taten, die vom politischen System ausdrücklich gewollt waren, rechtlich zur Verantwortung gezogen zu werden. Ziehen wir sie heute dafür zur Verantwortung, so ignorieren wir unser eigenes verfassungsrechtliches Verbot einer rückwirkenden Bestrafung.⁶ So gesehen, müssen wir auch den Schießbefehl als Teil der damaligen Rechtsordnung verstehen.

Nicht immer treten grundsätzliche Fragen des Rechtsbegriffs so wirkmächtig in Erscheinung, wie dies bei einem politischen Systemwechsel der Fall ist. Aber einer Intuition hinsichtlich grundlegender Fragen bedarf es

---

⁴ Sucht man nach Definitionen für „Leben", so stößt man auf das berühmte Buch eines Physikers *E. Schrödinger*, Was ist Leben?, Bern 1947, auf philosophische Erwägungen von z.B. *M. Thomson*, Life and Action, Cambridge 2008, und natürlich auf viel juristisches Material zur Frage des Lebensbeginns. All das ist weit entfernt von biologischer Forschung.
⁵ Beispielhaft *R. Alexy*, Mauerschützen. Zum Verhältnis von Recht, Moral und Strafbarkeit, Göttingen 1993; zur Kritik *H. Dreier*, Die Radbruchsche Formel – Erkenntnis oder Bekenntnis, in: *H. Mayer* (Hg.), Staatsrecht in Theorie und Praxis. Festschrift für Robert Walter, Wien 1991, S. 117ff.
⁶ So *E. Schmidt-Aßmann*, in: *Th. Maunz/G. Dürig* (Hg.), Kommentar zum Grundgesetz, München, Stand: Mai 2013, Art. 103 II GG Rz. 255.

eben auch für die Behandlung kleinteiligerer Probleme, und es gehört zu den Strategien der – je nachdem, wie man es auch nennen will – entweder Ausdifferenzierung oder auch Selbstimmunisierung der Rechtsordnung, über diese Intuitionen einen gewissen Schleier zu legen. Dieser Schleier ist keiner intendierten systemischen Tarnung, die niemand so organisieren könnte, sondern vielmehr der Notwendigkeit geschuldet, die eigene Problemlösung stets so zu formulieren, dass sie auch noch Offenheit für das nächste noch unbekannte Problem verspricht. Dies macht es schwierig, für andere Disziplinen an einen eigenen „echten" juristischen Rechtsbegriff anzuschließen, um mit diesem Anschluss die Vorfrage klären zu können, auf was genau sie sich eigentlich beziehen, wenn sie „das Recht" empirisch erforschen möchte. Man müsste alle künftigen Fallgestaltungen kennen, um dies tun zu können.

2. Pluralität des Rechts

Eine in der soziologischen und anthropologischen Forschung seit längerem populäre Reaktion auf das Problem des Rechtsproblems verweist auf die Pluralität verschiedener Rechtsordnungen. Dieser Hinweis ist sicherlich insoweit hilfreich, als er der Vorstellung einer rein staatszentrierten Entstehung von Recht, wie sie für einen gewissen Moment des späten 19. und des 20. Jahrhunderts in Europa richtig gewesen sein mag,[7] die Vielfalt interagierender Rechtsordnungen entgegenhält. Trotzdem macht es sich der Hinweis auf Pluralität zum Ersten oftmals zu einfach, zum Zweiten – und das ist hier für uns entscheidend – unterläuft er die juristische Fragestellung.

Er macht es sich zunächst zu einfach, weil mit dem Pluralitätspostulat oftmals die Notwendigkeit verschleiert wird, eine Grenze zwischen Recht und Nicht-Recht zu ziehen,[8] um stattdessen einfach nur von einem unspezifischen Gemisch von sozialen Normen auszugehen. Dies erweist sich allerdings als eine wenig befriedigende Beschreibung der sozialen Praxis, die solche Unterscheidungen eben auch dann vornimmt, wenn sie schwer zu vollziehen sind. Der Hinweis auf die Normenpluralität macht es sich auch deswegen zu einfach, weil das Pluralitätspostulat unterstellt, es gäbe für die Beteiligten tatsächlich eine Wahl zwischen verschiedenen Normenordnungen, was aber nur sehr selten der Fall sein dürfte. Vermutlich ist es umge-

---

[7] W. Reinhard, Geschichte der Staatsgewalt, München 2000, S. 291ff.
[8] B. Z. Tamanaha, Folly of the Social Scientific Concept of Legal Pluralism, Journal of Law and Society 20 (1993), S. 192–217.

kehrt eine von sozialen Normen unterschiedene formalisierte Normenordnung wie das Recht, die solche Wahlen ermöglicht.⁹
Vor allem aber verfehlt der Hinweis auf die Realität der Normenpluralität die Fragestellung der Juristen, die eben die oftmals objektiv unentscheidbare Frage entscheiden müssen, wie eine soziale von einer rechtlichen Norm abzugrenzen ist. Solche Entscheidungen haben viel Kritik erfahren – gerade in der nach wie vor wirkmächtigen Tradition des angelsächsischen Rechtsrealismus, der seine Argumente maßgeblich aus anderen Disziplinen bezog[10] – als „realistischer" Blick auf das Recht durch die Sozial- oder Wirtschaftswissenschaften oder als methodische Kritik durch die Rechtstheorie. Doch unterläuft eine solche Kritik die unvermeidliche Formalisierungsleistung jedes juristischen Arguments, die zumindest auch darin besteht, Möglichkeiten zu entwickeln, um Entscheidungen vorzubereiten und zu treffen.[11]

3. Realität des Rechts

Andere Disziplinen schauen mitunter auf das Recht als ein Gewebe aus Fiktionen. Freilich haben auch Fiktionen ihre Wirklichkeit, und die Lektüre eines Romans mag das Leben von mehr Menschen verändert haben als die einer Statistik oder eines Zugfahrplans. Für das Verständnis des Phänomens Recht liefert deswegen jede schlichte Gegenüberstellung von Recht und Realität einen irreführenden Beschreibungsrahmen.[12] Recht ist eine Realität, die in unterschiedlichen Gesellschaften sehr unterschiedliche Relevanz hat, die aber – und das gehört zu ihren Pointen – ihre Relevanz nicht dadurch verliert, dass sie nicht immer oder auch nur selten befolgt wird. Die Realität des Rechts zu beschreiben bedeutet daher nicht einfach nur, hinter die Wirklichkeit einer Fiktion zu schauen, sondern den Folgenreichtum einer solchen Fiktion ernst zu nehmen. Dies setzt ein immenses methodisches Fingerspitzengefühl insbesondere bei empirischen Disziplinen voraus, die eben Normen auch da erkennen können müssen, wo sie zwar nicht eingehalten werden, aber dennoch normative Bedeutung beanspruchen können. Beispielhaft: Die verbreitete Praxis der Bestechung in der öffentlichen Verwaltung eines Staates mag vorhandene Regeln brechen, welche Beste-

---

⁹ *C. Möllers*, The Three Branches, Oxford 2013, S. 227–229.
[10] *N. Duxbury*, Patterns of American Jurisprudence, Oxford 1997.
[11] Dies wohl auch gegen die Rekonstruktion von *B. Nagel*, Recht und Ökonomie als Lehr- und Forschungsgegenstand, in diesem Band.
[12] Dasselbe ließe sich für die gleichfalls verfehlte Unterscheidung zwischen Literatur und Wirklichkeit sagen, deren Unsinn nicht nur vielfach von der Literatur thematisiert wurde (Madame Bovary), sondern auch von den Literaturwissenschaften: *W. Iser*, Das Fiktive und das Imaginäre, Frankfurt a.M. 1991, S. 18–23.

chung untersagen, sie kann diese Regeln aber zugleich – etwa dadurch, dass sie nur heimlich vorgeht – als in Geltung anerkennen. Einfache Unterscheidungen zwischen der Regel „im Buch" und der Realität der Praxis können solche komplexen Zusammenhänge nicht erfassen. Recht erscheint so als ein besonderer, weil auf Kontrafaktizität ausgerichteter Teil der Wirklichkeit, der nur durch einen reflektierten Umgang mit empirischen Befunden eingefangen werden kann.[13]

4. Eigensinn des Rechts

Auch wenn sich Recht schwerlich anders denn als eine formalisierte verselbstständigte soziale Praxis verstehen lässt, ist das Maß der Verselbstständigung gegenüber anderen sozialen Normensystemen nicht immer eindeutig zu bestimmen. Rechtsnormen übernehmen Normen aus anderen Gebieten, sie verwandeln sich moralische Vorstellungen an. Zugleich – und dies wird seltener gesehen – wandelt Recht seinerseits auch soziale Normen oder die Institutionen, die es generiert.[14] Die Art und Weise, wie sich die christlichen Kirchen heute in der Bundesrepublik als Akteure der öffentlichen Diskussion präsentieren und mit welchen Inhalten sie ihre Beiträge füllen, scheint in vieler Hinsicht ein Resultat der politischen und verfassungsrechtlichen Ordnung zu sein, in der sich diese bewegen. Die verbreitete Einforderung von Grund- und Menschenrechten durch die christlichen Kirchen zeigt, dass Religionsgemeinschaften von weltlichen Rechtsordnungen lernen und aus diesen kopieren. Gleiches gilt für die Organisationsformen. Institutionen wie die Evangelische Kirche in Deutschland und die Katholische Bischofskonferenz verdanken sich sowohl der globalen Verstaatlichung politischer Herrschaft über Bistumsgrenzen hinweg als auch den Besonderheiten des deutschen Religionsverfassungsrechts und des Korporatismus des deutschen politischen Systems.[15]

Wenn die Rechtswissenschaften nach der spezifischen Normativität des Rechts zu fragen und den Gehalt der Rechtsordnung nach rechtsinternen Kriterien zu bestimmen haben, bedeutet dies also nicht, dass diese Bestimmung einfach losgelöst von Kontext anderer normativer Ordnungen geschehen könnte – und dies gilt umgekehrt auch für andere normative Ord-

---

[13] In der Problemformulierung von *M. Moxter*, Immanenz und Transzendenz des Rechts. Theologische Perspektiven, in diesem Band, setzt die empirische Beschreibung von Recht etwas voraus, was über Empirie hinausgeht.

[14] Eine theologische Rechtfertigung einer autonomen Konzeption weltlichen Rechts in Auseinandersetzung mit Kelsen bei *M. Moxter*, in diesem Band.

[15] Eine im Ergebnis ähnliche Rekonstruktion für den Fall Indonesiens mit Hilfe der Begrifflichkeit K. Polanyis findet sich bei *M. Ramstedt*, Islamisierung per Gesetz und die Verrechtlichung von Religion im anomischen Indonesien, in diesem Band.

nungen, selbst für die gern als so fundamental betrachteten, aber eben doch unvermeidlich historischem Wandel ausgesetzten religiös inspirierten Normen.

Hieraus folgt zweierlei: Verschiedene normative Ordnungen lassen sich nicht unabhängig voneinander verstehen, aber sie lassen sich auch nicht aufeinander reduzieren. Weder sollte man nach fundamentalen Normen suchen, die eine Gesellschaft „zusammenhalten", oder wie dergleichen irreführende Metaphern häufig lauten, noch ist es angemessen, Modelle sozialer Ausdifferenzierung so auf die Spitze zu treiben, dass der Zusammenhang verschiedener normativer Ordnungen aus dem Blick gerät. Auch dies schafft für die empirische Forschung anspruchsvolle methodische Herausforderungen, denn es muss weniger darum gehen, eindeutige Hierarchien zu suchen, als darum, die ambivalente Wechselwirkung des Rechts mit vielen anderen sozialen Normenordnungen offen zu beobachten.[16]

II. Vier Paradigmen der Rechtswissenschaft

Diese grundsätzlichen Überlegungen zur Komplexität des Gegenstandes „Recht" aus der Perspektive empirischer und normativer Disziplinen können uns keinen einfachen Begriff der Rechtswissenschaft liefern. Vielmehr wird eine kurze Vorüberlegung zu der Frage, was an der Rechtswissenschaft spezifisch gegenüber anderen Wissenschaften sein mag (1.), zwar zu einigen Eingrenzungen, aber doch nicht zu einem stabilen Begriff führen. Ergiebiger könnte es sein, unterschiedliche Paradigmen dessen, was Rechtswissenschaft sein kann, vorzustellen (2.–5.), und anschließend Zurückhaltung bei der Entwicklung eines gemeinsamen Nenners dieser Paradigmen zu üben (6.).

1. Alleinstellung der Rechtswissenschaft?

Fragt man sich also, was an den Rechtswissenschaften spezifisch sein könnte, was sie auszeichnet, so wird man auf den ersten Blick zwei Eigenschaften nennen können, die jedenfalls in dieser Kombination bei anderen wissenschaftlichen Disziplinen selten vorkommen: Da ist zum Ersten der ausdrücklich normative Anspruch, ein schwer zu verstehender Zugang zur Welt, hinsichtlich dessen, was nicht ist oder anders sein könnte und sollte.

---

[16] Deutlich wird dies auch in der Beziehung der Soziologie zum Recht, die teilweise eigene Vorstellungen statischer Ordnungen auf das Recht projiziert, um diese dann soziologisch zu „beschreiben", vgl. *K.-S. Rehberg*, Recht als dynamische Institution. Soziologische und gesellschaftstheoretische Motive, in diesem Band.

Da ist, zum Zweiten, der intensive Anwendungsbezug, die wirklich konstitutive Bedeutung, die der praktische Gebrauch des Rechts für die Rechtswissenschaft hat.[17] Für manche Rechtsordnungen führt schon der Begriff „Anwendung" selbst in die Irre, setzt er doch voraus, dass zunächst etwas da ist, was anzuwenden ist. Im *Common Law* werden aber weniger Regeln angewendet, als Entscheidungen beobachtet und mit Hilfe von Regeln beschrieben.

Sucht man nach Disziplinen, die gleichfalls Normativität und Anwendungsorientierungen verbinden, so kommen nicht viele in den Sinn: Die praktische Philosophie denkt über Praxis nach, ohne sie zu praktizieren. Am ehesten käme noch die praktische Theologie in den Sinn, die als wissenschaftliche Disziplin nach meiner Beobachtung aber auch durchaus theorienah betrieben wird[18] und gegenüber den „wirklich praktischen" Subdisziplinen der Theologie wie Homiletik oder Religionspädagogik verselbstständigt ist.

Man kann diesen beiden Eigenschaften eine dritte hinzufügen, die geeignet erscheint, auch in dieser Hinsicht Distanz zu gewinnen und die oben bereits eine wesentliche Rolle spielte: die Formalisierung. Anders als etwa für die Moraltheologie scheint die Rechtswissenschaft stets besonders auf Fragen der Form und des Verfahrens Wert gelegt zu haben. Die Form des Gerichtsverfahrens erweist sich durch die Jahrtausende als bemerkenswert stabil, und wenn man ein Rechtsgebiet nennen wollte, das zugleich recht alt und seinem Gegenstand nach bemerkenswert modern ist, so wäre an das Beweisrecht zu denken: eine Normenordnung, die von vornherein unterstellen muss, dass Fakten umstritten bleiben, und dass juridische Entscheidungen sich von deren Aufklärung nicht abhängig machen können. Dies aber scheint als ein Inbegriff der Formalisierung.

Selbst wenn es gelingen könnte, aus diesen drei Charakteristika eine einigermaßen valide Alleinstellung der Rechtswissenschaften gegenüber anderen Disziplinen zu entwickeln, so bliebe doch die Frage, was wir mit einer solchen etwas sterilen Bestimmung anfangen sollten. Der Versuch, eine Theorie der Rechtswissenschaft auf begrifflicher Grundlage zu etablieren, ist oft unternommen worden – und es wäre falsch, solche intellektuellen

---

[17] Diese Beobachtung wird man nicht mit der Behauptung verwechseln dürfen, dass solche Theorie praktisch irrelevant sei. Dies ist nicht der Fall, ganz im Gegenteil ist das, was Praktiker als ihre Praxis betrachten, zumeist von einer – allerdings oftmals unreflektierten – Theorie abhängig, die sie irgendwann einmal angenommen haben, die sie aber mangels Explikation dann nicht mehr in Frage stellen können. Erkenntnisfortschritt entsteht in diesem Fall nicht mehr durch Lernen, sondern nur durch das Ablösen von Generationenkohorten.

[18] Für eine begrifflich anspruchsvolle protestantische Darstellung: *D. Rössler*, Grundriß der Praktischen Theologie, 2. Aufl., Berlin 1994.

Projekte von vornherein für unergiebig zu halten.[19] Sie haben in einer gegebenen Situation oft einen klärenden Wert, sie räumen den Weg frei für neue Entwicklungen. Wie wir im vorigen Abschnitt gesehen haben, kommt es auf den Rechtsbegriff selbst für manche Rechtsprobleme an und an solchen Stellen ist Theorie zumindest vonnöten, um ausdrücklich zu machen, was ohnehin von einer bestimmten juridischen Praxis an Annahmen unterstellt wird. Allerdings erscheint das Projekt einer Deduktion der Rechtswissenschaften aus ihrem Begriff deutlich weniger plausibel. Zu eng ist die Disziplin mit der sich wandelnden gesellschaftlichen Praxis verbunden, auf die sie sich bezieht. Zu viele andere Möglichkeiten eröffnen sich, um dem gezielt näher kommen zu können, was Rechtswissenschaftler tun.

Aus diesem Grund scheint es an diesem Punkt vielversprechender nach einer anderen Art der Annäherung zu suchen, freilich nach einer, an die unsere ersten begrifflichen Überlegungen anschließen können. Ein Weg könnte darin liegen, unterschiedliche Selbstverständnisse freizulegen, die die Rechtswissenschaften prägen. Tatsächlich scheinen die Erwartungen daran, was Rechtswissenschaften tun sollen und können, vielfältig und wandelbar zu sein, ein Umstand, der sich auch der praktischen Relevanz der Rechtswissenschaften verdankt. Solche Erwartungen sollten zur Kenntnis genommen werden, bevor sie von einem zu theorielastigen Raster als irrelevant verabschiedet werden. Anders formuliert: Bei der Untersuchung solcher Erwartungen scheint sich ein induktives Vorgehen besser zu eignen als ein deduktives, das dazu tendiert, bestimmte Vorstellungen aus begrifflichen Gründen auszusortieren. Die nun vorzustellenden Paradigmen sind dabei nicht zufällig Paradigmen, die sich auch auf andere Wissenschaften beziehen können. Wie eigensinnig die Rechtwissenschaften auch immer funktionieren mögen und wie eng sie mit dem gesellschaftlichen System verschwistert sind – letztlich bleiben sie doch eine Wissenschaft, die sich in dem, was sie tut, nur an internen Variationen[20] oder an der Beobachtung anderer Wissenschaften orientieren muss. Wie sich zeigen wird, ist diese Orientierung nicht notwendig auf bestimmte andere Disziplinen bezogen, sondern auf Paradigmen, die verschiedene Disziplinen umfassen können.

2. Paradigma Philologie

Vermutlich beginnt das, was wir unter juristischer Praxis verstehen, mit einfachen und wenig formalisierten Formen der Streitschlichtung und

---

[19] Beispielhaft: *H. Kelsen*, Reine Rechtslehre, Leipzig 1934; *J. Raz*, Practical Reasons and Norms, Oxford 1975.
[20] Zur internen Abstimmung der verschiedenen Rechtsgebiete *E. Schmidt-Aßmann*, Zur Situation der rechtswissenschaftlichen Forschung, Juristen-Zeitung (1995), S. 2.

Streitentscheidung.[21] Zu einer echten richterlichen Tätigkeit wird diese, wenn die Entscheidungen sich nicht mehr allein auf die Autorität der beteiligten Parteien berufen, sondern eine allgemeinere Form der Verbindlichkeit beanspruchen wollen. In diesem Fall bedarf es einer anderen Form von Autorisierung, einer Autorisierung, die nicht durch politisches Mandat vermittelt ist, sondern aus der Kenntnis des Rechts entsteht. Diese Kenntnis wiederum setzt Zugang zu Rechtstexten im weitesten Sinne – Kodifikationen, Gesetzessammlungen, Sammlungen anderer Urteile – und die Fähigkeit, mit ihnen umzugehen, voraus, also letztlich eine im weitesten Sinne philologische Kompetenz zur Entdeckung und Rekonstruktion von Texten. Die Bezeichnung „Philologie" kann dabei historisch strenger und metaphorisch offener verstanden werden. Als wissenschaftliche Disziplin entsteht die moderne Philologie in Deutschland gegen Ende des 18. Jahrhunderts durch Gelehrte wie Wolf und Boeckh. Insbesondere Savignys Ausbildung in Göttingen lässt die junge Disziplin einen wirkmächtigen Einfluss auf die historische Rechtsschule und damit auf die gesamten Rechtswissenschaften in Deutschland, aber auch weit darüber hinaus nehmen. Die Entdeckung des Gaius-Fragments durch Niebuhr in Verona 1816 und seine Edition und Rezeption durch Savigny ist vielleicht der spektakulärste Moment des Zusammenfalls von philologischer Spurensuche und ihrer Verwendung in einem rechtswissenschaftlichen Forschungszusammenhang. Die moderne Gesetzgebung scheint das philologische Paradigma auf den ersten Blick überflüssig gemacht zu haben. Die Formalisierung der Rechtserzeugung und die Digitalisierung der Zugänge lassen die Identifikation von Rechtstexten zu einem bloß technischen Problem werden. Wenn Kirchmann in der Mitte des 19. Jahrhunderts über die „Werthlosigkeit" der Jurisprudenz als Wissenschaft unter den Bedingungen einer beschleunigten und politisierten Gesetzgebung klagt,[22] ist dieser Zusammenhang gemeint. Das Recht, so scheint es, wird nunmehr nicht mehr *gefunden*, sondern nur noch *gemacht* – und damit scheint es willkürlich zu werden und zugleich der wissenschaftlichen Rekonstruktionsleistung der Philologie nicht mehr zu bedürfen.[23]

Nun ist die Zukunft der Philologie selbst in den eigentlich philologischen Fächern eine große und ungewisse Frage.[24] Doch scheinen zwei Faktoren dafür zu sprechen, dass das philologische Paradigma trotz dieser Entwicklungen für die Rechtswissenschaften seine Bedeutung nicht verlieren wird: Dies hängt zum Ersten mit der Vervielfältigung von Rechtsquellen zusam-

---

[21] *M. Shapiro*, Courts, Chicago 1981, Kap. 1.
[22] *J. H. Kirchmann*, Die Werthlosigkeit der Jurisprudenz als Wissenschaft, Berlin 1848.
[23] Zu den Problemen, „Finden" und „Machen" im Umgang mit Bedeutung zu unterscheiden: *N. Goodman*, Ways of Worldmaking, Hassocks 1978, S. 91ff.
[24] *S. Pollock*, Future Philology? The Fate of a Soft Science in a Hard World, in: Critical Inquiry 35 (2009), S. 931.

men, die notwendig sind, um ein juristisches Problem angemessen zu lösen. Eine praktische Funktion, die die weitgehende Verstaatlichung des Rechts erfüllte,[25] war es, die Rechtsquellen zu monopolisieren und zu formalisieren. Wenn die Zeichen nicht täuschen, dann ändert sich dies durch die Internationalisierung und Globalisierung der Rechtsordnungen. Damit verliert die Aufgabe, für ein Problem den angemessenen Bestand an Rechtstexten überhaupt bereit zu stellen, ihre Trivialität. Mit dieser Beobachtung geht ein zweiter Faktor einher, der die Frage betrifft, wie wir die Aufgabe der Philologie eigentlich verstehen.[26] Die Rekonstruktion eines Textes verlangt von vornherein mehr als die Bergung und Darstellung eines Bestandes in Schrift verkörperter Zeichen. Die philologische Leistung lässt sich von einer – im weitesten Sinne – hermeneutischen nicht völlig trennen. Mit anderen Worten: Der Umgang mit Rechtstexten verlangt immer schon Erfahrung im Umgang mit Recht. Die alte Klage darüber, dass das Recht für die allermeisten Menschen unverständlich sei, so sinnlos sie für eine moderne Gesellschaft wirkt, bringt das gut zum Ausdruck. Der angemessene Umgang mit einem Rechtstext ist nicht und war niemals eine reine Lektüreleistung. Er setzt bestimmte Erfahrung voraus, die über die Textrekonstruktion hinausgeht. Rechtstexte sind eben in einem besonderen Sinne performativ. Sie schaffen Bedeutungen. All dies spricht dafür, dass das philologische Paradigma, wenn auch in einer stark gewandelten Art und Weise, der Rechtswissenschaft bis auf weiteres erhalten bleibt. Erfahrung im Umgang mit Texten bleibt eine notwendige Bedingung für die Rechtswissenschaft.

3. Paradigma Dogmatik

Der Hinweis auf „Dogmatik" wirkt in den methodischen Debatten der rechtswissenschaftlichen Gegenwart mehr und mehr als eine deutsche Eigenart, die der Rechtfertigung bedarf. Obwohl in der deutschen Rechtswissenschaft auf den ersten Blick allgegenwärtig und mehrheitsfähig, scheint sich dogmatisches Denken nicht mehr von selbst zu verstehen, es gilt als disziplinär introvertiert, selbstreferentiell und begriffslastig[27] – wie sollte man allein den Ausdruck „Dogmatik" in andere Sprachen übersetzen?[28]

---

[25] Dass diese Verstaatlichung keine Notwendigkeit ist, von Recht zu sprechen, zeigt *H.-J. Gehrke*, Die Funktion des Rechts in den antiken Stadtstaaten, in diesem Band.
[26] *H. U. Gumbrecht*, Die Macht der Philologie, Frankfurt a.M. 2002.
[27] Vgl. die Beiträge zum Versuch einer Rechtfertigung *G. Kirchhof/S. Magen/K. Schneider* (Hg.), Was weiß Dogmatik?, Tübingen 2012; vgl. auch das Papier des Wissenschaftsrats: Perspektiven der Rechtswissenschaft in Deutschland, Köln 2012. Das Problem beschäftigt auch andere Disziplinen, so die Theologie: *G. A. Lindbeck*, The Nature of Doctrine, Philadelphia 1984.
[28] Das Papier des Wissenschaftsrates übersetzt in einer in Kooperation mit dem Wissenschaftskolleg zu Berlin vorgelegten Übersetzung „Dogmatik" mit „doctrinal subjects". Wie

Soweit Dogmatik den Anspruch erhebt, systematisch zu denken, stellt sich zudem die Frage, inwieweit dieser sich heute mit dem demokratischen Mandat des Gesetzgebers, seiner Pflicht zur Kompromissbildung und seiner wichtigen Befugnis zur politischen Umkehr vereinbaren lassen muss. Eine ähnliche Anfrage ergibt sich für intergouvernementale Verhandlungsprozesse auf der internationalen Ebene. Schließlich war der Anspruch, systematisch zu argumentieren, in den Rechtswissenschaften nie von der Entwicklung eines überzeugenden Systembegriffs begleitet.[29]

Freilich wird man sich zunächst noch einmal genauer anschauen müssen, was mit dogmatischem Denken gemeint ist, und wie es um seine Leistungen gegenwärtig steht. Dabei kommen nach meinem Eindruck durchaus widersprüchliche Tendenzen zum Ausdruck. Auf der einen Seite wird man das Konzept der Rechtsdogmatik nicht zur Idee von begriffsjurisprudentiellen Luftschlössern mit übersteigertem Systemanspruch zuspitzen müssen,[30] um es dann umso einfacher widerlegen zu können.[31] Der Rechtsdogmatik geht es, so könnte man viel bescheidener formulieren, darum, die unvermeidliche Emanzipation juristischer Argumente gegenüber einer reinen Exegese von Rechtstexten ausdrücklich zu machen – und zwar dadurch, dass am Rechtsbegriff gearbeitet wird. Dass es sich hierbei nicht einfach um eine deutsche Skurrilität handelt, lässt sich leicht zeigen, etwa durch einen Blick in französische Grundlagendarstellungen des dortigen Verwaltungsrechts[32] oder in Lehrbücher zum vergleichenden Privatrecht.[33] Ein bescheidener Begriff von Dogmatik dürfte uns also zunächst dazu nötigen, die These von der deutschen Besonderheit des dogmatischen Denkens zu relativieren.

Auf der anderen Seite ist nicht zu leugnen, dass sich die dogmatische Methode auch in Deutschland schwer tut. Dies zeigt sich namentlich in der Krise der wissenschaftlichen Literaturgattung, die ein Rechtsgebiet mit begrifflichen Mitteln zusammenzuführen sucht, dem großen Lehrbuch. Das weit verbreitete Missverständnis, das der heutigen Lehrbuchliteratur zugrunde liegt, besteht darin, zu meinen, ein Lehrbuch müsse eine objektive

---

die Übersetzerin, Frau Julia Ley, mir freundlicherweise mitteilte, war die Frage der angemessenen Übersetzung hier besonders umstritten.

[29] Eine solche Kritik trifft m. E. auch *E. Schmidt-Aßmann*, Das Allgemeine Verwaltungsrecht als Ordnungsidee, 2. Aufl., Berlin 2006., S. 2ff.

[30] Dies würde auch der sogenannten Begriffsjurisprudenz nicht gerecht, dazu *U. Falk*, Ein Gelehrter wie Windscheid. Erkundungen auf den Feldern der sogenannten Begriffsjurisprudenz, 1999; *H.-P. Haferkamp*, Georg Friedrich Puchta und die Begriffsjurisprudenz, Frankfurt a.M. 2004.

[31] Der Versuch einer solchen Anti-Kritik bei *C. Möllers*, Towards a New Conceptualism in Comparative Constitutional Law or: Reviving the German Tradition of the Lehrbuch, Paper 2013.

[32] *P. Gonod/F. Melleray/P. Yolka* (Hg.), Traité de Droit Administratif, 2 Bde, Paris 2011.

[33] Vielleicht nicht zufällig von einem deutschen Autor: *R. Zimmermann*, The Law of Obligations, Oxford 1996.

Darstellung der Rechtslage liefern – während aller Fortschritt, der durch Lehrbücher erreicht wurde, in begrifflichen Innovationen lag, man sich also auf diese – eher einem Repetitorium würdige – Vorstellung nicht beschränken sollte. Innovative Lehrbücher haben etwas riskiert, sie waren aus diesem Grund unzuverlässig. Darum verwundert es nicht, wenn die Rechtsgeschichte bezweifelt, dass die großen systematischen Überlegungen der deutschen historischen Rechtsschule für die damalige gerichtliche Praxis besondere Bedeutung entfalten konnten.[34]

Ob die Rechtsdogmatik ausstirbt, ist eine offene Frage. Die Disziplin hat die Wahl. Wenn es allerdings richtig ist, dass ein reges Interesse an den deutschen Rechtswissenschaften in anderen Rechtsordnungen, namentlich außerhalb des angelsächsischen Rechtskreises, besteht, dass dieses Interesse sich der hohen Stabilisierungswirkung verdankt, die man dem deutschen Recht zutraut, dann sollte auf Dogmatik nicht verzichtet werden. Nichts anderes als Rechtsbegriffe können es sein, mit denen wir in einen Austausch mit den Rechtsordnungen der Welt treten. Gute Dogmatiker sind aber nicht einfach nur Begriffsverwalter, sondern immer auch Begriffserfinder – und ohne den Mut der Rechtswissenschaften, begriffsprägend zu arbeiten und sich zugleich um die Übersetzbarkeit der eigenen Begriffsprägungen zu kümmern, wird das dogmatische Projekt von innen absterben.

4. Paradigma Sozial-Ingenieur

Die frühen Formen des Verwaltungsrechts avant la lettre spielen sich außerhalb des gerichtlichen Konfliktlösungsgenres ab, das das moderne Recht, namentlich das Zivilrecht, maßgeblich geprägt hat. Mit der Entstehung öffentlicher Verwaltungen in den europäischen Höfen der frühen Neuzeit entwickelte sich der Typ des professionellen Administrators, der für ein ganz anderes Paradigma juristischer Tätigkeit steht und sich weiter ausdifferenzierte:[35] Für die Innenseite der hoheitlichen Organisation entstand hier die Figur des Ministerialbürokraten, eine wichtige Figur, die uns allerdings als in aller Regel eher wissenschaftsfern hier nicht weiter interessieren soll. Für die Außenseite entstanden verschiedene Typen der Professionalisierung von Beratung und Sozial-Ingenieurwesen, die zum Teil auch von den Rechtswissenschaften besetzt wurden. Solche Beratungstätigkeit fordert, gerade wenn sie durch Wissenschaft betrieben wird, Nachfragen heraus. Denn natürlich impliziert Beratung Abhängigkeit und nicht die un-

---

[34] Entsprechende Zweifel bei *M. Wienfort*, Patrimonialgerichte in Preußen, Göttingen 2001.
[35] *R. Schnur* (Hg.), Die Rolle des Juristen bei der Entstehung des modernen Staates, Berlin 1986.

abhängige Wahrheitssuche, die wir nach wie vor mit dem Begriff der Wissenschaft verbinden.[36] Die entsprechende Klage über die Rechtswissenschaft ist nicht neu. Freilich wird man sich eine Rechtswissenschaft, die ihre Relevanz ausschließlich mittelbar durch die lehrende Weitergabe von Forschung organisiert, ebenso schlecht vorstellen können wie eine medizinische Forschung unter Verzicht auf Universitätskliniken oder Ingenieurwissenschaften ohne beratende oder bauende Institute. Denn die Einbeziehung der Rechtswissenschaften in die Beratung koppelt die Wissenschaft in doppelter und ambivalenter Hinsicht an die beratene Institution und ihre Logik: Sie fügt ihr mit der Anfrage aktuelle Probleme zu und generiert damit unter Umständen neue wissenschaftliche Fragestellungen. Aber natürlich befördert sie möglicherweise im selben Moment Abhängigkeiten und hieraus folgende kognitive Beschränkungen. Anders formuliert ist der frischeste Blick auf aktuelle gesellschaftliche Entwicklungen oft ein perspektivisch verzerrter, während der distanzierte durch seine Distanz an praktischer Relevanz verliert. Dem entgehen auch die Natur- und Technikwissenschaften nicht.

Dass dieser Zusammenhang Kontrollmechanismen erforderlich macht, die dafür Sorge tragen, dass Abhängigkeiten offengelegt werden, setzt sich allmählich als Einsicht auch in der Rechtswissenschaft durch, die die Fremdregulierung besser zu beherrschen scheint als die Selbstregulierung.[37] Zur Beendigung des Beratungsparadigmas dürfte dies aber nicht führen. Ein solches Ende würde die Rechtswissenschaft auf ganz andere Art ebenfalls bedrohen.

5. Paradigma Anthropologie

Dass Juristen sich der Welt maßgeblich in der Form des Falles bemächtigen, ist ein alter und bemerkenswert konstanter Teil ihrer Tätigkeit. Die Theorie des Falles hat die Rechtswissenschaften, selbst ihren methodischen Teil, wenig interessiert. Die Literatur zu diesem Thema ist durchaus überschaubar.[38] Dies ist umso bemerkenswerter, weil es sich bei juristischen Fällen um eigentümliche Gebilde handelt, die einerseits extrem hoch kontextualisierte Beschreibungen von Ereignissen liefern. Deren Zuverlässigkeit liegt gerade darin, dass die Umstrittenheit von Fakten hier explizit

---

[36] Für eine theoretische Rekonstruktion *N. Luhmann*, Die Wissenschaft der Gesellschaft, Frankfurt a.M. 1992; für die abweichende historische Realität *D. Pestre*, A contre-science, Paris 2013.
[37] *E. Schmidt-Aßmann*, Fehlverhalten in der Forschung, Neue Zeitschrift für Verwaltungsrecht (NVwZ) 1998, S. 1225–1234.
[38] *B. Feldner/N. Forgó* (Hg.), Norm und Entscheidung. Prolegomena zu einer Theorie des Falls, Wien 2000.

wird. Nicht zufällig dienen Gerichtsakten daher nicht nur als Quellen für die Geschichte des Rechts. Auf der anderen Seite erscheint das, was für Juristen „der Fall" ist, kaum als ein Abbild welcher Realität auch immer. Die Wahrheit eines Gerichtsverfahrens ist nicht zuletzt eine Funktion der prozessualen Regeln, die das Verfahren konstituieren.

Fallstudien sind durch die anthropologische Forschung zu einem wichtigen Paradigma auch für andere Disziplinen geworden. Sie finden sich heute in vielen anderen Sozial- und Geisteswissenschaften. Was ein Fall ist, ist dabei aber alles andere als geklärt. Die Literatur ist eher pragmatisch an erfolgreichen Forschungsstrategien ausgerichtet.[39] Als „Fall" erscheint eine vergleichsweise kleine Einheit sozialer Realität, die mit besonderer Genauigkeit, vor allem aber mit einem besonderen Sinn für ihre Spezifik untersucht wird. Ein „Fall" ist also etwas Einmaliges, und aus dem Fall über diesen hinausgehende Erkenntnisse herleiten zu wollen, bedarf besonderer methodischer Rechtfertigung. Für die anthropologische Forschung dürfte es bei der Falltechnik zunächst darum gegangen sein, traditionelle Vorstellungen von dem, was wichtig und was unwichtig ist, aus dem Weg zu räumen, und so einen anderen Blick auf die Phänomene zu bekommen. Dies entspricht dem Anliegen einer gerichtlichen Falllösungstechnik, die die Einmaligkeit des zu behandelnden Sachverhaltes hervorhebt, um offen bei der Beurteilung zu sein und für diesen Sachverhalt spezifische Gründe entwickeln zu können.[40] Fallrecht gilt nun als ein angelsächsisches Phänomen, obwohl die institutionelle Logik gerichtlichen Entscheidens auch in anderen Traditionen wirksam ist. Aber unabhängig davon, ob die Unterschiede zwischen den Rechtskreisen wirklich so fundamental sind oder nicht,[41] ist der Umgang mit dem Fallmaterial durch die Rechtswissenschaft bemerkenswert anders. In der angelsächsischen Tradition, auch im US-amerikanischen Recht, erscheint es als nichts Besonderes, die großen Fälle immer neu zu lesen, ihren historischen Kontext neu aufzuarbeiten und sie dadurch neu zu verstehen. Die Untersuchung von Fällen wie Marbury hat eine ganze Literatur hervorgebracht, die nicht allein von Juristen, sondern auch von Historikern und Sozialwissenschaftlern bedient wurde. Hieraus erhellt zunächst etwas, was sich auch manchen der Beiträge dieses Bandes entnehmen lässt und auch im ersten Teil unserer Analyse von Bedeutung war: Eine Be-

---

[39] *B. Hancké*, Intelligent Research Design. A Guide for Beginning Researchers in the Social Sciences, Oxford 2009.
[40] Dazu etwa *C. Möllers*, Individuelle Legitimation: Wie rechtfertigen sich Gerichte?, in: *A. Geis/F. Nullmeier/C. Daase* (Hg.), Der Aufstieg der Legitimitätspolitik, Leviathan Sonderband 27, Baden-Baden 2012, S. 398.
[41] Dies wird seit längerem in Frage gestellt, ohne dass eine wirkliche Konvergenz zu beobachten wäre, vgl. etwa *S. Vogenauer*, Die Auslegung von Gesetzen in England und auf dem Kontinent: Eine vergleichende Untersuchung der Rechtsprechung und ihrer historischen Grundlagen, Tübingen 2001.

schreibung des Rechts ist immer mehr als eine Beschreibung des Rechts. Als Teil der sozialen Welt ist die juridische Praxis nicht einfach nur eine abgehobene Fiktion, die einer realistischen Durchleuchtung bedarf, sondern sie hat einen eigenen Anspruch auf Weltzugehörigkeit, selbst dann, wenn sich der Lauf der Dinge nicht immer und nicht allein an rechtlichen Vorgaben orientiert. Die Fallmethode ist freilich nicht einfach nur ein privilegierter Zugang zur Welt, sondern erst einmal nicht weniger voraussetzungsreich als irgendein anderer Zugang. Eine interessante Eigenschaft juristischer Fallanalyse könnte dann darin liegen, dass mit dem Fall auch die Zugangsregeln *ausdrücklich* gemacht werden, welche die für den Sachverhalt relevanten Umstände filtern. Fallstudien, die diesen Zugang nutzen wollten, müssten freilich juristische Begrifflichkeiten beherrschen, ohne durch diese verbildet worden zu sein.

5. Zum Zusammenhang der Paradigmen

Die hier beschriebenen Paradigmen rechtswissenschaftlicher Betätigung sind nicht abschließend. Sie schließen sich auch nicht aus und stehen auch in keinem systematischen Verhältnis zueinander. Geschichtlicher Wandel und rechtskulturelle Vielfalt haben immer wieder das eine oder das andere in den Vordergrund treten lassen. So analytisch notwendig es sein mag, aus einer internen Perspektive diese verschiedenen Rollen in ein Verhältnis zueinander zu setzen und vielleicht sogar mit unterschiedlichen Wertigkeiten zu versehen, so wichtig ist es auch, sich aus einer Außenperspektive deutlich zu machen, dass ein zu enges Ideal rechtswissenschaftlicher Forschung weder dem Gegenstand Recht noch einem wissenschaftlichen Anspruch gerecht werden kann. Wenn Wissenschaft ist, was praktisch werden könnte,[42] dann wird sie sich eben von der Praxis emanzipieren müssen, ohne diese aus dem Auge zu verlieren.

Damit ist jede einfache Entgegensetzung zwischen System und Fall, Theorie und Praxis, Begriff und Erfahrung oder Recht und Wirklichkeit ausgeschlossen, nicht aber Kritik am Zustand der rechtswissenschaftlichen Lehre und Forschung. Solche Kritik muss sich nur hüten, an zu einfachen und zu wenig kontextualisierten Idealen entlang zu argumentieren. Wenn etwa – einem verbreiteten und plausiblen Eindruck zufolge – die rechtswissenschaftliche Lehre in Deutschland zu nah an und in den Vereinigten Staaten zu fern von der juridischen Praxis agiert, so zeigt schon dies, dass es einfache Lösungen für eine Weiterentwicklung der Forschung nicht gibt.

---

[42] Graf Yorck an Dilthey, 18.6.1884, in: *W. Dilthey /P. Yorck von Wartenburg*, Briefwechsel zwischen Wilhelm Dilthey und dem Grafen Paul Yorck v. Wartenburg 1877–1897, Halle 1923, S. 42.

Dies wird noch deutlicher, wenn man bedenkt, dass Theorienähe und Praxisnähe nicht notwendig als ein Nullsummenspiel funktionieren: Vielleicht ist das Problem der deutschen Juristenausbildung gerade, dass sie zugleich zu untheoretisch und zu unpraktisch ist, indem sie eine aus Lehrmaterialien generierte Mittelebene kreiert, die allein für diese Lehre zu gebrauchen ist.[43] In jedem Fall erscheinen Beschreibung und Bewertung rechtswissenschaftlicher Forschung in diesem Licht als eine höchst kontextbedürftige Angelegenheit, die den Zustand des Wissenschaftssystems und des Rechtssystems gleichzeitig in den Blick zu nehmen hat.

III. Im Blick der Anderen

Aus den Fremdbeobachtungen des Rechts und der Rechtswissenschaft, die den wesentlichen Teil dieses Bandes ausmachen, lassen sich also keine allgemeingültigen Folgerungen ziehen. Die Fremdbeobachtung kann nicht als Reparaturbetrieb für die Disziplin dienen. Dass sich solche Fremdbeobachtungen trotzdem lohnen, wird man dann leichter einsehen können, wenn man erkennt, dass innovative und anregende Wissenschaft sich nicht planen lässt, aber dennoch von einem Reichtum an Gelegenheiten zur eigenen Irritation abhängig bleibt. Fremdbeobachtung ist ein Mittel, solche Gelegenheiten zu schaffen.

Literaturverzeichnis

Alexy, Robert: Mauerschützen. Zum Verhältnis von Recht, Moral und Strafbarkeit, Göttingen 1993.
Caenegem, Raoul van, Judges: Legislators & Professors, Cambridge 1987.
Dawson, John P.: The Oracles of the Law, Ann Arbor 1968.
Dreier, Horst: Die Radbruchsche Formel – Erkenntnis oder Bekenntnis, in: *Heinz Mayer* (Hg.), Staatsrecht in Theorie und Praxis: Festschrift für Robert Walter, Wien 1991, S. 117ff.
Duxbury, Neil: Patterns of American Jurisprudence, Oxford 1997.
Engel, Christoph/Schön, Wolfgang (Hg.): Das Proprium der Rechtswissenschaft, Tübingen 2007.
Falk, Ulrich: Ein Gelehrter wie Windscheid. Erkundungen auf den Feldern der sogenannten Begriffsjurisprudenz, Frankfurt a.M. 1999.
Feldner, Birgit/Forgó, Nikolaus (Hg.): Norm und Entscheidung. Prolegomena zu einer Theorie des Falls, Wien 2000.

---

[43] Ausdrücklich anders wohl *O. Lepsius*, Middle Range Theories in German Public Law, Paper 2013.

Gehrke, Hans-Joachim: Die Funktion des Rechts in den antiken Stadtstaaten, in diesem Band.
Gonod, Pascal/Melleray, Fabrice/Yolka, Philippe (Hg.): Traité de Droit Administratif, 2 Bde, Paris 2011.
Goodman, Nelson: Ways of Worldmaking, Hassocks 1978.
Graf Yorck an Dilthey, 18.6.1884, in: *Dilthey, Wilhelm/Yorck von Wartenburg, Paul*: Briefwechsel zwischen Wilhelm Dilthey und dem Grafen Paul Yorck v. Wartenburg 1877–1897, Halle 1923, S. 42.
Gumbrecht, Hans Ulrich: Die Macht der Philologie, Frankfurt a.M. 2002.
Haferkamp, Hans-Peter: Georg Friedrich Puchta und die Begriffsjurisprudenz, Frankfurt a.M. 2004.
Hancké, Bob: Intelligent Research Design. A Guide for Beginning Researchers in the Social Sciences, Oxford 2009.
Iser, Wolfgang: Das Fiktive und das Imaginäre, Frankfurt a.M. 1991.
Kelsen, Hans: Reine Rechtslehre, Leipzig 1934.
Kirchhof, Gregor/Magen, Stefan/Schneider, Karsten (Hg.): Was weiß Dogmatik?, Tübingen 2012.
Kirchmann, Julius H. von: Die Werthlosigkeit der Jurisprudenz als Wissenschaft, Berlin 1848.
Lepsius, Oliver: Middle Range Theories in German Public Law, Paper 2013.
Lindbeck, George A.: The Nature of Doctrine, Philadelphia 1984.
Luhmann, Niklas: Die Wissenschaft der Gesellschaft, Frankfurt a.M. 1992.
Möllers, Christoph: Individuelle Legitimation: Wie rechtfertigen sich Gerichte?, in: *Anna Geis/Frank Nullmeier/Christopher Daase* (Hg.), Der Aufstieg der Legitimitätspolitik, Leviathan Sonderband 27, Baden-Baden 2012, S. 398.
Möllers, Christoph: The Three Branches, Oxford 2013.
Möllers, Christoph: Towards a New Conceptualism in Comparative Constitutional Law or: Reviving the German Tradition of the Lehrbuch, Paper 2013.
Moxter, Michael: Immanenz und Transzendenz des Rechts. Theologische Perspektiven, in diesem Band.
Nagel, Bernhard: Recht und Ökonomie als Lehr- und Forschungsgegenstand, in diesem Band.
Pestre, Dominique: A contre-science, Paris 2013.
Pollock, Sheldon: Future Philology? The Fate of a Soft Science in a Hard World, in: Critical Inquiry 35 (2009), S. 931.
Ramstedt, Martin: Islamisierung per Gesetz und die Verrechtlichung von Religion im anomischen Indonesien, in diesem Band.
Raz, Joseph: Practical Reasons and Norms, Oxford 1975.
Rehberg, Karl-Siegbert: Recht als dynamische Institution. Soziologische und gesellschaftstheoretische Motive, in diesem Band.
Reinhard, Wolfgang: Geschichte der Staatsgewalt, München 2000.
Rössler, Dietrich: Grundriß der Praktischen Theologie, 2. Aufl., Berlin 1994.
Schmidt-Aßmann, Eberhard: Zur Situation der rechtswissenschaftlichen Forschung, in: Juristen-Zeitung (1995), S. 2.
Schmidt-Aßmann, Eberhard: Fehlverhalten in der Forschung, in: Neue Zeitschrift für Verwaltungsrecht (NVwZ) 1998, S. 1225–1234.
Schmidt-Aßmann, Eberhard: Das Allgemeine Verwaltungsrecht als Ordnungsidee, 2 Aufl., Berlin 2006.
Schmidt-Aßmann, Eberhard: in: *Theodor Maunz/Günter Dürig* (Hg.): Kommentar zum Grundgesetz, München, Stand: Mai 2013, Art. 103 II GG Rz. 255.

Schnur, Roman (Hg.): Die Rolle des Juristen bei der Entstehung des modernen Staates, Berlin 1986.
Schrödinger, Erwin: Was ist Leben?, Bern 1947.
Shapiro, Martin: Courts, Chicago 1981.
Tamanaha, Brian Z.: Folly of the Social Scientific Concept of Legal Pluralism, Journal of Law and Society 20 (1993), S. 192–217.
Thomson, Michael: Life and Action, Cambridge MA, 2008.
Vogenauer, Stefan: Die Auslegung von Gesetzen in England und auf dem Kontinent: Eine vergleichende Untersuchung der Rechtsprechung und ihrer historischen Grundlagen, Tübingen 2001.
Wienfort, Monika: Patrimonialgerichte in Preußen, Göttingen 2001.
Wissenschaftsrat: Perspektiven der Rechtswissenschaft in Deutschland, Köln 2012.
Zimmermann, Reinhard: The Law of Obligations, Oxford 1996.

Eberhard Schmidt-Aßmann

Das Recht im Blick der Anderen – eine Aufforderung zu gemeinsamem Lernen

Der Reichtum der Überlegungen, den die vorausgehenden Referate ausgebreitet haben, widersetzt sich jeder bündigen Zusammenfassung. Nicht um ein Resümee soll es hier folglich gehen. Meinen Dank für das Symposion – für die Idee und die Fragestellung, für seine Vorbereitung und Organisation, für die geleisteten Beiträge und für alle Beteiligung an den Diskussionen – will ich vielmehr mit einigen Überlegungen abstatten, die nicht einen Schlusspunkt hinter die Tagung setzen, sondern eine Anregung zu künftigen Gesprächen geben sollen. Ich möchte fragen, was Recht und Rechtswissenschaft, die solchermaßen im Blick der Anderen gestanden haben, aus den mitgeteilten Beobachtungen lernen können, und ob sich im gemeinsamen Lernen aller beteiligten Disziplinen Schlüsselthemen bestimmen lassen, die auf der Basis der gewonnenen Einsichten (noch) besser behandelt werden können, als das in interdisziplinären Diskussionen schon geschieht. Interdisziplinarität ist bekanntermaßen ein sperriges Unternehmen. Sie setzt voraus, dass die beteiligten Fachrichtungen in einem längeren Prozess miteinander vertraut werden. Das erfährt jeder, der in der Forschungsstätte der Evangelischen Studiengemeinschaft arbeitet. Das hat mich auch während meiner Tätigkeit in diesem Hause immer wieder fasziniert. Um zu dieser Vertrautheit zu gelangen, ist das systematische ‚In-den-Blick-Nehmen' wichtig. Es verändert die Betrachter und die Betrachteten.[1] Die folgenden Überlegungen wollen das anhand von drei Fragestellungen noch einmal bedenken: Was wird als ‚Recht' von den Anderen in den Blick genommen? Was verbirgt sich hinter diesem ‚Blick' der Anderen? Wo liegen heute gemeinsame Herausforderungen für das Recht und für die Anderen?

---

[1] Für das Verhältnis der Ökonomen zu den Juristen *B. Nagel*, Recht und Ökonomie als Lehr- und Forschungsgegenstand, in diesem Band [bes. unter 2 und 6].

I. Was wird als ‚Recht' in den Blick genommen?

Der Blick der Anderen erfasst regelmäßig nur bestimmte Erscheinungsformen von Recht. Der Fokus ist durch spezifische, oft eher zufällige und kurzlebige Interessen gesteuert: Der Bürger begegnet dem Recht vor allem in Gestalt der einschlägigen Gesetze, z. B. des Steuerrechts, des Familienrechts oder des Baurechts, und beklagt deren Unüberschaubarkeit. Der Unternehmer fragt nach den für seine Handelsbeziehungen wichtigen Rechtsvorschriften der Europäischen Union und der Welthandelsorganisation (WTO) und wird mit der Komplexität von Mehrebenen-Rechtsordnungen konfrontiert. Den Journalisten interessieren die krassen Rechtsfälle, aus denen sich eine Titelgeschichte machen lässt, mit der er das Recht als „law in action" anschaulich machen will.

Und die Wissenschaften? Auch sie haben höchst unterschiedliche Seiten des Rechts vor Augen: Rechtsprinzipien, Rechtsstrukturen, Rechtsideen, jeweils wiederum mit unterschiedlichen philosophischen, historischen, ökonomischen oder kulturwissenschaftlichen Akzentsetzungen, die das, was Recht ist (oder besser gesagt: was als Recht wahrgenommen wird), mit prägen. Es ist diese Ausschnitthaftigkeit in der Wahrnehmung des Rechts durch ‚die Anderen', die der Jurist in seiner eigenen Arbeit und in allen Diskussionen mit Dritten in Rechnung stellen muss.

Die Ausschnitthaftigkeit ist eine verständliche Reaktion auf die Vielgestaltigkeit des Rechts. Sie muss immer wieder anschaulich gemacht werden, vor allem dann, wenn man zu allgemeinen Aussagen über die Leistungsfähigkeit und die Leistungsgrenzen des Rechts gelangen will. Sie zu bedenken ist aber auch dort wichtig, wo es um die Antwort auf eine ganz konkrete Gerechtigkeitsfrage geht. Die Angemessenheit von Gleichheitsmaßstäben und Differenzierungskriterien lässt sich regelmäßig nur in einem übergreifenden Bezugsrahmen bestimmen, der das Recht in seinen unterschiedlichen Erscheinungsformen und den hinter diesen stehenden unterschiedlichen Aufgaben verarbeitet hat. Alle Verkürzungen, Perspektivenverengungen und Fragmentierungen schaden hier. Es ist die Aufgabe der Juristen, in allen Diskursen – seien sie praktischer oder wissenschaftlicher Art – auf eine hinreichend breite Wahrnehmung der unterschiedlichen Erscheinungsformen von Recht hinzuwirken.

1. Traditionelle Engführungen: Recht als nationalstaatliches Recht

Dieses zu betonen halte ich deshalb für wichtig, weil die juristische Seite selbst viel zur Vereinseitigung von Rechtsvorstellungen beigetragen hat. Lange Zeit war die Vorstellung von ‚Recht' am nationalstaatlichen Recht ausgerichtet, das heißt, Recht war innerstaatliches Recht und in der kontinental-europäischen Ausprägung damit Gesetzesrecht, das der Richter nach möglichst strengen Methodenregeln (einer Art ‚Subsumtionstechnik') seinen Urteilen zugrunde zu legen hatte. Im Recht verwirklichte sich der imperative Steuerungsanspruch eines zentralen Machtzentrums. Die Ausbildung eines solchen Rechtsverständnisses war eine unbestreitbar wichtige Leistung der Stabilisierung und Rationalisierung von Herrschaft. Aber andere Arten von Recht wie das Völkerrecht oder andere Rechtssysteme wie das *case-law-System* kamen entweder nicht in den Blick oder wurden durch streng dualistische Theoriebildungen vom innerstaatlichen Recht möglichst fern gehalten. Auch die Ausdifferenzierung des Rechts in materielles Recht, Verfahrensrecht und Organisationsrecht bleibt in dieser Tradition regelmäßig unterbelichtet; meistens wird nur über das materielle Recht gesprochen. Ähnlich steht es mit anderen Wirkungsweisen von Recht. Gewiss ist das Recht auch auf Befehl und zwangsweise Durchsetzung angewiesen. Aber es erschöpft sich nicht in seinen imperativen Erscheinungsformen, sondern bedient sich auch ‚weicher' Mittel der Verhaltenssteuerung und gesellschaftlichen Regulierung.[2]

Manche Einseitigkeiten, mit denen das Recht im Blick der Anderen erscheinen mag, haben in dieser selbstproduzierten Verengung des Rechtsverständnisses ihre Ursache. Es werden dann etwa die Stringenz und Durchsetzungsstärke von Recht bewundert, oder es werden der Formalismus und die Härte des Rechts beklagt. Besonders beliebt sind dabei Rekurse auf das Strafrecht und das Polizeirecht, weil in diesen Gebieten Formstrenge und Hoheitsgewalt besonders eindrücklich dokumentiert zu sein scheinen. Solche Zuschreibungen erfassen aber das Recht sehr unvollständig. Sie nehmen gewisse Erscheinungsformen für das Ganze. Der Blick erfolgt aus einer verzerrenden Perspektive und kann folglich nicht förderlich sein.

2. Der heutige Rechtspluralismus und seine Ordnungsprobleme

Heute ist anerkannt, dass Recht nicht nur Instrument imperativer Steuerung, sondern auch Wertordnung, nicht nur positives Recht, sondern auch überpositives Recht ist, das über Grund- und Menschenrechtsverbriefungen in das positive Recht hineinwirkt. Neben dem Recht der einzelnen Staaten sind das Völkerrecht (gerade wegen seiner menschenrechtlichen Aufrüstung) und das Recht der Europäischen Union zentral wichtige Repräsentanten ‚des' Rechts geworden. Recht ist heute von vornherein als ein Gefüge von nationalen und inter-, supra- und transnationalen Regelungen zu verstehen. „Recht von Mehrebenen-Systemen" und „Recht unterschiedli-

---

[2] Ausführlich zu diesen Schnittstellen etwa *M. Knauff*, Der Regelungsverbund. Recht und Soft Law im Mehrebenensystem, Tübingen 2010.

cher Verbindlichkeitsstufen" sind Formeln, die diese Vielfalt der Erscheinungsformen von Recht anzeigen sollen.

Nach alledem fällt es heute nicht schwer, dem Befund eines die Szene prägenden ‚Rechtspluralismus' zuzustimmen.[3] Doch beginnen auch dann, wenn wir ihn zur Ausgangsbasis nehmen, sogleich neue Probleme. Sie sind zum einen Probleme notwendiger Kohärenzsicherung zwischen den Rechtsschichten und Rechtsregimen: Ohne ein Minimum an gegenseitiger Verhältnisbestimmung lässt sich auch die Vorstellung eines Pluralismus des Rechts nicht aufrechterhalten, weil Recht insgesamt und in allen seinen Teilen auf ein Entscheiden nach Gleichheitskriterien angelegt ist.[4] Zum anderen geht es um Fragen einer plausiblen Ordnung der unterschiedlichen Erscheinungsformen durch eine einprägsame Typen- oder Gruppenbildung. Dieses Problem betrifft eher die geeignete Art der Darstellung von Rechtsvielfalt. Hierzu unterscheide ich mit Christoph Möllers zwischen Theorie, Dogmatik und institutioneller Praxis.[5] Diese Unterscheidung nimmt in avancierter Form die sonst vielfach übliche Unterscheidung von Rechtswissenschaft und Rechtspraxis auf.

Recht *in seiner theoretischen Erscheinungsform* wird bestimmt durch die Fragen nach der Geltung seiner spezifischen Normativität, nach der Rechtsidee, nach den grundlegenden Rechtsprinzipien, nach dem hinter dem Recht stehenden Menschenbild sowie nach dem Verhältnis des Rechts zur Gerechtigkeit.

Recht *als Rechtsdogmatik* verstanden ist ein die einzelne Rechtsnorm und den einzelnen Rechtsfall übergreifendes Lehrgebäude, das als Gemeinschaftswerk von Rechtswissenschaft und Rechtspraxis gilt.[6] Rechtsdogmatik gibt der einzelnen Rechtsentscheidung einen Rahmen vor, der Konsistenz gewährleisten soll und der Praxis insgesamt als Reflexionsforum dient. Rechtsdogmatik bildet und vollzieht sich in einem Dreischritt, einem „Rationalisierungskreislauf", der aus einer Dekontextualisierung, Konsi-

---

[3] Vgl. dazu nur *K. Günther*, Das Recht des Rechtspluralismus, in diesem Band. Mit weiteren Nachweisen *L. Viellechner*, Responsiver Rechtspluralismus, in: Der Staat, 51 (2012), S. 559–580. Am Beispiel lokaler und regionaler Gemeinschaften vgl. *M. Ramstedt*, Islamisierung per Gesetz und die Verrechtlichung von Religion im anomischen Indonesien, in diesem Band.

[4] *K. Günther*, Rechtspluralismus und universaler Code der Legalität, in: Die Öffentlichkeit der Vernunft und die Vernunft der Öffentlichkeit – Festschrift für J. Habermas, hg. von *ders/L. Wingert*, Frankfurt a.M. 2001, S. 539–567, hier: 541; *ders.*, Recht des Rechtspluralismus.

[5] *Ch. Möllers*, Philosophie – Recht – Kultur, in: Symbolische Welten. Philosophie und Kulturwissenschaften, hg. von *D. Rustemeyer*, Würzburg 2002, S. 109–133, hier: 111.

[6] Vgl. nur die Beiträge in: *G. Kirchhof/S. Magen/K. Schneider* (Hg.), Was weiß Dogmatik?, Tübingen 2012.

stenzprüfung und Applikation besteht.[7] Die Rechtsdogmatik wird nicht selten einer überzogenen Rigidität gezogen; richtig ist jedoch, dass sie ein Forum ist, auf dem über Stabilität *und* Flexibilität von Recht gleicherweise verhandelt wird.[8]

Als *institutionalisierte Praxis* erscheint Recht in seinem Rechtsstab, den Gerichten, Verwaltungen und Anwaltskanzleien, aber auch in seinem Entstehungsprozess, der in Parlamenten, Kollegialgremien, internationalen Konferenzen oder informellen Verhandlungsrunden abläuft. Unterschiedliche Amtskonzepte führen, wie Hans-Joachim Gehrke in seinem Beitrag gezeigt hat, zu unterschiedlichen Rechtsstrukturen.[9] Zutreffend erinnert Michael Moxter aus der Sicht des Theologen zudem an die „Symbolisierungsleistungen", die ebenfalls zum Recht gehören, sich aber mit einer rein normativen Betrachtungsweise nicht erfassen lassen.[10] Im Recht als institutionelle Praxis geht es nicht nur um Fragen der Richtigkeit und Wahrheit, sondern auch um Fragen von Herrschaft. Auf den ersten Blick scheint damit die Wissenschaftlichkeit der in institutionalisierte Kontexte eingebundenen Rechtswissenschaft prekär. Nähere Betrachtung lehrt jedoch, dass auch anderen Wissenschaften (Naturwissenschaften wie die Biologie nicht ausgenommen) solche Fragen nicht fremd sind, und sie diese in ihre Epistemologie eingearbeitet haben.[11] Es besteht folglich keinerlei Veranlassung, die institutionalisierte Praxis aus dem Rechtsverständnis herauszuhalten oder gar totzuschweigen. Sie verdeutlicht die Wirkungsdimension von Recht und gehört zu dem Recht, das die Anderen in den Blick nehmen wollen, dazu.

3. Die Zusammengehörigkeit der Erscheinungsformen

Mehr noch: Alle drei genannten Erscheinungsweisen gehören zusammen. Sie stehen nicht nebeneinander, sondern sind, wenn man Recht richtig erfassen will, in ihren Wechselbeziehungen zu sehen. Ihre Integration macht das Proprium des Rechts aus.[12] Das wird selbst von Juristen nicht immer gesehen. Der Praktiker meint, ganz aus dem positiven Recht heraus arbeiten

---

[7] *M. Jestaedt*, Die deutsche Staatsrechtslehre im europäisierten Rechtswissenschaftsdiskurs, in: Juristenzeitung 2012, S. 1–10, hier: 3.

[8] *E. Schmidt-Aßmann*, Das Allgemeine Verwaltungsrecht als Ordnungsidee, 2. Aufl., Berlin/Heidelberg 2004, S. 5 f.

[9] *H.-J. Gehrke*, Die Funktion des Rechts in den antiken Stadtstaaten, in diesem Band.

[10] *M. Moxter*, Immanenz und Transzendenz des Rechts. Theologische Perspektiven, in diesem Band.

[11] Dazu nur *K. Knorr Cetina*, Die Fabrikation von Erkenntnis, Frankfurt a.M. 1991; *H. Nowotny/D. Pestre/E. Schmidt-Aßmann/H. Schulze-Fielitz/H.-H. Trute*, The Public Nature of Science under Assault, Berlin/Heidelberg 2005.

[12] Davon zu unterscheiden, aber gleichwohl Teil des Gesamtthemas ist das Proprium der Rechtswissenschaft. Dazu die Beiträge in: *Ch. Engel/W. Schön* (Hg.), Das Proprium der Rechtswissenschaft, Tübingen 2007.

und auf wissenschaftliche Erkenntnisse verzichten zu können. Aber er verkennt, dass die Prägung des Rechts durch die Wissenschaft tiefer reicht, als es die Lektüre rechtsphilosophischer und rechtstheoretischer Texte vermittelt.[13] Umgekehrt erscheint manchem Rechtswissenschaftler die Praxis der Gerichte und Verwaltungen uninteressant. Aber er übersieht, dass zum Recht auch seine Umsetzung und seine Wirksamkeit gehören.

Wenn schon den Juristen solche Missverständnisse unterlaufen, dann darf die Einsicht in die Notwendigkeit eines integrativen Verständnisses der genannten Erscheinungsformen von Recht auch den anderen Wissenschaften nachdrücklich mit auf den Weg gegeben werden. Für sie ist es wichtig, nicht nur den Blick auf die Theorie zu richten, obwohl ihnen dieser Zugang besonders naheliegen mag. Aber die Dogmatik und die institutionelle Praxis des Rechts gehören ebenfalls dazu. Die vorgestellten soziologischen Betrachter haben diesen Zusammenhang zutreffend von Anfang an gesehen.[14] Das ist nicht immer so. Für Außenstehende ist gerade die Dogmatik oft schwer zu erschließen. Aber das hilft nichts. Nur wenn man sie mit im Blick behält, erlangt man auch ein Gefühl für die Grenze zwischen der Offenheit gegenüber neuen Argumenten, die in einem normativen Programm akzeptiert werden, und solchen Argumenten, die nur rechtspolitische Bedeutung haben. Der normative Argumentationshaushalt ist zwar nicht ein für allemal geschlossen. Aber er ist auch nicht jeder Anregung oder jedem Paradigmenwechsel gegenüber offen. Dass eine Idee wissenschaftlich, politisch oder anderweitig interessant ist, mag ihr im öffentlichen Diskurs eine erhebliche Beachtung sichern. Über ihre Rezeptionsfähigkeit in einen rechtsnormativen Argumentationsduktus, der zu verbindlichen Rechtsfolgen führt, ist damit aber noch nichts gesagt. Diese Frage wird durch den jeweiligen normativen Kontext entschieden.

II. Was verbirgt sich hinter dem ‚Blick' der Anderen?

Wie der Blick der anderen ausfällt, was er ausdrücken soll und welche Erwartungen in ihm angelegt sind, bestimmt sich wesentlich nach den Akteuren und ihrer jeweiligen Interessenlage. Eine Einzelperson als Kläger oder Beklagter in einem Prozess sieht das Recht anders als ein Interessenverband

---

[13] Auch hier sind die Grund- und Menschenrechte eine wichtige Brücke zwischen dem positiven Recht und ideellen Diskursen. Zur Einbeziehung des überstaatlichen Menschenrechtsdiskurses in die deutsche Verfassungsordnung vgl. *Bundesverfassungsgericht*, Amtliche Entscheidungssammlung (BVerfGE) Bd. 128, S. 326 ff., hier: 369.

[14] Dazu *K.-S. Rehberg*, Recht als dynamische Institution: Soziologische und gesellschaftstheoretische Motive, in diesem Band.

beim Lobbying. Wieder anders stellt sich das Recht im Blick eines Berufszweiges dar, der lästige Restriktionen befürchtet oder erwünschte Unterstützung erwartet. In diesem Sinne lässt sich z.b. nach dem „Recht im Blick der Mediziner" oder nach dem „Recht im Blick der Politik" fragen. In dieser Allgemeinheit fragend darf man nichts anderes als ziemlich pauschale Antworten erwarten. Präzisierend wirkt die Differenzierung nach unterschiedlichen Einstellungen: Blicke können beobachtend, prüfend, kritisch oder erwartungsvoll sein; sie können auf Distanz beharren oder zur Begegnung anregen.

1. Das Recht im Blick (anderer) Wissenschaften

Ich konzentriere mich, der Anlage des Symposions folgend, auf das Recht im Blick anderer *Wissenschaften*.[15] Dabei stehen die Geistes- und Sozialwissenschaften im Vordergrund. Doch lassen sich interessante Beziehungen etwa auch zu den Technikwissenschaften herstellen, in denen etwa die Zeit- und Verfahrensstruktur des Rechts oder der Umgang des Rechts mit den Risiken der Technik zu thematisieren wäre. Hohe Brisanz hat in jüngerer Zeit das Recht im Blick der Neurowissenschaften erhalten, vor allem in der Frage nach der Bedeutung der Willensfreiheit für das Recht.[16] Systematisch müsste in allen diesen Fällen weiter danach differenziert werden, ob diese Wissenschaften ein auf deskriptive oder präskriptive Aussagen zielendes Betrachtungsraster zugrunde legen, ob sie das Recht etwa von seinen empirischen Grundlagen oder von seinen normativen Modellannahmen her in den Blick nehmen. Bei manchen Wissenschaften, z. B. bei den Wirtschafts- und den Verhaltenswissenschaften, oszilliert die Betrachtungsweise.[17]

Unter den Geistes- und Sozialwissenschaften wiederum sind es die Philosophie und die Geschichtswissenschaft, die auch traditionell eine besondere Nähebeziehung zum Recht aufweisen, ja die in der Formulierung von Rechtsideen oder in der Bestimmung der Geschichtlichkeit von Recht selbst Elemente des Rechts darstellen, wie das Recht umgekehrt in einer ‚Philosophie des Rechts' und einer ‚Geschichte des Rechts' von diesen Wissenschaften nicht nur gleichsam von außen in den Blick genommen wird, sondern einen Bestandteil des Wissenschaftsprogramms dieser Disziplinen darstellt. Die Übergänge in den Nähebeziehungen zu weiteren Geistes- und

---

[15] Vgl. die Angaben bei *Ch. Möllers*, Methoden, in: Grundlagen des Verwaltungsrechts Bd. 1, hg. von *W. Hoffmann-Riem/E. Schmidt-Aßmann/A. Voßkuhle*, 2 Aufl., München 2012, § 3 Rn. 42 ff.; *J. Krüper* (Hg.), Grundlagen des Rechts, Baden-Baden 2011.
[16] Vgl. nur *M. Lindemann*, Recht und Neurowissenschaften, in: *J. Krüper* (Hg.), Grundlagen, § 13 sowie die Beiträge in: *Berlin-Brandenburgische Akademie der Wissenschaften* (Hg.), Freiheit des Willens, Berlin 2004, und Freiheit des Willens II, Berlin 2006.
[17] Dazu *B. Nagel*, Recht und Ökonomie, in diesem Band.

Sozialwissenschaften sind gleitend, etwa zur Politikwissenschaft, zur Soziologie, zur Sprachwissenschaft und zu den sich formierenden Kulturwissenschaften.[18]

Die meisten dieser Blicke beginnen beobachtend, wollen aber zur Begegnung fortschreiten. Die Rechtswissenschaft wird dabei meistens als Vermittlerin genutzt. Sie erleichtert die Erschließung der Rechtsvielfalt und der durch ihre Fachsprache verschlüsselten Bestände des positiven Rechts und der Rechtsdogmatik. Doch darf das, nach dem, was oben unter I. ausgeführt worden ist, nicht dazu verleiten, allein die Rechtswissenschaft in den Blick zu nehmen. Wenn das trotzdem geschieht, geht es nicht um den Blick auf das Recht in seiner ganzen Breite, sondern eben um die Rechtswissenschaft. Das kann auch ein lohnendes Thema sein; aber es ist nicht ‚das Recht im Blick der Anderen'.

Nicht ganz eindeutig ist die Funktion derjenigen (Teil-)Disziplinen, die im Kanon der rechtswissenschaftlichen Fächer durch Verbundbegriffe präsent sind: Rechtsphilosophie, Rechtsgeschichte, Rechtssoziologie, Rechtsanthropologie. Über die besondere Nähebeziehung des Rechts zu Geschichte und Philosophie ist oben schon etwas gesagt worden. Für die anderen Verbundbegriffe gilt, dass sie zunächst einmal positiv die Aufgeschlossenheit der Rechtswissenschaft gegenüber ihren ‚Nachbarwissenschaften' ausdrücken. Solche Verbundunternehmen bleiben aber eine Gratwanderung, bei der es schwierig ist, die richtige Nähe und die richtige Distanz zu den beteiligten Disziplinen zu halten. Eine in jeder Weise gelungene Form von Interdisziplinarität stellen sie bisher noch nicht dar.

Überhaupt haben die Vorträge und Diskussionen des Symposions gezeigt, dass sich Recht im Blick der Anderen oft anders darstellt, als es den üblichen Modellvorstellungen gradlinig verlaufender Einflusslinien oder beständiger Kooperationsformen entspricht. Eher geht es um die Herstellung von Verknüpfungen, die nicht selten anlassbezogen spontan zustande kommen, und um das Auffinden von Problemen, deren gemeinsame Behandlung Erkenntnisgewinn für alle verspricht. Feste Rollen gibt es dabei nicht. Die angemessene Struktur der Begegnung hängt auch davon ab, inwieweit deskriptiv-analytische oder präskriptiv-normative Zugänge die Fragestellung bestimmen.

2. Speziell: Recht im Blick der Theologie

Dieses ist ein Feld von Begegnungen, die weit in die Geschichte zurückreichen, vielfach fruchtbar, nicht selten aber auch konfliktbelastet waren und

---

[18] Vgl. nur *J. Krüper*, Kulturwissenschaftliche Analyse des Rechts, in: *ders.* (Hg.), Grundlagen, § 14.

immer wieder mit neuer Aktualität aufwarten. Dafür stehen schon die Gebiete des Kirchenrechts und des Staatskirchenrechts, heute auch des Religionsverfassungsrechts, die aber nur einen Teil dieses Feldes abdecken. Jahrhundertealte Diskussionen um Rolle und Rang des Naturrechts oder um die ‚Zwei-Reiche-Lehre' kennzeichnen Stellen dauerhaften Kontakts zwischen Recht und Theologie.[19] Begriffe wie ‚Gesetz', ‚Souveränität' oder ‚Stellvertretung', die im Recht ebenso wie in der Theologie wichtige Funktionen haben, weisen auf manche Ähnlichkeiten in den Denkansätzen hin.[20]

An gegenseitiger Überschätzung und Unterschätzung hat es in diesen Begegnungen nicht gefehlt.[21] Häufiger noch ist aber die nüchterne Ausbildung strukturähnlicher Formzusammenhänge zu beobachten, die schon deshalb wichtig sind, weil es beide, Theologie und Recht, mit dem Menschen und mit dem Wort zu tun haben.[22] Auch hier darf man allerdings nicht von einfachen Beeinflussungsvorgängen ausgehen, wenn man die Autonomie beider respektieren will. Das soll im Folgenden an der Bedeutung speziell der Dogmatik für Theologie und Rechtswissenschaft (a) und am Verständnis der Menschenwürde (b) gezeigt werden.

(a) Theologie und Rechtswissenschaft bekennen sich dazu, ‚dogmatische' Wissenschaften zu sein.[23] Die Dogmatik ist für sie ein ganz wesentlicher Bestandteil ihrer Funktionsweise und ihres Selbstverständnisses. Das trägt ihnen nicht überall Anerkennung ein. Dogmatik gilt heute in weiten Teilen der Öffentlichkeit, der Medien und der Wissenschaft als ein Zeichen von Rückständigkeit, als eine Bastion unhinterfragten Festhaltens am Überkommenen, was den Wissenschaftscharakter einer dogmatischen Disziplin überhaupt infrage stellen können soll. Dass eine solche Sicht für das Recht und die Rechtswissenschaft unzutreffend ist, dass Rechtsdogmatik gerade

---

[19] Vgl. *K. Tanner*, Der lange Schatten des Naturrechts, Stuttgart 1993; *I. Dalferth*, Naturrecht in protestantischer Perspektive, Baden-Baden 2008.
[20] Zu Verknüpfungen des soteriologischen Begriffs der Stellvertretung mit Rechtsvorstellungen des römischen Rechts vgl. *S. Schaede*, Stellvertretung, Tübingen 2004, S. 7 ff.
[21] Vgl. nur *C. Schmitt*, Politische Theologie, 2. Aufl., Berlin 1933, S. 49: „Alle prägnanten Begriffe der modernen Staatslehre sind säkularisierte theologische Begriffe." Repräsentativ für die Überschätzung bzw. Unterschätzung des Rechts für Religion und Kirche die Auseinandersetzungen zwischen Rudolf Sohm und Adolf von Harnack über die Funktion des Kirchenrechts und die Rechtsgestalt der Kirche; vgl. dazu *Ch. Link*, Kirchliche Rechtsgeschichte, 2. Aufl., München 2010, § 1 Rn. 2 ff.
[22] Von „Wechselwirkungen zwischen religiöser Wirklichkeitsdeutung einerseits und politischer Handlungsorientierung andererseits" spricht *K. Tanner*, Die fromme Verstaatlichung des Gewissens, Göttingen 1989, S. IX. Anschaulich *M. Welker*, Theologie und Recht, in: Der Staat 49 (2010), S. 573–585, mit der Unterscheidung dreier religiös unterschiedlich angebundener Rechtsarten in den Texten des Alten Testaments. Am Beispiel des in der Theologie wie im Recht beheimateten Gewissensbegriffs *E. Schmidt-Aßmann/S. Schaede*, „Gewissen" – Theologen und Juristen im Gespräch, in: Zeitschrift für Evangelische Ethik i.E.
[23] *G. Essen/N. Jansen* (Hg.), Dogmatisierungsprozesse in Recht und Religion, Tübingen 2011.

auch dazu dient, das Recht kritisch durchzugehen und Rechtsänderungen anzumahnen, wurde oben bereits gesagt.

Vergleichbar scheinen mir die Aufgaben theologischer Dogmatik zu sein.[24] Dogmatik ist wie die Theologie insgesamt eine Funktion der Kirche und ihrer Verkündigung.[25] Es geht ihr darum, die Aussagen über die Wahrheit des christlichen Glaubens mit den Mitteln der Vernunft (*sola ratione*) zu überprüfen. Das geschieht (jedenfalls nach jüngerer Auffassung), ohne dass subjektive Glaubensvoraussetzungen als Ausgangspunkt genommen werden – um es mit Wolfhart Pannenberg auszudrücken:[26] „Zur rationalen Vergewisserung des Glaubens über die allgemeingültige Wahrheit seines Inhalts kann es nur dann kommen, wenn die Erörterung darüber in voller Offenheit geführt wird, ohne daß Versicherungen privaten Engagements eingeführt werden, wo etwa Argumente ausgehen". Der Jurist bewundert bei der Lektüre dogmatischer Texte der Theologie die Sicherheit im Umgang mit dem historischen Erfahrungsschatz theologischer Dogmatik und die hohe Präsenz der Dogmengeschichte.

Indem sich Rechtswissenschaft und Theologie gegenseitig als dogmatische Wissenschaften wahrnehmen, können sie gemeinsam Aufgaben angehen, die für ihr Selbstverständnis und für ihre Stellung im Wissenschaftssystem wichtig sind. An den Begriffen der Immanenz und der Transzendenz lässt sich zeigen, wie hier gemeinsam gelernt werden kann, sich von überkommenen Positionen zu befreien.[27] Gemeinsame Erfahrungen im Umgang mit Dogmatik ermöglicht es auch, immer wieder auf Einseitigkeiten hinzuweisen, die durch die empirischen Wissenschaften in den Wissenschaftsbegriff hineingetragen worden sind.[28] Auch sonst gibt es zahlreiche Erfahrungen gerade im Umgang mit dogmatischen Erkenntnissen, über die beide Wissenschaften verfügen, und die sie, ohne einem Gleichlauf zwischen beiden das Wort zu reden, vergleichend sichern, stärken und fortentwickeln können. Dazu gehört die Einsicht in die sprachliche und zeitbedingte Kon-

---

[24] Zum Folgenden *W. Pannenberg*, Systematische Theologie I, Göttingen 1988, S. 27 ff. und 58 ff.
[25] Zur Theologie als „Aufgabe der Kritik und Korrektur ihres [der Kirche] Redens über Gott" auch *K. Barth*, Die Kirchliche Dogmatik, Bd. 1, Studienausgabe, Zürich 1993, S. 1.
[26] *W. Pannenberg*, Systematische Theologie, S. 61.
[27] *M. Moxter*, Immanenz, in diesem Band.
[28] Dazu treffende Überlegungen bei *W. Härle*, Dogmatik, 3. Aufl., Berlin 2007, S. 16 ff. Einen anderen Ansatz verfolgt *Barth*, Dogmatik, S. 6, bei der Bestimmung des Verhältnisses der Theologie zu anderen Wissenschaften: „Sie hat sich nicht vor ihnen zu rechtfertigen, vor allem nicht dadurch, daß sie sich den Anforderungen eines zufällig oder nicht zufällig allgemein gültigen Wissenschaftsbegriffs unterzieht". Diesen, d. h. den „Wissenschaftsbegriff unserer Zeit", kann die Theologie „nur rundweg als für sie unannehmbar erklären" (a.a.O. S. 7). Bei der Bewertung dieses Verdikts muss freilich in Rechnung gestellt werden, dass der von Barth zugrunde gelegte Wissenschaftsbegriff seinerzeit in einer heute kaum noch vertretenen Weise von einer allein empirisch interpretierten Überzeugungsgewissheit beherrscht war. Zur heute veränderten Situation vgl. *Härle*, Dogmatik, S. 28.

stitution dogmatischer Aussagen, die dazu veranlasst, Dogmatik nicht nur als Mittel der Konservierung, sondern vor allem als Forum der Reflexion zu verstehen. Dazu gehören ferner Erfahrungen darüber, wie die Dogmatik als Kommunikationsformat der Wissenschaft mit der kirchlichen bzw. justiziellen Praxis zu nutzen ist.

(b) Zu den gemeinsamen Grundannahmen gehört schließlich die Erkenntnis, dass Aussagen anderer Wissenschaften in die eigene Wissenschaft nicht schematisch zu übernehmen sind, sondern über ihre Rezeption nach Maßgabe des jeweils eigenen Wissenschaftsprogramms zu entscheiden ist. Keine Wissenschaft hat folglich einen natürlichen Anspruch darauf, dass andere Wissenschaften ihre Erkenntnisse dem eigenen Forschungskonzept unbesehen zugrundelegen. Das müssen sich gerade normative Wissenschaften wie die Rechtswissenschaft und die Theologie selbst immer wieder einschärfen.[29] Dem korrespondieren – wenn wir die Ebene der Wissenschaft verlassen – für das Verhältnis der Kirche zum Recht die staatliche Neutralitätspflicht und das kirchliche Selbstbestimmungsrecht.

Die angezeigte Distanz gilt auch für kirchliche Aussagen zu Fragen der Menschenwürde. Die Würdediskussion gilt allgemein als ein Bereich, in dem ‚Orientierungsleistungen' von der Theologie und den Kirchen vielfältig nachgefragt und angeboten werden. Dafür gibt es gewiss historische gute Gründe.[30] Freilich ist für die gesamte Diskussion in Rechnung zu stellen: „Würdediskurse sind in erster Linie Überzeugungsdiskurse, nicht Begründungsdiskurse".[31] Das beeinträchtigt die wissenschaftliche Substanz vieler Detailaussagen erheblich. Dabei wäre auch noch einmal zwischen kirchlichen Verlautbarungen und theologischen Erkenntnissen sowie bei beiden zwischen den Konfessionen zu unterscheiden.

Speziell gegenüber einer Rezeption kirchlicher oder theologischer Auffassungen zum Würdebegriff in das Recht ist noch weitere Vorsicht angesagt. Die Auslegung von Rechtsbegriffen darf weder mit der Rezeption bestimmter Aussagen der Theologie noch mit der allgemeinen gesellschaftlichen Diskussion verwechselt werden, sondern folgt ihren eigenen Methoden.[32] Es spricht wenig dafür, dass die Menschenwürde ihren Bedeutungsgehalt als Rechtsbegriff (Art. 1 Abs. 1 GG) allein der christlichen

---

[29] Zutreffend *M. Moxter*, Immanenz, in diesem Band.
[30] Sensible und differenzierende Nachzeichnungen der Entwicklungen bei *S. Schaede*, Würde – Eine ideengeschichtliche Annäherung aus theologischer Perspektive, in: Menschenwürde in der säkularen Verfassungsordnung, hg. von *P. Bahr/H. M. Heinig*, Tübingen 2006, S. 7–69, und *M. Moxter*, Unterwegs zum Recht. Eine Vorerinnerung an die Horizonte des Würdebegriffs, a.a.O., S. 73–91.
[31] So *P. Bahr*, Das Kreuz mit der Würde, in: a.a.O., S. 407–410, hier: 410.
[32] Treffend *M. Moxter*, Immanenz a.a.O., in diesem Band.

Vorstellungswelt verdankt.³³ Die Entstehungsgeschichte dieser Vorschrift zusammenfassend sagt Horst Dreier: „Insgesamt konnte mit dem Satz von der Menschenwürde, auf dessen ‚Strahlkraft' man sich verließ, ein von vordergründig politischen, religiösen, philosophischen oder weltanschaulichen Bekenntnissen freier Konsens auf hoher Abstraktionsebene erzielt werden."³⁴ Ebenso wenig lässt sich der Aussagegehalt des Art. 1 Abs. 1 GG etwa in Fragen der biomedizinischen Forschung unbesehen durch aktuelle kirchliche Texte ausfüllen.³⁵ Der Interpret des Grundgesetzes wird diese Texte wie andere Verlautbarungen auch in seine Erwägungen einbeziehen. Aber er trifft eine autonome juristische Entscheidung. Es ist gut, wenn sich Theologie und Rechtswissenschaft auch gegenseitig ihrer Autonomiebereiche immer wieder versichern. Das ist ein Teilaspekt des großen Themas ‚Recht im Blick der Anderen'.

III. Gemeinsame Herausforderungen

Schon diese Überlegungen zum Recht im Blick der Theologie haben gezeigt, dass die Beobachtungssituation, die durch das ‚im Blick der Anderen' gekennzeichnet wird, zwar durch eine unvermeidliche und oft sogar notwendige Distanz bestimmt bleibt, dass sie aber ebenso dazu anregen kann, strukturelle Ähnlichkeiten in den Problemzugängen und vergleichbare Interessen in der Problembewältigung zu identifizieren. Diese im Thema des Symposions insgesamt angelegte Entdeckerhaltung auf allen Seiten lässt nach gegenwärtigen und zukünftigen Herausforderungen fragen, zu deren Bewältigung von möglichst vielen aus ihrer je spezifischen Erfahrungswelt etwas beigetragen werden kann. Das soll jetzt nicht in die bekannten Aufrufe zu mehr Interdisziplinarität einmünden, zumal die Inblicknahme des Rechts ja gerade nicht nur auf die Rechtswissenschaft als akademische Disziplin trifft, sondern dem Recht als solchem, also auch in seinen Erscheinungsformen als Dogmatik und als institutionalisierter Praxis, gilt. Es geht mir vielmehr um Fragen eines gemeinsamen Lernens der Sozialbereiche und um die Beiträge, die das Recht zu diesem Lernen leisten kann: Welche Erfahrungen im Umgang mit gesellschaftlichem Wandel sind im Recht gespeichert, und wie lassen sich diese Erfahrungen, die vielfach in Dogmatik

---

³³ Dagegen unter Auswertung der Entstehungsgeschichte des Art. 1 GG *Ch. Goos*, Innere Freiheit. Eine Rekonstruktion des grundgesetzlichen Würdebegriffs, Bonn 2011, S. 17 („unterkomplex").
³⁴ In: *Ders.* (Hg.), Grundgesetz Kommentar, 2. Aufl., Tübingen 2004, Art. 1 I Rn. 24.
³⁵ Vgl. a.a.O., Rn. 77 mit weiteren Nachweisen; *K. Tanner*, Ethische Probleme der Stammzellforschung, in: *Berlin-Brandenburgische Akademie der Wissenschaften*, Berichte und Abhandlungen 12 (2006), S. 77–97.

und Praxis verschlüsselt sind, so umformulieren, dass sie auch von Anderen genutzt werden können?

Das soll in gebotener Kürze an den Herausforderungen von Internationalisierung und Globalisierung skizziert werden. Beides sind Vorgänge, mit denen alle Sozialbereiche und Wissenschaften ihre Erfahrungen haben. Beide machen es notwendig, zunächst einmal den Verlust des bisher meistens stillschweigend angenommenen europäischen Bewertungsrahmens zu verarbeiten:[36] Andere Werthaltungen (z. B. islamische, ostasiatische) verlangen Berücksichtigung. Andere Akteure prägen Politik und Wirtschaftsbeziehungen (transnationale Unternehmen, global präsente Organisationen der Zivilgesellschaft). Andere Kommunikationsmuster lassen Netzwerke entstehen, die sich einer Steuerung durch einzelstaatliche Maßnahmen entziehen. Die europäische Binnenkommunikation und die Reaktionen europäischer Integration reichen – so sehr sie die Entwicklungen in der zweiten Hälfte des 20. Jahrhunderts positiv beeinflusst haben – nicht mehr aus, den globalen Herausforderungen zu begegnen.

Auf den ersten Blick freilich erscheint gerade das Recht nicht besonders geeignet, hier mit seinen Erfahrungen aufzuwarten. Ist es nicht das Recht, das in besonderem Maße nationalstaatlich bestimmt war, ist und auch künftig sein wird? Ist es nicht die Rechtswissenschaft, die nach wie vor binnenzentriert denkt, während Philosophie, Ökonomie und Theologie in ganz anderer Weise die Welt im Blick haben? So berechtigt die hier anklingenden Zweifel an förderlichen Beiträgen des Rechts und der Rechtswissenschaft sein mögen, sie übersehen zweierlei:

Auch das Recht verfügt im Völkerrecht, im Internationalen Privatrecht und in der Rechtsvergleichung über Sektoren, die von Anfang an mit Internationalität umgehen mussten und dazu Regelungsmuster, etwa im Konzept des Kollisionsrechts, entwickelt haben. Diese Muster müssen von denjenigen Wissenschaften, die sich wie die Kulturwissenschaften eine möglichst breite Erfassung menschlicher Sozialität vorgenommen haben, in ihre Analysen einbezogen werden. Juristische Regelungsmuster zeigen hier vor allem Erfahrungen im Umgang mit Zentralität und Dezentralisation, Inklusion und Exklusion, Hierarchien und Netzwerken. Wie die Rechtsvergleichung heute nicht ohne Bindungen an die vergleichende Kulturwissenschaft auskommen kann, so bleiben die Ergebnisse kulturwissenschaftlicher Forschung unvollständig, wenn die rechtlichen Mechanismen regionaler und globaler Mehrebenen-Systeme nicht einbezogen sind.

---

[36] Vgl. dazu nur *G. Preyer*, Theorie und Soziologie des Rechts im Kontext multipler Modernität, in: Rechtstheorie 41 (2010), S. 469–497.

Noch wichtiger ist aber ein zweiter Gesichtspunkt: Vom Recht kann gelernt werden, wie Diskurse auf Entscheidungssituationen hin zu verdichten sind. Die Rechtsentscheidung soll verbindliche Handlungsanweisungen geben. Sie muss mehr sein als eine interessante Auflistung von Gründen und Gegengründen, denn sie wird getroffen, um notfalls zwangsweise durchgesetzt zu werden. Auch dort, wo – wie im Völkerrecht – diese Seite des Rechts nur rudimentär ausgebildet ist, ist jedenfalls eine Tendenz zur verbindlichen Regelung mit festliegenden (wiederum rechtlich geregelten) Sanktionen unübersehbar. Verbindlichkeit führt zur Konzentration des Argumentationshaushalts. Nicht alles, was interessant, innovativ, modern oder sonst attraktiv erscheint und im breiten öffentlichen Diskurs Beachtung findet, erlangt eine Position, wenn es darum geht, Rechtsentscheidungen zu legitimieren. Die Unterschiede lassen sich z.B. an der Argumentationsvielfalt, die die Idee weltweiter Menschenrechte kennzeichnet, und der konzentrierten Argumentation aufzeigen, die verlangt ist, wenn ein Gericht oder ein anderes Gremium der internationalen Streitentscheidung mit verbindlichen Folgen über einen konkreten Verletzungstatbestand entscheiden muss.[37] Hinter den unterschiedlichen Argumentationsweisen werden unterschiedliche Strategien deutlich, wie auf gesellschaftliche Herausforderungen zu reagieren ist.[38] Der Erhalt ihrer Unterschiede und die richtige gegenseitige Zuordnung dieser Strategien ist gerade angesichts von Internationalisierung und Globalisierung wichtig.

‚Recht im Blick der Anderen' und ‚die Anderen im Blick des Rechts' sind die richtigen Foren, um diese Zusammenhänge immer wieder bewusst zu machen.

Literaturverzeichnis

Bahr, Petra: Das Kreuz mit der Würde, in: *dies./Hans Michael Heinig* (Hg.), Menschenwürde in der säkularen Verfassungsordnung, Tübingen 2006, S. 407–410.
Barth, Karl: Die Kirchliche Dogmatik, Bd. 1, Studienausgabe, Zürich 1993.
Dalferth, Ingolf: Naturrecht in protestantischer Perspektive, Baden-Baden 2008.
Dreier, Horst (Hg.): Grundgesetz Kommentar, 2. Aufl., Tübingen 2004.
Engel, Christoph/Schön, Wolfgang (Hg.): Das Proprium der Rechtswissenschaft, Tübingen 2007.
Essen, Georg/Jansen, Niels (Hg.): Dogmatisierungsprozesse in Recht und Religion, Tübingen, 2011.

---

[37] Vgl. *Ph. Mastronardi*, Recht und Kultur: Kulturelle Bedingtheit und universaler Anspruch des juristischen Denkens, in: Zeitschrift für ausländisches öffentliches Recht und Völkerrecht 61 (2001), S. 61–83.
[38] Dazu nur die aus gemeinsamer Kollegiumsarbeit an der FEST hervorgegangen Beiträge zu: *G. Hartung/S. Schaede* (Hg.), Internationale Gerechtigkeit, Tübingen 2009.

Gehrke, Hans-Joachim: Die Funktion des Rechts in den antiken Stadtstaaten, in diesem Band.
Goos, Christoph: Innere Freiheit. Eine Rekonstruktion des grundgesetzlichen Würdebegriffs, Bonn 2011.
Günther, Klaus: Das Recht des Rechtspluralismus, in diesem Band.
Ders: Rechtspluralismus und universaler Code der Legalität, in: *ders./Lutz Wingert* (Hg.), Die Öffentlichkeit der Vernunft und die Vernunft der Öffentlichkeit – Festschrift für Jürgen Habermas, Frankfurt a.M. 2001, S. 539–567.
Härle, Winfried: Dogmatik, 2 Aufl., Berlin 2007.
Hartung, Gerald/Schaede, Stephan (Hg.): Internationale Gerechtigkeit, Darmstadt 2009.
Jestaedt, Matthias: Die deutsche Staatsrechtslehre im europäisierten Rechtswissenschaftsdiskurs, in: Juristenzeitung 2012, S. 1–10.
Kirchhof, Gregor/Magen, Stefan/Schneider, Karsten (Hg.), Was weiß Dogmatik?, Tübingen 2012.
Knauff, Matthias: Der Regelungsverbund: Recht und Soft Law im Mehrebenensystem, Tübingen 2010.
Knorr Cetina, Karin: Die Fabrikation von Erkenntnis, Frankfurt a.M. 1991.
Krüper, Julian: Kulturwissenschaftliche Analyse des Rechts, in: *ders.* (Hg.), Grundlagen des Rechts, Baden-Baden 2011, § 14.
Lindemann, Michael: Recht und Neurowissenschaften, in: *Julian Krüper* (Hg.), Grundlagen des Rechts, Baden-Baden 2011, § 13.
Link, Christoph: Kirchliche Rechtsgeschichte, 2 Aufl., München 2010.
Mastronardi, Philippe: Recht und Kultur: Kulturelle Bedingtheit und universaler Anspruch des juristischen Denkens, in: Zeitschrift für ausländisches öffentliches Recht und Völkerrecht 61 (2001), S. 61–83.
Möllers, Christoph: Methoden, in: *Wolfgang Hoffmann-Riem/Eberhard Schmidt-Aßmann/Andreas Voßkuhle* (Hg.), Grundlagen des Verwaltungsrechts Bd. 1, 2. Aufl., München 2012, § 3.
Ders.: Philosophie – Recht – Kultur, in: *Dirk Rustemeyer* (Hg.), Symbolische Welten. Philosophie und Kulturwissenschaften, Würzburg 2002, S. 109–133.
Moxter, Michael: Immanenz und Transzendenz des Rechts, in diesem Band.
Ders.: Unterwegs zum Recht. Eine Vorerinnerung an die Horizonte des Würdebegriffs, in: *Petra Bahr/Hans Michael Heinig* (Hg.), Menschenwürde in der säkularen Verfassungsordnung, Tübingen 2006, S. 73–91.
Nagel, Bernhard: Recht und Ökonomie als Forschungs- und Diskussionsgegenstand, in diesem Band.
Nowotny, Helga et al.: The Public Nature of Science under Assault, Berlin/Heidelberg 2005.
Pannenberg, Wolfhart: Systematische Theologie I, Göttingen 1988.
Preyer, Gerhard: Theorie und Soziologie des Rechts im Kontext multipler Modernität, in: Rechtstheorie 41 (2010), S. 469–497.
Ramstedt, Martin: Juridifizierung des lokalen Kulturerbes in Bali nach dem Fall von Suharto, in diesem Band.
Tanner, Klaus: Der lange Schatten des Naturrechts, Stuttgart 1993.
Ders.: Die fromme Verstaatlichung des Gewissens, Göttingen 1989.
Schaede, Stephan: Stellvertretung, Tübingen 2004.
Ders.: Würde – Eine ideengeschichtliche Annäherung aus theologischer Perspektive, in: *Petra Bahr/Hans Michael Heinig* (Hg.), Menschenwürde in der säkularen Verfassungsordnung, Tübingen 2006, S. 7–69.

Schmidt-Aßmann, Eberhard: Das Allgemeine Verwaltungsrecht als Ordnungsidee, 2. Aufl., Berlin/Heidelberg 2004.
Ders./Schaede, Stephan: „Gewissen" – Theologen und Juristen im Gespräch, in: Zeitschrift für Evangelische Ethik i. E.
Schmitt, Carl: Politische Theologie, 2. Aufl., Berlin 1933.
Viellechner, Lars: Responsiver Rechtspluralismus, in: Der Staat 51 (2012), S. 559–580.
Welker, Michael: Theologie und Recht, in: Der Staat 49 (2010), S. 573–585.

Autorenverzeichnis

Eberhard Schmidt-Aßmann, Prof. Dr. Dres. h.c., war bis zu seiner Emeritierung Direktor des Instituts für deutsches und europäisches Verwaltungsrecht der Juristischen Fakultät der Universität Heidelberg und von 2006 bis 2012 Leiter der FEST.

Hans Diefenbacher, Prof. Dr., ist stellvertretender Leiter der FEST und apl. Prof. für Volkswirtschaftslehre am Alfred-Weber-Institut der Universität Heidelberg.

Hans-Joachim Gehrke, Prof. Dr., ist Director of Outreach des University College Freiburg. Er war 2008–2011 Präsident des Deutschen Archäologischen Instituts in Berlin.

Klaus Günther, Prof. Dr., ist Professor für Rechtstheorie, Strafrecht und Strafprozessrecht der Goethe-Universität Frankfurt am Main.

Christoph Möllers, Prof. Dr., ist Professor für öffentliches Recht, insbesondere Verfassungsrecht und Rechtsphilosophie an der Humboldt-Universität zu Berlin.

Thorsten Moos, Dr., ist Leiter des Arbeitsbereiches Religion, Recht und Kultur an der FEST.

Michael Moxter, Prof. Dr., ist Professor für Systematische Theologie mit den Schwerpunkten Dogmatik und Religionsphilosophie an der Universität Hamburg.

Bernhard Nagel, Prof. Dr., war Professor für Wirtschaftsrecht und Direktor des Instituts für Wirtschaftsrecht an der Universität Kassel.

Martin Ramstedt, Dr., ist wissenschaftlicher Mitarbeiter im Max-Planck-Institut für ethnologische Forschung in Halle.

Karl-Siegbert Rehberg, Prof. Dr., ist Professor für Soziologische Theorie, Theoriegeschichte und Kultursoziologie an der Technische Universität Dresden.

Magnus Schlette, PD Dr., ist Leiter des Arbeitsbereiches Theologie und Naturwissenschaften an der FEST und Privatdozent für Philosophie an der Universität Erfurt.

Personenregister

Albert, Gert 34, 40
Alexander der Große 13, 20, 26
Alexy, Robert 139, 153
Ananta, Aris 77, 100
Arifin, Evi Nurvidya 77, 100
Aristoteles 15, 24, 135
Aritonang, Jan Sihar 83, 88, 91, 100
Aspinall, Edward 70, 74, 100

Bahr, Petra 115, 122, 167, 170f.
Bakri, Abdullah 96
Barth, Karl 105, 108, 121, 166, 170
Barth, Ulrich 116, 121
Behrends, Okko 13, 24
Bellah, Robert N. 83, 100
Benda-Beckmann von, Franz 64, 71, 94, 100f.
Benda-Beckmann von, Keebet 63f., 71, 94, 100f.
Berman, Harold J. 60
Berman Schiff, Paul 43, 45f., 49f., 52, 56, 61
Bernstein, Frank 14, 24
Bickel, Cornelius 39
Bienfait, Agathe 34, 40
Bleicken, Jochen 13, 18, 22, 24f.
Blichner, Lars Ch. 65, 100
Blumenberg, Hans 117, 121
Böckenförde, Ernst-Wolfgang 106, 122
Boeckh, August 146

Bonhoeffer, Dietrich 105, 122
Brandom, Robert B. 58, 60
Bruinessen, Martin van 74, 100
Brumlik, Micha 31, 40
Brunkhorst, Hauke 31, 40
Budieman, Arif 67, 101
Burgsmüller, Alfred 105, 122
Bush, Robin 76, 78–80, 92, 100

Caenegem, Raoul van 138, 153
Carbonnier, Jean 27, 39
Casari, Mario 130, 136
Cassirer, Ernst 110, 114, 120, 122f.
Cohen, Hermann 119f., 122
Comaroff, Jean 64, 97, 100
Comaroff, John L. 64, 97, 100
Comte, Auguste 4, 29, 30

Daase, Christopher 151, 154
Dahlheim, Werner 22, 25
Dalferth, Ingolf 165, 170
Dawson, John P. 138, 153
Dilthey, Wilhelm 33, 152, 154
Djalil, H. A. Basiq 74, 76, 100
Drakon 18f.
Dreier, Horst 139, 153, 168, 170
Dreyfus, Alfred 30
Dürig, Günther 139, 154
Durkheim, Emil 4, 29, 30f. 38f., 65, 100f.
Duxbury, Neil 141, 153

Eckert, Julia 64, 71, 100f.
Eger, Thomas 126, 128, 130, 133, 136
Ehrlich, Eugen 43
Elias, Norbert 29, 35, 39
End, Theo van de 100
Engel, Christoph 137, 153, 161, 170
Engle Merry, Sally 43, 60
Essen, Georg 165, 171

Falk, Ulrich 148, 153
Fauzi, Gamawan 99
Fealy, Greg 100
Feldner, Birgit 150, 153
Ferrarotti, Franco 30
Fischer-Lescano, Andreas 48, 56, 60
Forgó, Nikolaus 150, 153
Forst, Rainer 58, 60
Franz, Johann P. 16, 24
Fuller, Lon L. 53, 60f.
Funke, Peter 18, 24

Gehlen, Arnold 5, 28, 34, 37–40
Gehrke, Hans-Joachim 3–5, 7, 11–26, 147, 154, 161, 171
Geiger, Theodor 27, 40
Geis, Anna 154
Gephart, Werner 117, 122
Glenn, H. Patrick 99f.
Gonod, Pascal 148, 154
Goodman, Nelson 146, 154
Goos, Christoph 168, 171
Gordon, Peter E. 110, 122
Gras, Michel 14, 25
Griffiths, John 43, 60
Grütter, Heinrich Th. 25
Gumbrecht, Hans Ulrich 147, 154
Günther, Klaus 5–7, 43–61, 160, 171
Guntur, Andreas 95
Guza, Anfil 99f.
Gym, Aa 98

Habermas, Jürgen 4f., 36f., 40, 108, 121f., 160, 171
Habibie, Bacharuddin Jusuf 66, 70, 73, 89f.
Haferkamp, Hans-Peter 148, 154
Haltern, Ulrich 115, 122
Hancké, Bob 151, 154
Hansen, Mogens H. 13, 25
Hardin, Garrett 126, 130, 136
Härle, Winfried 166, 171
Harnack, Adolf von 165
Hart, Herbert L. A. 52, 60
Hartmann, Klaus 103, 122
Hassemer, Winfried 109, 122
Hatley, Barbara 67, 101
Hauriou, Maurice 38, 40
Hegel, Georg Wilhelm Friedrich 29, 33, 103, 122
Heidegger, Martin 110, 118, 122
Heinig, Hans Michael 115, 122, 167, 170f.
Herakleides Pontikos 23
Heuß, Alfred 13, 22, 25
Hirsch, Ernst E. 32, 40
Hisbah, Wilayatul 75
Hobbes, Thomas 28, 31
Hoesterey, James B. 98, 100
Hoffmann-Riem, Wolfgang 163, 171
Hofman, Bert 100
Hölkeskamp, Karl-Joachim 15, 20, 22, 25
Hölscher, Tonio 13, 25
Holtzappel, Coen J.G. 67, 71, 100–102
Holzhey, Helmut 120, 122
Honneth, Axel 59, 60
Hooker, M. B. 74, 76, 88, 90, 95, 101
Hosen, Nadirsyah 73, 78, 88, 90, 101
Huber, Wolfgang 106, 122
Husserl, Gerhart 113, 122
Hyung-Jun, Kim 74, 86, 88, 101

Personenregister

Irham, Nazril 95
Irianto, Sulistyowati 94
Iser, Wolfgang 141, 154
Jansen, Niels 165, 170
Jayme, Erik 115, 123
Jestaedt, Matthias 122, 171
Jüngel, Eberhard 105, 122

Kaiser, Kai 100
Kant, Immanuel 1, 7, 56, 108, 110f., 113–116, 119, 121f.
Kaufmann, Arthur 109, 114, 122f.
Kaufmann, Felix 118f.
Kelsen, Hans 7, 107–109, 111ff., 122, 142, 145, 154
Khomeini, Ruhollah Moosavi 88
Kingsbury, Damien 67, 101
Kirchhof, Gregor 147, 154, 160, 171
Kirchmann, Julius H. von 146, 154
Kleisthenes 19
Knauff, Matthias 159, 171
Knorr Cetina, Karin 161, 171
Krisch, Nico 48, 61
Krüper, Julian 163f., 171
Kylon 18

Ladeur, Karl-Heinz 48, 61
Ladwig, Patrice 63
Lang, Franziska 13, 25
Lardinois, André P. M. H. 18, 25
Lee, Jeff, 64, 97, 101
Lepenies, Wolf 30, 40
Lepsius, M. Rainer 34, 40
Lepsius, Oliver 153f.
Lev, Daniel S. 101
Lewis, David M. 11, 25
Ley, Julia 148
Li, Tania Murray 101
Liddle, R. William 74, 101
Lie, John 101
Lindbeck, George A. 147, 154

Lindemann, Michael 163, 171
Lindemann, O. 59f.
Lindsey, Tim 68, 71, 95, 101
Link, Ch. 165, 171
Loidolt, Sophie 109, 111, 122
Luhmann, Niklas 4f., 27f., 34–37, 40, 107, 116, 119, 122, 150, 154
Luraghi, Nino 14, 25

Ma'ruf Amin, K. H. 91f., 101
Maddoli, G. 18
Magen, Stefan 147, 154, 160, 171
Malkin, Irad 14, 25
Mann, Christian 25
Marquard, Odo 107, 122
Marx, Karl 29, 31
Matthaei, Albrecht 20, 25
Maunz, Theodor 139, 154
Mayer, Heinz 139, 153
Meiggs, Russel 11, 25
Melleray, Fabrice 148, 154
Menchik, Jeremy 92, 101
Mertens, Dieter 15, 25
Mileta, Christian 22, 25
Millar, Fergus 24f.
Moerdani, Benny 89
Molander, Anders 65, 100
Möllers, Christoph 3, 8, 9, 137–155, 160, 163, 171
Mommsen, Wolfgang J. 33, 40
Moxter, Michael 3, 7, 103–123, 142, 154, 161, 166
Mulya Lubis, T. 67, 69, 70, 101
Murray, Oswyn 13, 26

Nagel, Bernhard 3, 7, 8, 125–136, 141, 154, 157, 163, 171
Niebuhr, Barthold Georg 146
Nielsen, Thomas Heine 13, 25
Nowotny, Helga 161, 171
Nuh, Muhammad 93
Nullmeier, Frank 151, 154
Nutzinger, Hans 134, 136

Olson, Mancur 69, 101
Orru, Marco 65, 101
Ostrom, Elinor 128ff., 136

Pannenberg, Wolfhart 106, 123, 166, 171
Pareto, Vilfredo 29f., 40, 130, 134
Parsons, Talcott 34, 36
Patrick, Glenn H. 99f.
Peisistratos 19
Perikles 20
Pestre, Dominique 150, 154, 161
Platon 114, 118
Plott, Charles R. 130, 136
Polanyi, Karl 64f., 97, 101f., 142
Pollock, Sheldon 146, 154
Pompe, Sebastian 77, 101
Preuß, Hugo 33
Preyer, Gerhard 169, 171
Puchta, Georg Friedrich 148, 154
Puji, Syekh 98

Raaflaub, Kurt A. 12, 19, 25f.
Radbruch, Gustav 114, 123, 139, 153
Ramage, Douglas E. 88f., 101
Ramstedt, Martin 6f., 63–102, 142, 154, 160, 171
Rasjidi, Haji Mohamad 85f.
Rawls, John 135f.
Raz, Joseph 145, 154
Recki, Birgit 120, 123
Rehberg, Karl-Siegbert 3, 4f., 7, 27–41, 143, 154, 162
Rehbinder, Manfred 32, 40
Reinhard, Wolfgang 140, 154
Ritschl, Albrecht 108
Rizeq Syihab, Muhammad 99
Roellecke, Gerd 117, 123
Röhl, Klaus F. 27, 40
Rössler, Dietrich 144, 154
Rousseau, Jean-Jacques 28, 40
Rundle, Kristen 53, 61

Rüsen, Jörn 25
Rustemeyer, Dirk 160, 171

Sadli, Mohammad 76, 102
Sage, Caroline 64, 66, 99f., 102
Saint-Simon, Henri de 29
Salim, Arskal 76, 85f., 90f., 102
Santosa, Mas Achmad 67–70, 101
Sartre, Jean-Paul 103f., 122f.
Savigny, Friedrich Carl 146
Schaede, Stephan 165, 167, 170–172
Schelling, Thomas 127, 136
Schelsky, Helmut 5, 34f., 37–40
Schiff Berman, Paul 43, 45, 49, 50, 52, 56, 61
Schleiermacher, Friedrich 108, 115
Schluchter, Wolfgang 34, 40
Schmidt-Aßmann, Eberhard 3, 8f., 11, 27, 139, 145, 148, 150, 154, 157–172
Schmitt, Carl 38, 114f., 117, 123, 165, 172
Schneider, Karsten 147, 154, 160, 171
Schnur, Roman 38, 40, 149, 155
Scholz, Peter 20, 25
Schön, Wolfgang 137, 153, 161, 170
Schrödinger, Erwin 39, 155
Schulze-Fielitz, Helmuth 161
Schulze, Günther G. 100
Seinecke, Ralf 60
Sellert, Wolfgang 13, 24
Setyabudi, Evin 99
Shapiro, Martin 146, 155
Sigmund, Steffen 34, 40
Simmel, Georg 33, 108
Sing, Anja 63
Sohm, Rudolf 165
Spencer, Herbert 29
Solon 18f., 25, 28
Stachura, Mateusz 34, 40

Personenregister 179

Steenbring, Karel 83, 100
Stein-Hölkeskamp, Elke 20, 25
Stiglitz, Joseph E. 65, 102
Stolleis, Michael 43, 61
Stützel, Wolfgang 132, 136
Suharto, Haji Mohamed 6, 63, 66–70, 72–74, 78, 80f., 86–89, 91f., 95, 97, 100, 171
Sukarno 67f., 81–84, 86f., 89, 95
Sukarnoputri, Golkar 78
Sukarnoputri, Megawati 70, 78
Sumner, William G. 29, 40
Supiot, Alain 59, 60f.
Suryadinata, Leo 77, 100

Tamanaha, Brian Z. 45, 61, 64, 66, 99f., 102, 140, 155
Tanner, Klaus 165f., 171
Tarde, Gabriel 30
Teubner, Gunther 48f., 54–61
Thomson, Michael 139, 155
Thufail, Fadjar Ibnu 80, 102
Tillich, Paul 105, 123
Tönnies, Ferdinand 4, 29, 31, 39f.
Trute, Hans-Heinrich 161

Viellechner, Lars 160, 172
Vögele, Wolfgang 106, 123
Vogenauer, Stefan 151, 155
Voßkuhle, Andreas 163, 171
Voswinkel, S. 59f.

Wahid, Abdurrahman 70
Wahyu, Yohan 97, 102
Walter, Robert 139, 153
Warta, Christian 80, 102
Wartenburg, Paul Yorck von 152, 154
Weber, Max 4, 12, 26f., 29, 31–34, 37, 40
Wees, Hans van 12, 16, 25f.
Welker, Michael 165, 172
Weth, Rudolf 105, 122
White, Sally 76, 100
Wienfort, Monika 149, 155
Winarso, Hendrik Agus 86, 102
Winckelmann, Johannes 12, 26, 31
Windscheid, Bernhard 148, 153
Wingert, Lutz 160, 171
Wolf, Friedrich August 146
Woodman, Gordon R. 64, 102
Woolcock, Michael 64, 66, 100, 102
Worms, René 30

Yolka, Philippe 148, 154
Yudhoyono, Bambang Susilo 78, 92

Zedong, Mao 68
Zimmermann, Martin 20, 25
Zimmermann, Reinhard 148, 155
Zola, Émile 30
Zuhdi, Muhammad 73, 91

Religion und Aufklärung

alle lieferbaren Titel:
1 *Rudolph, Enno:* Die Renaissance und ihre Antike I. Die Renaissance als erste Aufklärung. 1998. VIII, 146 Seiten.
2 *Rudolph, Enno:* Die Renaissance und die Entdeckung des Individuums in der Kunst II. Die Renaissance als erste Aufklärung. 1998. X, 240 Seiten.
3 *Rudolph, Enno:* Die Renaissance und ihr Bild in der Geschichte III. Die Renaissance als erste Aufklärung. 1998. X, 208 Seiten.
4 *Krech, Volkhard:* Georg Simmels Religionstheorie. 1998. IX, 306 Seiten.
5 *Reuter, Hans-Richard* (Hrsg.): Ethik der Menschenrechte. Zum Streit um die Universalität einer Idee I. 1999. XII, 368 Seiten.
6 *Schubert, Gunter* (Hrsg.): Menschenrechte in Ostasien. Zum Streit um die Universalität einer Idee II. 1999. X, 519 Seiten.
7 *Korsch, Dietrich / Rudolph, Enno* (Hrsg.): Die Prägnanz der Religion in der Kultur. Ernst Cassirer und die Theologie. 2000. VI, 268 Seiten.
8 *Krech, Volkhard:* Wissenschaft und Religion. Studien zur Geschichte der Religionsforschung in Deutschland 1871 bis 1933. 2002. XI, 377 Seiten.
9 *Mulsow, Martin* (Hrsg.): Das Ende des Hermetismus. Historische Kritik und Neue Naturphilosophie in der Spätrenaissance. 2002. IX, 405 Seiten.
10 *Faber, Richard / Rudolph, Enno* (Hrsg.): Humanismus in Geschichte und Gegenwart. 2002. XIII, 246 Seiten.
11 *Hübner, Jürgen / Stamatescu, Ion-Olimpiu / Weber, Dieter* (Hrsg.): Theologie und Kosmologie. Geschichte und Erwartungen für das gegenwärtige Gespräch. 2004. IX, 519 Seiten.
12 *Bahr, Petra / Heinig, Hans M.* (Hrsg.): Menschenwürde in der säkularen Verfassungsordnung. Rechtswissenschaftliche und theologische Perspektiven. 2006. XIII, 417 Seiten.
13 *Bock, Wolfgang* (Hrsg.): Islamischer Religionsunterricht? Rechtsfragen, Länderberichte, Hintergründe. 2. durchges. A. 2007. XII, 252 Seiten.
14 *Palmer, Gesine* (Hrsg.): Fragen nach dem einen Gott. Die Monotheismusdebatte im Kontext. 2007. X, 401 Seiten.
15 *Brachtendorf, Johannes / Möllenbeck, Thomas / Nickel, Gregor / Schaede, Stefan* (Hrsg.): Unendlichkeit. Interdisziplinäre Perspektiven. 2008. XVII, 395 Seiten.
16 *Ratsch, Ulrich / Stamatescu, Ion-Olimpiu / Stoellger, Philipp* (Hrsg.): Kompetenzen der Bilder. Funktionen und Grenzen des Bildes in den Wissenschaften. 2009. VIII, 354 Seiten mit farbigen Abbildungen.
17 *Bahr, Petra / Schaede, Stephan* (Hrsg.): Das Leben. Historisch-systematische Studien zur Geschichte eines Begriffs. Band 1. 2009. XV, 530 Seiten.

18 *Höfner, Markus / Schaede, Stephan / Thomas, Günter* (Hrsg.): Endliches Leben. Interdisziplinäre Zugänge zum Phänomen der Krankheit. 2010. XVII, 378 Seiten.
19 *Dabrock, Peter / Denkhaus, Ruth / Schaede, Stephan* (Hrsg.): Gattung Mensch. Interdisziplinäre Perspektiven. 2010. XIX, 411 Seiten.
20 *Weilert, Katarina A.* (Hrsg.): Spätabbruch oder Spätabtreibung – Entfernung einer Leibesfrucht oder Tötung eines Babys? Zur Frage der Bedeutung der Geburt für das Recht des Kindes auf Leben und das Recht der Eltern auf Wohlergehen. 2011. IX, 324 Seiten.
21 *Hartung, Gerald / Schlette, Magnus* (Hrsg.): Religiosität und intellektuelle Redlichkeit. 2012. VIII, 353 Seiten.
22 *Schaede, Stephan / Hartung, Gerald / Kleffmann, Tom* (Hrsg.): Das Leben. Historisch-systematische Studien zur Geschichte eines Begriffs. Band 2. 2012. XXIII, 586 Seiten.
23 *Palmer, Gesine / Brose, Thomas* (Hrsg.): Religion und Politik. Das Messianische in Theologien, Religionswissenschaften und Philosophien des zwanzigsten Jahrhunderts. 2013. VIII, 283 Seiten.
24 *Schaede, Stephan / Moos, Thorsten* (Hrsg.): Das Gewissen. 2015. XXV, 579 Seiten.
25 *Deuser, Hermann / Kleinert, Markus / Schlette, Magnus* (Hrsg.): Metamorphosen des Heiligen. Struktur und Dynamik von Sakralisierung am Beispiel der Kunstreligion. 2015. XI, 443 Seiten.
26 *Moos, Thorsten / Schlette, Magnus / Diefenbacher, Hans* (Hrsg.): Das Recht im Blick des Anderen. Zu Ehren von Prof. Dr. Dres. h.c. Eberhard Schmidt-Aßmann. 2016. V, 179 Seiten.

Neueste Informationen im Internet unter www.mohr.de